普通高等教育经管类专业系列教材

商务礼仪实务教程

宋小燕　主　编

田雪莲　王春梅　副主编

U0360456

清華大学出版社

北　京

内 容 简 介

本书的知识体系清晰合理,从认知礼仪、塑造个人形象、商务日常交际、商务专题活动等方面进行讲述。本书依据礼仪的特点和使用场合编写,脉络清晰,循序渐进,便于学生从整体上把握全书内容。本书由浅入深,先介绍公共礼仪,后介绍职业礼仪,符合人们的认知和学习规律。

本书理论知识介绍的程度适中,理论与实务充分结合,在商务礼仪基本理论知识讲授的基础上,配以大量案例,既有古代事例,也有现代事例;既有彰显民族特点的国内事例,也有国外的经典事例。本书配有知识判断、礼仪训练、案例评析等环节,有助于培养应用型本科人才,促使读者学以致用、知行合一。

本书适合高等院校经济类、管理类专业本科教学使用,也可以作为其他专业教学的辅导教材和社会各行业的培训教材。

图书在版编目(CIP)数据

商务礼仪实务教程 / 宋小燕主编. —北京:清华大学出版社,2022.8

普通高等教育经管类专业系列教材

ISBN 978-7-302-61446-3

Ⅰ.①商…　Ⅱ.①宋…　Ⅲ.①商务—礼仪—高等学校—教材　Ⅳ.①F718

中国版本图书馆 CIP 数据核字(2022)第 135028 号

责任编辑:胡辰浩
封面设计:周晓亮
版式设计:孔祥峰
责任校对:马遥遥
责任印制:宋　林

出版发行:清华大学出版社

　　　　网　　　址:http://www.tup.com.cn,http://www.wqbook.com
　　　　地　　　址:北京清华大学学研大厦 A 座　　　　邮　　　编:100084
　　　　社 总 机:010-83470000　　　　　　　　　　邮　　　购:010-62786544
　　　　投稿与读者服务:010-62776969,c-service@tup.tsinghua.edu.cn
　　　　质 量 反 馈:010-62772015,zhiliang@tup.tsinghua.edu.cn

印 装 者:三河市龙大印装有限公司

经　　销:全国新华书店

开　　本:185mm×260mm　　　印　　张:17　　　字　　数:382 千字

版　　次:2022 年 8 月第 1 版　　　印　　次:2022 年 8 月第 1 次印刷

定　　价:78.00 元

产品编号:085199-01

中国特色社会主义经济建设的迅速发展，极大地促进了人与人之间的交往。古希腊哲学家亚里士多德曾经指出，一个人假如不与其他人进行社交，那么他不是神，就是兽。用科学的眼光来看，人与人之间的社交不仅是出自本能的需要，还是实现自我完善必不可少的途径。

从个人修养的角度来看，礼仪是一个人内在修养和素质的外在表现。也就是说，礼仪即教养。荀子就曾强调："礼者，养也。"从道德的角度来看，礼仪可以被界定为人们为人处世的行为规范，或曰标准做法、行为准则。孔子认为："礼也者，理也。"即礼仪乃做人之道。从交际的角度来看，礼仪是人们在其人际交往中所适用的一种交往艺术，或者是一种社交方式或具体的社交方法。孟子认为："恭敬之心，礼也。"从民俗的角度来看，礼仪既可以是人际交往中必须遵行的律己、敬人的习惯形式，也可以是人际交往中约定俗成的示人以尊重、友好的习惯做法。所谓"约定俗成""礼出于俗，俗化为礼"，简言之，礼仪是待人接物的一种惯例。从传播的角度来看，礼仪是人们在人际交往中相互沟通的技巧；从审美的角度来看，礼仪是一种形式美，它实质上是人们心灵美的必然外化。

古人曾经指出："礼义廉耻，国之四维。"他们将礼仪列为立国的精神要素之本。而在日常交往之中，人们早已意识到：人无礼则不立，事无礼则不成，国无礼则不宁。由此可见，人们普遍自觉地遵守、应用礼仪，将有助于净化社会气氛，提升个人乃至全社会的精神品位。在我国颁布的《公民道德建设实施纲要》中，就曾明确地将"明礼诚信"规定为我国公民的基本道德规范。因此，提倡礼仪的学习、运用与推进社会主义精神文明建设可谓殊途同归、相互配合、相互促进。这种社会主义的礼治，对于我国的现代化建设是不可或缺的。

本书基于我国目前的国情，遵循理论与实践相结合的原则，根据高校的培养目标及学生的认知特点、学习规律编写而成。商务礼仪是一门实践性、应用性很强的学科，主要讲授商务人员在出席各种商务场合时应遵守的基本礼仪规范，侧重培养学生在各种商务场合的礼仪应用能力和应变能力。

本书的特色体现在以下几个方面。

第一，体系创新。本书从认知礼仪、塑造个人形象、商务日常交际、商务专题活动等方面进行讲述。本书依据礼仪特点和使用场合编排，脉络清晰，循序渐进，便于学生从整体上把握全书内容。本书由浅入深，先介绍公共礼仪，后介绍职业礼仪，符合人们的认知和学习规律。

第二，形式新颖。本书在撰写形式上图文并茂，增强了可视性和吸引力；通过大量引用案例、礼仪知识进行拓展，增强了学生的感受和体验。

第三，注重实践。本书的每一章都增加了实训环节，用以巩固本章知识点，以实践作为传授知识的主要手段。

本书由宋小燕任主编，田雪莲、王春梅任副主编。全书共计十三章，由宋小燕总体策划，各章编写人员及分工如下：宋小燕编写第一、二、三、四、五、七、八章，王春梅编写第六、九、十章，田雪莲编写第十一、十二、十三章。全书最后由宋小燕总纂。

本书在编写过程中，参考了很多同类教材、著作和期刊等，限于篇幅，恕不一一列出，特此说明并致谢。

由于受资料、编者水平及其他条件限制，书中难免存在一些不足之处，恳请同行专家及读者指正。我们的电话是010-62796045，邮箱是992116@qq.com。

本书配套的电子课件和习题答案可以到http://www.tupwk.com.cn/downpage网站下载，也可以扫描下方的二维码下载。

编　者

2021年11月

目录

第一章

礼仪认知

导入案例

六尺巷的故事

清康熙年间，张英担任文华殿大学士兼礼部尚书。他老家桐城的官邸与吴家为邻，两家院落之间有条巷子，供双方出入使用。后来吴家要建新房，想占这条路，张家人不同意。双方争执不下，将官司打到当地县衙。县官考虑到两家人都是名门望族，不敢轻易了断。这时，张家人一气之下写封加急信送给张英，要求他出面解决。张英看了信后，认为应该谦让邻里，于是在给家里的回信中写了四句话：千里来书只为墙，让他三尺又何妨？万里长城今犹在，不见当年秦始皇。家人阅罢，明白其中含义，主动让出三尺空地。吴家见状，深受感动，也主动让出三尺房基地，"六尺巷"由此得名(见图1-1)。

图 1-1 国家 3A 级旅游景区"六尺巷"

(资料来源：根据网络资料整理)

中国是四大文明古国之一，文化传统源远流长，在中华文化的历史演进过程中，礼仪起着积极的推动作用。随着时代的发展，人与人之间的交往与合作日渐频繁、密切。步入现代，礼仪文化已成为人类从事社会活动，尤其是商务活动不可或缺的组成部分。在交往合作中，人们的礼仪是否周全不仅会显示其修养素质的高低，还会直接影响其事业的成功与否。对一个人来说，礼仪是其思想道德水平、文化修养、交际能力的外在表现；对一个社会来说，礼仪是一个国家社会文明程度、道德风尚和生活习惯的反映。在当今社会，礼仪是人立身处世之本，是人际关系的润滑剂。

第一节　礼仪的内涵

一、礼仪的起源

在我国，礼仪的起源可以追溯到远古社会。根据人类学、历史学的研究，人类礼仪的产生主要源于原始的宗教祭祀。《辞海》中"礼"的本意为敬神。从繁体字"禮"的结构来看，左边是"示"字，意为祭祀敬神；右边是祭品，表示把盛满祭品的祭具摆放在祭台上，献给神灵以求保佑。这是因为在原始社会，生产力水平极其低下，人类处于原始、蒙昧的状态，对日月星辰、风雨雷电、山崩海啸等自然现象无法解释，从而对自然界产生神秘感和敬畏感，形成了对大自然的崇拜，并按人的形象想象出各种神灵作为崇拜的偶像。同时，由于原始人对自身的梦幻现象无法解释，产生了"灵魂不死"的观念，进而产生了对民族祖先的崇拜。自然力量和民族祖先一直是原始社会最主要的两类崇拜对象。人类通过祭祀活动表达对神和祖先的信仰、崇拜，期望人类的虔诚能感化、影响神灵和祖先，从而得到力量和保护。在他们祭祀天地神明以求风调雨顺，祭祀祖先以求多赐福少降灾的过程中，原始的"礼仪"随之产生。这种对神的祭礼慢慢渗透到人们的日常生活中，如耕作田地、饮食、游乐等活动，都要按适当的程序进行，并逐渐扩展到社会生活的各个方面。这进一步表明人们在追求与大自然之间的平衡及和谐之余，开始追求人际关系的平衡与融洽，而且礼仪的内容也发生了根本性变化，即从控制自然开始向控制人类社会转换，这标志着人类文明的发展与进步。

二、追溯中国礼仪的历史

我国自古就是闻名世界的礼仪之邦。根据史籍记载，早在夏、商时期，作为言行规范的"礼"就已基本成型。到了春秋时期，孔子集其大成，并发扬光大。孔子曾说："殷因于夏礼，所损益，可知也；周因于殷礼，所损益，可知也。"此后，由孔子所构造的礼仪体系一直影响中国社会长达2000多年。中国古代有五礼之说，即祭祀之事为吉礼，冠婚之事为嘉礼，宾客之事为宾礼，军旅之事为军礼，丧葬之事为凶礼。

中国古代礼仪的形式多样且内容繁多，本质上强调为维护统治阶级的等级制度服务。整体来说，古代礼仪可分为两大类：一是用于治理国家的礼仪制度，包括政治、经济、军事制度在内的典章制度；二是古代社会生活所形成的道德规范及个人和社会必须遵守的行为准则与仪式。其中，前一类包括祭天、祭地、宗庙之祭、祭先师先圣、尊师乡饮酒礼、相见礼、军礼等；后一类包括五祀、诞生礼、冠礼、饮食礼仪、馈赠礼仪等。

随着古代国家交往范围的扩大，中国"礼仪之邦"的美名也享誉海外。西方人对中国礼仪文化的了解是从《马可·波罗游记》开始的。许多到过中国的外国友人都认为中国人言行举止温文尔雅，民众关系和睦融洽，不愧为"礼仪之邦"。历史上受中国传统文化影响较深的周边邻邦有日本、韩国、朝鲜、越南等，有些地方至今仍使用农历、过春节、使用生肖纪年。

知识拓展

礼学经典 ——《仪礼》《周礼》《礼记》

《仪礼》《周礼》《礼记》并称"三礼"，是记载我国早期礼法、礼仪的经典著作。其中，《仪礼》主要记述具体礼法仪式，《周礼》主要记述职官职务，而《礼记》则侧重阐明礼的意义和作用。在"三礼"中，《礼记》由于文风清丽，内容丰富，包含较多具有人生启迪意义的格言警句，因此流通最广，最受历代学者青睐。早在西汉时期，戴德、戴圣叔侄二人便以习礼闻名于世，所传礼学，分别被称为《大戴礼记》和《小戴礼记》。《大戴礼记》流传不广，唐代时已亡失大半，现仅存三十九篇。学界习称的《礼记》为《小戴礼记》，我们熟知的《大学》《中庸》即出于此，后经东汉经学大师郑玄(公元127—200年)作注，《礼记》地位更为尊崇。

春秋战国时期，以孔子、孟子为代表的儒家学说较为系统地阐述了礼的起源、本质和功能。孔子把"礼"看成治国安邦、平定天下的基础，以及个人修养的必备内容；孟子把仁、义、礼、智作为基本道德规范；荀子则强调"人无礼则不生，事无礼则不成，国无礼则不宁"。以礼治国，立德于礼。儒家的礼仪思想构成了中国传统礼仪文化的基本精神，对古代中国礼仪的发展产生了重要而深远的影响。

进入封建社会，统治阶级继承和发展了孔子主张的"礼"，将"礼仪三百""威仪三千"理论化，发展成"三纲五常""三从四德"等。在封建社会中，繁文缛节的礼节、礼仪，适应了封建等级制的需要，是维护封建统治的重要手段。但同时，以礼为核心的社会规范体系也保证了中国社会的稳定和统一，传承和保留着中国灿烂文化的命脉。

鸦片战争迫使我国的国门被西方列强打开，伴随着西方政治、经济、文化、思想的渗透，中国的传统礼仪文化受到了冲击，一些西方流行的礼仪开始在我国被接受和采用，如今天普遍使用的握手礼、注目礼、敬礼等礼仪礼节。

辛亥革命后，符合现代社会道德、思想、伦理观念的新礼仪开始兴起。例如，人们纷纷剪了辫子留起短发，有的人脱去长袍马褂、穿上了西服，跪拜礼也被鞠躬和握手礼所取代等。这些礼仪形式的变化，反映了时代的进步，反映了当时中国破除陈规陋习的良好愿望，推动了礼仪文化的发展。

中华人民共和国成立后，人民当家作主，人与人之间建立起平等互助的新型关系。一些落后的传统礼仪被抛弃，一些优秀的传统礼仪被保留，并增添了许多新的内容。改革开放的大潮使传统礼仪获得了恢复和发展，在学习和借鉴西方礼仪的基础上，形成了现代礼仪。

三、礼仪的界定

(一) 礼仪的定义

所谓礼仪，就是人们在社会的各种具体交往中，受历史传统、风俗习惯、宗教信仰和时代潮流等影响，为互相尊重建立和谐关系而在仪表仪态、仪式仪容和言谈举止等方面形成的共同遵守的行为规范和准则。它是一个国家社会文明程度、道德修养、审美情趣和文化品位的外在表现形式。礼仪是"礼"和"仪"的统称，"礼"是指礼节、礼貌，"仪"则涵盖了仪表、仪式。

(二) 礼仪的内涵

英国哲学家约翰·洛克说过，礼仪是在他的一切别种美德之上加一层藻饰，使它们对他具有效用，去为他获得一切和他接近的人的尊重和好感。在现实中，人们常常视礼仪、礼节、礼貌毫无二致，其实从内涵上来看，三者不可简单地混为一谈，它们之间既有区别又有联系。

礼仪是指在人际交往之中，自始至终地以约定俗成的程序和方式来表现的律己、敬人的完整行为。显而易见，礼貌是礼仪的基础，礼节是礼仪的基本组成部分。换言之，礼仪在层次上要高于礼貌、礼节，其内涵更深、更广。礼仪实际上是由一系列具体表现礼貌的礼节所构成的，它不像礼节一样只是一种做法，而是一个表示礼貌的系统、完整的过程。不过从本质上讲，三者所表现的都是待人尊敬、友好。

礼貌一般是指在人际交往中，通过言语、动作向交往对象表示谦虚和恭敬。它体现时代的风尚与道德水准，体现人们的文化层次和文明程度。礼貌是一个人的品质与素养在待人接物时的外在表现，它主要通过礼貌语言和礼貌行为表现对他人的谦虚恭敬。在日常工作与生活中，礼貌表现在人们的举止、仪表、语言上，表现在服务的规范上，表现在对交往对象的态度上。一个微笑、一个鞠躬、一声"您好"、一句"祝您旅途愉快"，这都是礼貌的具体表现。良好的教养和良好的道德品质是礼貌的基础。

礼节是礼貌的具体表现方式，是人们在交际场合相互表示尊重、问候、致意、祝愿等的惯用形式，是社会文明(行为文明)的组成部分。它与礼貌之间的相互关系是：没有礼节，就无所谓礼貌；有了礼貌，就必然伴有具体的礼节。从形式上看，礼节具有严格规定的行为规范；从内容上看，它反映着某种道德原则，反映着对他人的尊重和友善。简单地说，礼仪、礼貌和礼节的本质都是表示对人的尊重、敬意和友好，都是礼的具体表现形式。礼貌是礼的行为规范，礼节是礼的惯用形式，礼仪是礼的较隆重仪式。

仪表即人的外表，包括仪容、服饰、体态等，它是礼仪的重要组成部分。仪表美是一个人外在美和内在美的和谐统一，美好的仪表来自高尚的道德品质，它与人的精神境界融为一体。端庄的仪表既是对他人的一种尊重，也是自尊、自爱、自重的一种表现。

仪式即行礼的具体过程或程序，是一种比较正规、隆重的礼仪形式。人们在社会交往过程中或是组织开展各项专题活动过程中，常常要举办各种仪式，以体现出对某人或某事的重视或纪念。随着时代的发展，仪式也越来越简化。

礼节、礼貌、仪表、仪式作为礼仪的具体表现形式，它们之间是相互联系的。礼仪虽然对人有较强的约束力，但它却是一张永恒的通行证。正如《西方礼仪集粹》的编者埃米莉·波斯特所言，表面上礼仪有无数的清规戒律，但其根本目的却在于使世界成为一个充满生活乐趣的地方，使人变得平易近人。

四、古代礼仪与现代礼仪的关系

古人云："中国有礼仪之大，故称夏；有服章之美，谓之华。"华夏民族正是以其悠久的礼仪文化影响周边的国家和民族，因其丰厚的礼仪文化而受到世界的瞩目。

知识拓展

从古沿用至今的礼貌用语

中途先走说——失陪　请人勿送说——留步
送人远行说——平安　宾客来到说——光临

等候别人说——恭候　　没能迎接说——失迎

需要考虑说——斟酌　　无法满足说——抱歉

请人谅解说——包涵　　希望照顾说——关照

赞人见解说——高见　　归还物品说——奉还

看望别人说——拜访　　求人指点说——赐教

向人询问说——请问　　请人协助说——费心

问人姓氏说——贵姓　　客人入座说——请坐

陪伴朋友说——奉陪　　请人赴约说——赏光

请人接受说——笑纳　　欢迎购买说——惠顾

求人办事说——拜托　　麻烦别人说——打扰

仰慕已久说——久仰　　长期未见说——久违

求人帮忙说——劳驾

纵观礼仪的演变与发展，"礼"不仅是统治者权力的中心支柱，还在几千年的历史发展中形成了具有广泛社会性与强大号召力的优良道德规范，形成了人际交往的礼节礼貌及生活准则，并且已成为中华民族共同的财富。悠悠数千年，中华民族为人类积累了一笔宝贵的礼仪文化财富，这笔丰厚的礼仪文化宝藏必会深刻影响中华民族文化前进发展的方向。但是，丰富多彩的礼仪传统文化既有精华也有糟粕。"刑不上大夫，礼不下庶人"是不尊重人的体现。在现代社会中，根据马斯洛的需要层次理论，作为个体的人有与人交往的需要，作为一个"社会人"，不可避免地要与人打交道，任何人都不可能与世隔绝，孤立于社会环境之外。没有规矩不成方圆，与人交往需要遵守一定的"游戏规则"，接受规则的约束，否则会给人际交往带来沟通障碍。

因此，我国现代礼仪与古代礼仪本质上的区别在于，古代的"礼"大体可归结为三个层面：一是治理奴隶制、封建制国家的典章制度；二是古代社会生活所形成的作为行为规范和交往仪式的礼制及待人接物之道；三是对社会成员具有约束力的道德规范(包括自身修养)。现代礼仪不再以森严的等级制度为基础，而是以构建尊重自我和尊重他人的和谐社会为出发点和目标。历史与现实是一脉相承且无法割裂的。中华古代礼仪文化蕴藏着许多瑰宝，作为继往开来、创新进取的中华民族，理应传承古代礼仪文化的精粹，汲取并弘扬传统文化的精华，这对社会的进步、文明的提升具有积极作用。

礼仪故事

程门立雪

"程门立雪"出自《宋史·杨时传》，讲的是宋代学者杨时和游酢向程颢、程颐(两兄弟，北宋时期著名理学家和教育家)拜师求教的事。杨时、游酢二人原先以程颢为师，程颢去世后，他们都已40岁，而且考上了进士，然而他们还要去找程颐继续求学，故事就发生在他们初次到嵩阳书院登门拜见程颐的那天。相传，那日杨时、游酢来到嵩阳书院拜见程颐，但是正遇上程老先生闭目养神，这时，外面开始下雪。两人求师心切，便恭恭敬敬侍立一旁，不言不动，如此等了大半天。程颐慢慢睁开眼睛，见杨时、游酢站在面前，大吃一惊。此时门外的雪积了一尺多厚，而杨时和游酢并没有一丝疲倦和不耐烦的神情。深受感动的程颐倾尽自己心力，将所学全部传授给这两位虔诚的弟子。

注：嵩阳书院因位于嵩山之阳而得名，与河南的应天府书院、湖南的岳麓书院、江西的白鹿洞书院并称为北宋四大书院。嵩阳书院始建于北魏太和八年(公元484年)，当时是佛教活动场所，名为嵩阳寺。隋唐年间这里成为道教活动场所，唐高宗和武则天曾以这里为行宫。北宋时期这里成为著名的教育场所，名儒范仲淹、程颐、程颢、司马光等人都曾在此讲学，司马光的历史巨著《资治通鉴》有一部分就是在嵩阳书院完成的。这些名儒的讲学活动，不仅使嵩阳书院成为北宋四大书院之首，而且也使嵩阳书院成为宋代理学的发源地之一。

(资料来源：根据网络资料整理)

第二节　礼仪的原则

礼仪的核心是一种行为准则，用来约束我们日常生活的方方面面。因此，人们运用、遵行礼仪时，在宏观上必须掌握一定的原则。

一、尊重原则

尊重是人性的需要，是人际交往的基本原则。礼仪从内容到形式都体现着尊重，尊重是礼仪的本质。孔子云："礼者，敬人也。"这是对礼仪核心思想的高度概括。尊重包括自尊和尊重他人，自尊和尊重他人是礼仪的情感基础。人与人之间只有彼此互相尊重，才能保持和谐的人际关系。古人云："敬人者，人恒敬之。"在人际交往中，要做到敬人之心常存，处处不可失敬于人，失敬就是失礼。

知识拓展

白金法则

白金法则是美国最具影响力的演说家托尼·亚历山大德拉博士与人力资源专家迈克尔·奥康纳博士于20世纪80年代提出的一项关于人际交往的基本法则。

白金法则的精髓在于"别人希望你怎样对待他们，你就怎样对待他们"，从研究别人的需要出发，然后调整自己的行为，运用我们的智慧和才能使别人过得轻松、舒畅。

（资料来源：[美]亚历山大·德拉，[美]迈克尔·奥康纳. 白金法则——新世纪人际关系指南. 北京：经济日报出版社，1998.）

二、平等原则

平等原则是指对任何交往对象都一视同仁，以礼待人，给予同等程度的礼遇。礼仪的核心是平等。在人际交往中，不能因为交往对象彼此之间在年龄、性别、种族、国籍、文化、职业、身份、地位、财富，以及与自己的关系亲疏远近等方面有所不同，就厚此薄彼、区别对待；而应该投之以桃，报之以李，礼尚往来。社会交往中每个人都希望得到尊重，平等原则是现代礼仪区别传统礼仪的最主要原则之一。

三、真诚原则

礼仪讲究"诚于中，形于外"，心中有"礼"，言行才能有"礼"。在人际交往的品德因素中，真诚是最基本、最重要的一项。真诚原则要求运用礼仪时，务必做到诚心待人、心口如一、言行一致、诚实无欺。如果口是心非、言行不一、弄虚作假，则不利于人际关系的营造和个人形象及组织形象的塑造。

四、宽容原则

宽容是一种美德。在人际交往过程中，由于个人经历、文化、修养等因素而产生的差异不可能消除，这就需要求同存异、相互包容。宽容的原则要求人们在交往活动中运用礼仪时，要严于律己、宽以待人，不过分计较他人在礼仪上的过失，多体谅他人、善解人意，有容人雅量。

五、自律原则

自律是对待个人的要求，是礼仪的基础和出发点。自律原则要求人们在社会交往过程中自我要求、自我约束、自我对照、自我反省、自我检查。古人云："己所不欲，勿施于人。"学习、应用礼仪，最重要的就是按照礼仪规范严格要求自己，克己慎独、表里如一。

六、适度原则

适度原则要求人们运用礼仪时要因人、因时、因地、因事地恰当处理，要注意技巧、把握分寸、认真得体。做得过了头或者不到位，都不能体现对他人的敬意和尊重，即所谓的过犹不及。如握手时，毫不用力是失礼，用力过大同样是失礼。

七、从俗原则

由于国情、民族、宗教信仰、文化背景的不同，在人际交往过程中，存在着"十里不同风，百里不同俗"的现象。为此，在交往中必须做到入乡随俗，尊重他人特有的风俗习惯，与绝大多数人的习惯保持一致，切勿目中无人、自以为是、我行我素，或者少见多怪、妄加非议。

礼仪小测试

测测你受欢迎的程度

每个人都希望成为一个受欢迎的人，下面这个心理测试，可以帮助你了解自己，助你在生活中扬长避短。下面有9个问题，各有a、b、c 3种答案，请你选择一个与你最相符或最相近的答案(括号里是每个答案的得分数)。

1. 如果别人说你是个温和的人，你会

a. 心胸狭窄地认为："我的胆子实在太小了。"(3)

b. 暗暗地下决心："从今以后要更温和些。"(5)

c. 漠不关心地认为："别人怎么说，我无所谓。"(1)

2. 在公共汽车上，如果旁边的小孩又哭又闹，你会

a. 认为："真烦人，家长有办法制止他就好了。"(1)

b. 认为："小孩子真没办法，什么也不懂。"(3)

c. 认为："教育孩子真不容易啊。"(5)

3. 和朋友争论完了回家之后，你一个人独处时，你会

a. 高兴地认为："人的想法真是各不相同，很高兴有机会能谈论自己的想法。"(5)

b. 遗憾地认为："当初我如果那样说就能驳倒对方了。"(1)

c. 后悔地认为："当时没有充分说明自己的想法。"(3)

4. 当你突然遇到一个很会打扮的人时，你会

a. 说："服装有什么必要去讲究呢，随便一点不是更好吗？"(1)

b. 说："我也要那样打扮。"(3)

c. 说："服装能体现一个人的内心，那个人的内心世界一定很丰富吧！"(5)

5. 如果不是你的错，但结果却给对方添了麻烦，你会

a. 道歉道："没办法，对不起。"(3)

b. 诚恳地赔礼道："不管怎样，我给你添麻烦了。"(5)

c. 认为："不是我的错，不道歉也可以。"(1)

6. 如果别人说你是一个独具一格的人，你会

a. 暗想："我独特在哪里呢？"在考虑这个问题的同时，心中颇有些兴奋(5)

b. 生气地认为："一定是在讽刺我。"(1)

c. 认为："不管怎样，别具一格是好事。"(3)

7. 人类只有相互帮助才能生存，对于这个观点，你认为

a. 道理上是这么说，但人往往是自私的(3)

b. 如果都为别人着想，那就不能生存了(1)

c. 要认真做到这一点也许很难，但我一定努力去做(5)

8. 如果在谈话时，你朋友的优点受到别人赞扬，你会

a. 一起赞扬道："我也这么认为。"(5)

b. 问道："我该怎么说才好呢？"(3)

c. 暗想："那人果真这样吗？"然后强调其缺点(1)

9. 如果别人问你："你是受欢迎的人还是不受欢迎的人？"你会

a. 不高兴地回答："不知道是受欢迎还是不受欢迎。"然后置之不理(1)

b. 深思片刻道："我究竟属于哪一种人呢？"(3)

c. 笑着说道："还是受欢迎的。"(5)

计分与评价

将9个问题的答案按括号内的分数累积计分得出你的总分值，然后对照下列评价方法。

9～12分：属于没人接近、惹人讨厌的人。

13～19分：属于幼稚、虚荣心强、不受欢迎的人。

20～35分：属于志趣向上，但平凡的人。

36～41分：属于自我意识过强、自负的人。

42~45分：属于深受欢迎的人。

本章小结

1. 人类礼仪的产生主要源于原始的宗教祭祀。

2. 中国古代礼仪本质上强调为维护统治阶级的等级制度服务。

3. 礼仪是"礼"和"仪"的统称，"礼"是指礼节、礼貌，"仪"则涵盖了仪表、仪式。

4. 礼仪的核心是一种行为准则，用来约束我们日常生活的方方面面。因此，人们在运用、遵行礼仪时，在宏观上必须掌握一定的原则。

知识判断

1. 礼仪、礼貌、礼节在本质上是相通的。 （ ）

2. 礼仪不是刻意表现出来的，也不是故意装出来的。 （ ）

3. 礼仪是通行天下的一张名片。 （ ）

4. 良好礼仪的前提是修身养性，只有内外兼修，才能成为一个真正有礼讲礼的人。

（ ）

5. 礼仪可以塑造优雅美丽的形象。 （ ）

礼仪训练

1. 收集中外历史上因注重运用礼仪而取得成功的商务活动事例，并进行分析。

2. 组织学生结合生活实际，讨论学习礼仪常识的重要意义。

案例评析

某酒店正在举行婚礼，在司仪的主持下，新郎跪下身向岳父岳母敬茶。一名旁观者小声地评价："跪都没有跪相，摇摇晃晃的，茶都要洒出来了。"另一人接口道："这种礼节很久不用了，现在又开始时兴起来。"第三人不禁问道："什么时候废除的呢？"

(资料来源：根据网络资料整理)

问题：

请分析案例中有哪些不符合礼仪的做法？

第二章

商务礼仪概述

导入案例

守时是最大的礼貌

1779年，德国哲学家康德计划去一个名叫珀芬的小镇拜访老朋友威廉·彼德斯。康德动身前曾写信给彼德斯，说自己将于3月2日上午11点之前到达。

康德3月1日就赶到了珀芬小镇，第二天早上租了一辆马车前往彼德斯的家。老朋友的家住在离小镇约20千米远的一个农场里，小镇和农场之间隔了一条河。当马车来到河边时，细心的车夫说："先生，实在对不起，不能再往前走了，因为桥坏了，很危险。"康德下了马车，看了看桥，中间的确已经断裂。河面虽然不宽，但水很深，而且结了冰。

"附近还有别的桥吗？"康德焦急地问。

车夫回答说："有，先生。在上游约10千米远的地方还有一座桥。"

康德看了一眼怀表，已经10点了。"如果赶那座桥，我们以平常速度什么时候可以到达农场？"车夫说："我想大概得到12点半。"

康德又问："如果我们经过面前这座桥，以最快速度什么时间能到达？"车夫回答说："最快也得用40分钟。"

于是康德跑到河边一座很破旧的农舍里，客气地向人打听道："请问您这间房子多少钱可以出售？"农妇大吃一惊："您想买如此简陋的破房子，这究竟是为什么？"

"不要问为什么，您愿意还是不愿意？""那就给200法郎吧！"康德付了钱，说："如果您能马上从破房上拆下几根长木头，20分钟内把桥修好，我将把房子还给您。"

农妇把两个儿子叫来，让他们按时修好了桥。马车平安地过了桥，飞奔在乡间的路上。10点50分的时候，康德赶到了老朋友家。

在门口迎候的彼德斯高兴地说："亲爱的朋友，您可真守时啊！"康德与老朋友相会的日子里，根本没有对其提起为了守时而买房子、拆木头修桥过河的经过。

后来，彼德斯在无意中听到那个农妇讲了此事，便很有感慨地给康德写了一封信。信中说道："您太客气了，还是一如既往地守时。其实，老朋友之间的约会，晚一些时间是可以原谅的，何况您还遇到了意外情况。"

一丝不苟的康德，在给老朋友的回信中写了这样一句话："在我看来，在一定意义上，无论是对老朋友，还是对陌生人，守时是最大的礼貌。"

(资料来源：泳清. 守时是最大的礼貌[J]. 学苑创造，2013(06)：16-17.)

自古以来，当人类社会为了生存而出现流通、交换活动之时，也就有了相应的商务礼仪活动。礼仪在当时的主要功能是让相互之间能够沟通，以便交换得以成功进行。现代社会，商务活动往来越来越频繁，商务人员礼仪运用是否规范不仅影响个人形象，也影响其所代表的企业形象，进而影响商务活动的成功与否。因此，商务人员要熟悉和正确使用商务礼仪。

第一节　商务礼仪的内涵

一、商务礼仪的含义

商务礼仪是指人们在商务交往中，用以美化自身、敬重他人而约定俗成的行为规范和程序。

商务礼仪是在历史的行进过程中形成和发展起来的。在古代，儒家经典素有"明允笃诚"之说，"诚者，真实无妄之谓""诚者，圣人之性也""诚者，圣人之本""诚，信也"。孔子曰："人而无信，不知其可。""民无信不立"，富与贵乃"人之所欲也"，然"不以其道得之，不处也"。自孔子开始，诚信便成为儒家一贯崇奉的信条。

徽州是南宋大儒朱熹的故乡，这里有其他地方不可比拟的儒学传统，有"儒风独茂"的地方风情。在散发着浓浓文化气息的这片土地成长起来的徽商无不深受传统儒学的熏陶和影响，他们在商业活动中自觉地以儒家文化规范自身言行，他们或"先贾后儒"或"先儒后贾"或"亦贾亦儒"。儒道经商成为徽商立业待人接物的根本，诚信无欺成为徽商恪守的商业道德。

清代徽商詹谷在崇明岛替江湾某业主主持商务时，时值业主年老归家，商务留给詹谷料理。詹谷排险克难，苦心经营，终获厚利。其后，业主之子来到崇明岛接摊承业，詹谷不存半点私心，将历年出入账簿尽数交还。他的"涓涓无私"赢得当地人的敬佩与叹服。

清代婺源人朱文炽在珠江经营茶叶时，一旦出售的新茶过期，他就吩咐伙计在交易契约上注明"陈茶"二字，以示诚信不欺。"诚"让朱文炽在二十余年的茶叶生意上亏蚀老本数万两银子，然而他却"卒无怨悔"。徽商以诚信为商德而誉满湖海，以诚信为商德而赢长久之利，成为中国商界最大的赢家。

步入近现代后，伴随我国商业活动的向外拓展和社会地位的提高，人们在日益频繁的商务往来过程中越来越认识到外貌仪表、举手投足、谈吐话语、行为规范的重要作用，而且礼仪在内容、方式、方法、要求、细节等方面更加丰富和完善，并成为人们从事商业活动的准则、要领。可以这样说，无论对于组织还是个人，商务礼仪俨然成为驰骋商场的制胜法宝，知礼、懂礼、施礼必将在竞争激烈的商战中左右逢源，立于不败之地。

二、商务礼仪的特点

(一) 从礼仪的范围看，商务礼仪具有规定性

商务礼仪的适用范围是各种商务活动，如接待服务、商务谈判、商务会议的安排、商务仪式的策划、产品推销等。

(二) 从礼仪的内涵看，商务礼仪具有信用性

商务活动中，诚实守信是非常重要的。参与商务活动的双方，通过遵守商务礼仪来展现诚信的态度，为商务合作的成功提供通行证。尤其在涉外商务活动中，不守礼节、不修边幅、拖拉随意的言行会影响双方的友谊，甚至会使合作失败。

(三) 从礼仪的行为看，商务礼仪具有时机性

商务活动的时机性很强，有时时过境迁，则失去良机；有时在商务活动中，说话做事恰到好处，问题就会迎刃而解；有时商务从业人员坚持"不见兔子不撒鹰"，对方也可能被拖垮，从而失去了一次合作的机会。

(四) 从礼仪的性质看，商务礼仪具有文化性

商务活动虽然是一种经济活动，但是其文化含量较高，商务从业人员要体现文明礼貌、谈吐优雅、举止大方的风貌，就必须不断提高自身文化素质，树立文明的个人形象，在商务活动中表现出文明典雅，有礼有节。

知识拓展

女士优先

"女士优先"原则起源于欧洲中世纪的骑士之风，是传统欧美礼节的基础，后来成

为国际社会公认的重要礼仪原则。"女士优先"不仅仅意味着顺序上的优先，更是指在一切社交场合，每一个成年男子都有责任和义务通过自身的言谈举止表现出对所有妇女的尊重、照顾、关心和保护，时时处处为妇女排忧解难。国际社会公认，唯有这样的男士才具有绅士风度，才有教养，否则会被认为缺乏基本常识。

女士优先原则具体表现在以下方面。

1. 步行时，男子应该走在外侧，即靠车辆的一侧，女士走在内侧。

2. 进门时，男子应把门打开，请女士先进。

3. 上下电梯时，应让女子走在前边。

4. 下车、下楼时，男子应走在前边，以便照顾女子。

5. 进餐厅、影剧院时，男子可以走在前边，为女士找好座位。

6. 入座时，应请女士先坐下。

7. 进餐时，要请女士先点菜。

8. 席间若有女士离席，旁边的男士应该立刻起来为其拉开椅子，让她方便离开，然后再自己坐下来；而女士返回时，同样的程序会重复一次。这一点看起来好像很麻烦，似乎没有必要，但在正式场合，如果男士端坐不动的话，一定会被其他在场人士视为无礼、没有教养。

9. 自助餐会时，男士应该在原位等候，等女士取完后，男士再去。

10. 在聚会时，男士应该先向女士问候，如果男士是坐着的则要起立。而女士则不必站起，只需坐着点头致意即可。

11. 握手时，男士只能在女士伸来手之后再伸手，并应该摘下手套，而女士可以不摘手套。

12. 女士的东西掉在地上时，男士应帮女士拾起来。

13. 迎面走来时，男士应该让女士先行。

三、商务礼仪的功能

商务礼仪之所以在社会范围内受到广大商务人士的重视和推崇，是因为它具有以下重要的五种功能。总体来说，这五种功能既体现了运用商务礼仪的经济价值，又体现了它独特的社会文化价值；既有利于提高个人的内在修养，又有利于推进建设和谐社会。

(一) 约束和调节商务行为

商务礼仪最基本的功能就是约束和调节各种商务活动行为。俗话说"没有规矩不成方圆"，商务礼仪是公司或企业的商务人员及其他一切从事商务活动的人士约定俗成应当遵循的礼节和仪式的程序、规范，在长期的实践中便形成一种社会行为规范。任何一个在商务环境中工作的人士，都自觉或不自觉地受到商务礼仪的约束。同时，商务礼仪可以化解人们在商务交往中的矛盾与冲突，力求建立一种积极健康的人际关系模式。

具体来说，商务礼仪的约束和调节作用体现在以下两个方面：一方面，商务礼仪把企业的理念、价值观、规章制度具体化为一些规范的行为模式，从而强化了企业的制度要求，树立了企业遵纪守法、遵守社会公德的良好形象；另一方面，员工在企业价值观的引导下，不断提升内心的道德感，在企业规章制度范围内不断调整自身行为，使其符合商务礼仪的行为规范，员工对内争当企业的"模范公民"，对外成为塑造企业良好形象的"代言人"。

(二) 传递信息、展示价值

有些商务礼仪规范从形式上看，只不过是让一个座、握一次手、递一张名片、接听一个电话、喝一杯茶等，但这些看似细枝末节的一言一行，却可以发挥举足轻重的作用，传递关于个人素养和组织形象的重要信息，成为我们在商务场合立身处世的法宝。对商务礼仪的把握和运用是商务人士传递个人和组织信息、展示价值的一次机会。

在商务洽谈中，你是否按时守约可能会影响你所代表的组织在谈判中的地位；在中式或西式的商务宴请中，你的举止是否得体也许会决定大订单的成功与否；在办公室里，你不雅的仪容仪表或许会让你失去一次接触大客户、赢取销售业绩的机会……机遇总是光顾有准备的人，良好的商务礼仪修养可以更好地向对方展示你的价值，通过你的言行传达出尊重、友好、诚恳等情感信息。在一定程度上，这些积极的情感信息可以帮助你获得对方的信任与支持，它往往直接预示着成功机会的降临；反之，如果你在商务活动中毫无礼仪意识，忽略了商务礼仪传递信息和展示价值的功能，没有展现出应有的内在和外在品位修养，则可能会在不知不觉中与成功的机遇失之交臂。

(三) 塑造个人与企业组织的形象

教养体现细节，细节展示形象。对于商务人员个人来说，商务礼仪是个人道德修养、文化素养的外在表现；对于企业组织来说，商务礼仪是企业价值观、企业文化、企业文明程度的集中体现。因此，商务礼仪成为塑造商务人员个人和企业组织良好形象的重要手段。

1. 塑造商务人员个人形象

随着社会主义市场经济建设的蓬勃发展，人与人的商务交往也在不断拓展。第一次交往中给人留下的印象，会在对方的头脑中形成并占据主导地位，通常会在自己对该人的具体认知方面发挥明显的，甚至是举足轻重的作用，这种效应被称为"首因效应"。"首因效应"在商务交往中尤其显著。通常，在商务活动中，每个参与者的仪容仪表、言谈举止等具体行为会给予对方一种最直接的视觉效果，常常会使他人产生一种特殊的认知定式，直接或间接影响人们下一步的商务交往。如果一个人在商务交往中展示了积极自信的精神面貌、得体适宜的仪表和服饰、彬彬有礼的言行举止，那他一定会给人留下美好的第一印象，从而为有效进行深入的商务活动打下良好基础。

2. 塑造企业组织形象

企业组织形象作为一种无形资产与财富，是公众对组织整体印象的评价和综合认知的结果。它既包括组织的产品、资金实力、建筑设施、规划等物质要素，还包括组织精神、价值观、职业道德、行为准则、人员素质等精神要素。塑造良好的企业组织形象，提升企业的知名度和美誉度是企业经营者的重要战略目标之一。

活跃在商务场合中的商务人员往往不是完全独立的，他们总是代表着各种各样的组织，所以他们的个人形象和组织形象是不可分割的。在商务交往中恰到好处地运用商务礼仪，不仅可以塑造个人的良好形象，也可以塑造企业组织的良好形象。从这种意义上说，一方面，商务礼仪好像一面镜子，可以将企业的组织精神、价值观、人员素质等精神要素呈现在公众面前；另一方面，商务礼仪可以间接为企业带来经济效益。现代市场竞争除了产品竞争和服务竞争外，还有形象竞争。一个拥有一定美誉度的公司或企业，同时也具备较强的市场竞争力，则可能在激烈的市场竞争中脱颖而出。

(四) 沟通情感、促进商务合作

在当今日益频繁的商务活动中，凡是涉及与领导、同事、客户等的交往，必然少不了商务礼仪。在商务交往的过程中，双方都可能会产生一定的情感，由情感转化为态度再上升到行为层次，双方或相吸，或相斥。

恰如其分地运用商务礼仪，易于在商务人士之间架起一座沟通的桥梁，从而为建立友好合作的商务关系、取得商务交往的成功提供保障；反之，忽略了商务礼仪或不合时宜地运用商务礼仪，则很容易产生感情排斥，造成信息沟通受阻，产生不和谐的商务关系因素，最终影响到商务活动的顺利发展。所以，从一定程度上来看，礼仪是社会经济发展的基石，商务礼仪是商务人士沟通情感、协调商务关系、促进商务合作的重要手段。礼仪造就了形象，形象代表着信誉，信誉蕴涵着经济利益。商务礼仪是商务活动和谐发展的润滑剂和加速器。

(五) 净化社会风气、树立国家形象

人无礼则不立，事无礼则不成，国无礼则不宁。建设社会主义和谐社会离不开提高全民素质，那么知礼仪、用礼仪就成为提高全民素质中不可或缺的重要内容之一。在商务场合中，一个人、一个公司或企业组织的礼仪意识与行动是展示社会风气和国家形象的窗口。

具体来说，商务礼仪净化社会风气、树立国家形象的功能主要表现在两个方面：一方面，商务礼仪作为一种行为规范和道德约束，对全社会的每个人都在直接或间接地施行教化，发挥净化社会风气的重要作用；另一方面，商务礼仪的形成和发展过程本身就是社会文化发展的重要组成部分，是国家形象的一面镜子，它不断吸收精华，兼容并包，在老一

辈与新一代之间世代相传，促进社会进步，树立"礼仪之邦"的光辉国际形象。

第二节 商务人员应具备的礼仪修养

一、商务礼仪的心态基础

心态是指一个人的心理状态。人的行为受心理状态的影响很大，在不同的心理状态下，人的行为表现会有很大区别。

商务人员在学习商务礼仪时，一定要注意调整自己的心态。商务礼仪是商务人员行为层面的表现，其表现的优、良或差，所反映的正是商务人员心理状态的优、良或差。心态是礼仪行为的基础，商务人员在学习商务礼仪时，首先应当具备良好的心态基础。商务人员良好的心态，包括以下几个主要方面。

(一) 积极的心态

传说古时有一位国王，梦见山倒了，水枯了，花也谢了，便叫王后给他解梦。王后说："大势不好！山倒了指江山要倒；水枯了指民众离心，因为君是舟，民是水，水枯了，舟也不能行了；花谢了指好景不长。"国王听后惊出一身冷汗，从此患病，且越来越重。一天，有一位大臣参见国王，国王在病榻上说出了他的心事。哪知这位大臣一听，大笑着说："太好了！山倒了指从此天下太平；水枯了指真龙现身，因为国王您是真龙天子；花谢了则是花谢见果子呀！"于是，国王全身轻松，很快就痊愈了。

人的心态，有的比较积极，有的比较消极。杯子里有半杯水，心态消极的人会说："哎，怎么只有半杯水了。"心态积极的人会说："真好啊，还有半杯水呢！"心态积极的人比较乐观，容易保持良好的情绪，不容易烦恼，因此会以良好的精神面貌面对他人。心态消极的人比较悲观，常常处于郁闷、伤感的情绪状态中。而人的情绪又会互相"传染"，积极的人常以发自内心的微笑面对他人，凡事往好处想、往好处努力，人际关系会比较和谐，工作进展也会比较顺利；消极的人常以悲观淡漠甚至愤怒的表情面对他人，凡事往坏处想，不积极地争取，人际关系常有冲突，遇到冲突时如果再以消极的方式来处理，结果只会更糟。礼仪是"人际关系的润滑剂"，它以良好的积极心态为基础，没有积极的心态，很难做到以礼待人。

商务人员在日常工作中要真正做到以礼待人，就要学会调整自己的情绪，主动、有意识地将自己的情绪引导至积极的状态，学会接受现实，学会寻找快乐，也要学会适度、合理地发泄情绪。

人的心理会影响人的行为，人的行为也会反过来影响人的心理。因此，商务人员也要有意识地从行为层面培养自己良好的行为习惯，把积极心态所具有的积极行为养成习惯，例如，常以微笑面对他人，站立时抬头挺胸，走路时精神抖擞，这些积极的行为习惯会促使自己拥有更加积极的心态。美国成功学学者拿破仑·希尔说过："人与人之间只有很小的差异，但是这种很小的差异却造成了巨大的差异！很小的差异就是所具备的心态是积极的还是消极的，巨大的差异就是成功和失败。"商务人员是否能将所学的礼仪知识内化为个人气质，是否能够通过学习礼仪展示出个人魅力，首先取决于是否有积极的心态。

（二）尊重的心态

尊重是指尊崇与敬重。尊重的心态也是商务人士在学习商务礼仪时需要具备的基本心态。

有这样一个故事：一位颇有名望的富商在散步时，看到一个摆地摊卖旧书的年轻人蜷缩着瘦弱的身子在寒风中啃着又干又硬的面包。富商怜悯地将8美元塞到年轻人的手中，头也不回地走了。没走多远，他又匆匆返回来，从地摊上拿起两本旧书，并说："对不起，我忘了取书。实际上，我和您一样也是商人！"两年后，富商应邀参加一个慈善募捐会时，一位年轻商人紧握着他的手，感激地说："我一直以为我这一生只能摆摊乞讨，直到您亲口对我说我和您一样都是商人时，我才有了自尊和自信，从而取得了今天的业绩……"富商当时一句尊重鼓励的话，在年轻人的身上产生了巨大的力量。

尊重包括尊重他人和尊重自己两个方面。

1. 尊重他人

尊重他人意味着对他人人格和价值的肯定。当别人不如自己时，不会用不屑的表情、眼神和话语去嘲笑他人；当自己不如别人时，既不会以嫉妒之心伤害对方，也不会以自卑之心伤害自己。与别人交往时，会用平和的语气和别人说话，不会炫耀、不会张扬、不会怒吼，措辞会顾及对方的感受。善于倾听、诚实守信、遵守时间、尊老爱幼，这一切符合礼仪的行为表现，都以尊重的心态为基础。

2. 尊重自己

尊重自己意味着看重自己、爱自己。屠格涅夫说过："自尊自爱，作为一种力求完善的动力，是一切伟大事业的渊源。"尊重自己的人，不会让自己蓬头垢面；尊重自己的人，能够俯下身子帮助别人，但他的灵魂却因此得到升华。"爱人者，人恒爱之；敬人者，人恒敬之"。尊重他人、以礼待人的人，首先是尊重自己，这样才会尊重他人；尊重他人，才能赢得他人的尊重。只有尊重自己的人，才是自信、自爱的人。尊重是一种修养，具备尊重心态，就具备了一种高尚的品格。如果没有尊重的心态做基础，礼仪就会成为一个徒有其表的伪君子。

礼仪故事

叔山无趾的启示

有一个叫叔山无趾的人，因为早年间犯了过失而被砍去脚趾。有一天，叔山无趾用脚后跟走路，到孔子门下求教。

孔子正在给学生上课，见叔山无趾来了，就跟他说："你年轻的时候做人不谨慎，犯了过失，招致了祸患，所以落成今天这个样子。尽管你今天还想到我这里来学习，不过你觉得还来得及吗？"

叔山无趾听了孔子的话，面色变得严肃起来，他对孔子行了个礼，说："您说得没错，我确实因为从前不懂事而犯了罪，被砍去了脚趾，可是我觉得我身上还有比脚趾更宝贵的东西。我今天来向您求学，正是为了保全这种宝贵的内在品德。只要能够让道德修养完整无缺，形体的残缺又算什么呢？我听说苍天广阔，覆盖万物而不挑剔；大地辽远，承载万物而无偏见；我先前把您看作天地一样的圣贤，没想到您竟然是这个样子。我真的很失望。"

孔子听完，急忙作揖行礼，说："叔山先生，确实是我目光短浅，您快请进，给我的学生们讲讲课吧！"

但是，叔山无趾还是离开了。孔子深感遗憾，回头对学生讲："你们勉励啊！叔山无趾这样一个断了脚趾的人，还知道来学习，还知道生命中有比他的脚趾更尊贵、更值得尊敬的东西。我们是全身全德之人，我们怎能不进取呢？"

叔山无趾是在他的人生经历上有过污点，他也付出了身体上的代价。他并不是先天残疾，他其实背负着双重压力，但是为什么他能在世界上活得坦然？因为他有一种内心的力量。他敢于正视自己的弱点，勇于改过，对新的生活孜孜以求，所以能获得人们的尊敬。

(资料来源：根据网络资料整理)

(三) 自律的心态

自律是指遵循礼仪规范，重在自我约束。卡耐基说过："在日常商务活动中，我们判断一个人更依据他的品格而不是根据他的知识，更依据他的心地而不是根据他的智力，更依据他的自制力、耐心和纪律性而不是他的天才。"

学习礼仪、遵守礼仪规范，主要靠"自律"而非"他律"。人人都喜欢自由，而这种人人都拥有的自由，只有靠我们每个人的自律才能获得。商务礼仪的各种规章制度，并不像法律条文那样具有强硬的约束力。违反礼仪规范，常常是受到道德层面的批评，依靠礼仪规范或他人来管理某个人的日常行为，通常并不能获得良好的效果。商务礼仪的规范，不能化作硬性的规章制度来束缚大家。只有通过每个人的自律，才能真正创造出井然有序的交往秩序与和谐的团体氛围，才能给每个人的工作和生活带来更大的自由。

对他人彬彬有礼、对自己严格要求，自尊、自爱、自强、自信，注意自身形象，在没有他人监督的时候也能够不乱扔垃圾、不破坏公物，这样才是一个真正"讲礼仪"的人。一个讲礼仪的人和一个不讲礼仪的人，其行为的本质区别就在于是否自律。我们追求的目标，需要自律才能实现。自律才能自强，自强才能自信。

《中庸》中写道："道也者，不可须臾离也；可离，非道也。是故君子戒慎乎其所不睹，恐惧乎其所不闻。莫见乎隐，莫显乎微。故君子慎其独也。"意思是说，"道"是时刻不能离开的，那些可以离开的束缚，都不能称之为"道"。因此，君子会因为担心有自己看不到的地方而更加严谨，会因为担心有自己听不到的地方而更加小心。因为在不易察觉的地方更能表现出君子人格，在细微之处更能显示君子风范，所以，君子会严肃地面对自己独处的时刻。这里所说的"慎独"，其本质就是"自律"。

能够"慎独"则指别人看得见的时候能够按照礼仪之道行事，别人看不见的时候也能够按照礼仪之道行事，这是商务人士衡量自身礼仪修养水平的一个重要标准。

自律的心态是商务人士学习商务礼仪时的基础心态之一。

礼仪故事

顾珏的经商之道

顾珏是清代著名的雕刻家，他在嘉定的小巷里租了一间门面，以雕刻笔筒之类的小手工品为业。朋友好奇地问："你手艺那么好，为什么不尝试雕刻一些大型的东西卖呀？"顾珏摇了摇头，说："你有所不知，在街的另一头，有个叫楚子墨的工匠一直以木刻为生，我不能抢人家的饭碗啊。"此话传到楚子墨的耳朵里后，他觉得自己技艺精湛，对顾珏的好意根本不予领情。

钦差大臣徐默是一位爱好雕刻的雅士，听说顾珏的雕刻水平极高，便出高价向顾珏求购一副木刻。没想到，顾珏却委婉推辞道："说到木刻，其实我们这里还是楚子墨先生雕刻的最好。我的只能自娱自乐，实在登不上大雅之堂。"

徐默听闻之后便去找楚子墨。得到钦差大臣的看重，楚子墨备感荣幸，于是倾尽全力为徐墨雕刻了一幅美妙的山水图，使其满意而归。自此，楚子墨名声大噪。为了感激顾珏的推荐之情，楚子墨主动和顾珏交流。最终，两人成为好友。

几年后，顾珏离开嘉定，北上京城。临行时，楚子墨将特地雕刻的一幅木雕送给他作为送行礼物。按照传统的礼尚往来礼节，顾珏应回赠一件礼物作为回礼，于是顾珏便拿出以前雕刻的一件作品送给楚子墨。跟随顾珏进屋的楚子墨见到墙上挂满的木雕，顿时就惊呆了。那些作品栩栩如生，美不胜收，其刻功相比自己有过之而无不及。楚子墨这才恍然大悟，他感激地对顾珏说："顾兄之所以不卖刻雕，原来真是为了不夺我饭碗。"这就是顾珏的经商之道。

(资料来源：王玉苓. 商务礼仪案例与实践[M]. 北京：人民邮电出版社，2020.)

(四) 宽容的心态

宽容是指宽大和容忍，是对某种失误、失态、错误给予理解、谅解和包容，不计较、不追究、不报复。宽容是一种修养、一种境界。美国著名作家亨德里克在《宽容》一书中写道："从最广博的意义上讲，宽容这个词从来就是一个奢侈品，购买它的人只会是智力非常发达的人——这些人从思想上摆脱了不够开明的狭隘偏见的人，看到了整个人类具有广阔多彩的前景。"

古希腊神话中有一位力大无穷的英雄叫海格力斯。有一天，海格力斯在山路上行走时，发现路中间有个袋子似的东西很碍脚，便踢了它一脚。谁知那东西不但没有被踢开，反而膨胀起来。海格力斯有点生气，想把它踩破，便狠狠地踩了一脚，谁知那东西不但没被踩破，反而又膨胀了许多。海格力斯恼羞成怒，操起一根碗口粗的木棒狠砸下去，那东西竟然加倍膨胀起来，最后大到把路堵死了。一位圣人路过这里，连忙对海格力斯说："朋友，快别动它，忽略它，离开它远去吧！它叫仇恨袋，你不犯它，它便小如当初；你的心里老记着它，侵犯它，它就会膨胀起来，挡住你前进的路，与你敌对到底！"当人的心里装满仇恨和报复时，理智会离我们远去，从而带来更大的仇恨和更坏的结果。

宽容也是中华民族的传统美德。传说古代梁国与楚国边境都种了很多瓜，梁人非常勤劳，经常给瓜秧浇水施肥，所以瓜秧的长势特别好。楚人既不给瓜秧施肥，也很少给瓜秧浇水，所以瓜秧长得又干又瘦。楚人忌妒梁人的瓜种得好，于是就趁天黑把梁人的瓜秧全都毁了。梁人宽宏大量，不但没有报复，还在县令的带领下，在夜间给楚人的瓜秧浇水施肥，于是楚人的瓜秧长得一天比天好。楚王听说后，以重金相谢，并表示以后长期修好，原本敌对的两个国家从此成了友好邻邦。

宽容并不是无原则的迁就，在需要以惩戒的方式来维护正义时，不能无原则地将宽容变成纵容。日常人际交往的小矛盾，人与人之间的磕磕碰碰，需要以宽容的心去面对。宽容是人与人之间的润滑剂，能够化解矛盾，减少摩擦，降低损失。

宽容是商务人员学习礼仪时应当具备的基本心态，是少指责、少批评、少抱怨，是多赞美、多鼓励、多支持，是因忍耐而提升的人格魅力。

宽容他人，就是善待自己。

二、商务人员的礼仪修养

英国学者David Robinson概括了从事商务活动的黄金规则，具体可表述为以下六个方面，即正直(integrity)、礼貌(manner)、个性(personality)、仪表(appearance)、善解人意

(consideration)、机智(tact)。这些准则也可以看作商务人员必备的礼仪修养。

(一) 正直

正直是指通过言行表现出诚实、可靠、值得信赖的品质。当个人或公司被迫或受到诱惑，想要做不够诚实之事时，就是对正直的考验了。良好商务举止的一条黄金规则就是：你的正直应是毋庸置疑的，不正直是多少谎言也掩饰不了的。

(二) 礼貌

礼貌彰显着人的举止行为。当与他人进行商务交往时，你的风度可以向对方表明自己是否可靠，行事是否正确、公正。粗鲁、自私、散漫是不可能让双方的交往继续发展的。

(三) 个性

个性是指在商务活动中表现出来的独到之处。例如，你可以对商务活动充满激情，但不能感情用事；你可以不恭敬，但不能不忠诚；你可以逗人发笑，但不能轻率、轻浮；你可以才华横溢，但不能惹人厌烦。

(四) 仪表

人们常常下意识地对交往者以貌取人，做到衣着整洁得体，举止落落大方，都是给商务伙伴保留好印象的重要因素。

(五) 善解人意

善解人意是良好的商务风度中最基本的一条原则。成功的谈判者往往会提前扮演一下对手的角色。人们如果事先就想象好即将与之交谈、写信或打电话联系的对方可能有的反应，就能更谨慎、更敏锐地与对方打交道。

(六) 机智

商场中的每个人都极有可能对某些挑衅立即做出反应，或者利用某些显而易见的优势来妥善处理。如果我们一时冲动，则会悔之不已。本条黄金规则更深的内涵是：疑虑时，保持沉默。

礼仪小测试

商务礼仪商自测

下面的测试题可帮助你了解自己的商务礼仪商(business etiquette quotient，BEQ)。请选出下列情形中能准确反映你通常是怎样做(而非你希望怎样做)的选项。

1. 当被邀请参加一项商业活动时，我总是会在一星期内做出答复。

　　a. 是　　　　　　b. 不是　　　　　　c. 有时

2. 我总是在收到信息的同一天回电话。

　　a. 是　　　　　　　　b. 不是　　　　　　　　c. 有时

3. 无论是在工作中还是在家里，我从不咒骂人。

　　a. 是　　　　　　　　b. 不是　　　　　　　　c. 有时

4. 我总是在被邀请进餐后，或收到礼物后，或别人对我做出任何善意表达之后，会回信或打电话感谢对方。

　　a. 是　　　　　　　　b. 不是　　　　　　　　c. 有时

5. 我的进餐礼节很好。

　　a. 是　　　　　　　　b. 不是　　　　　　　　c. 有时

6. 我将自己看作团体的一员，不会为了寻求上司对我个人业绩的奖励而单干独行。

　　a. 是　　　　　　　　b. 不是　　　　　　　　c. 有时

7. 我会立即处理重要的信件，而在一周内答复其余的。

　　a. 是　　　　　　　　b. 不是　　　　　　　　c. 有时

8. 在与来自另一种文化的人交往之前，我会花一些时间来学习其文化中特有的礼仪，避免因为无知冒犯对方。

　　a. 是　　　　　　　　b. 不是　　　　　　　　c. 有时

9. 当别人的工作值得称赞时，我不会吝啬自己的口头或书面赞赏。

　　a. 是　　　　　　　　b. 不是　　　　　　　　c. 有时

10. 我会给我最重视的商业伙伴送去节日问候卡。

　　a. 是　　　　　　　　b. 不是　　　　　　　　c. 有时

计分方法如下：选a即"是"得3分，选c即"有时"得2分，选b即"不是"得1分。把所得分数相加总分达到28～30，则商务礼仪商为优秀；25～27，则商务礼仪商为良好；20～24，则商务礼仪商为一般；10～19，则商务礼仪商为不及格。

▌本章小结▐

1. 商务礼仪是指人们在商务交往中，用以美化自身、敬重他人而约定俗成的行为规范和程序。

2. 商务礼仪的特点：从礼仪的范围看，商务礼仪具有规定性；从礼仪的内涵看，商务礼仪具有信用性；从礼仪的行为看，商务礼仪具有时机性；从礼仪的性质看，商务礼仪具有文化性。

3. 商务礼仪的五种功能既体现了运用商务礼仪的经济价值，又体现了它独特的社会文化价值；既有利于提高个人的内在修养，又有利于推进建设和谐社会。

4. 商务人员良好的心态主要包括：积极的心态、尊重的心态、自律的心态、宽容的心态。

5. 商务人员必备的礼仪修养包括六方面，即正直(integrity)、礼貌(manner)、个性(personality)、仪表(appearance)、善解人意(consideration)、机智(tact)。这是英国学者David Robinson概括的从事商务活动的黄金规则。

▌知识判断▌

1. 商务礼仪是一种无形资产，是企业参与竞争的附加值。 （　）
2. 商务礼仪是一种规范，只要一成不变地遵从就能达到目的。 （　）
3. 商务交往中，对待小人物不需要给予尊重。 （　）
4. 商务交往中的最大忌讳是言而无信。 （　）
5. 敬一人，则千万人悦；慢一人，则千万人怨。 （　）
6. 运用商务礼仪，可以达到内求团结，外求发展。 （　）
7. 一分耕耘，一分收获，只要勤奋努力，就能学好商务礼仪。 （　）

▌礼仪训练▌

1. 以5人为一组，讨论商业经营以"诚信为本"的效应，然后每组选派代表阐述理由。

2. 以班级为单位举行一次演讲，演讲主题为"一名商务人士的成功启示"(以商务人士为例，从商务礼仪视角分析成功的秘诀)。

▌案例评析▌

一位客户到银行存款，在清点时发现一张假币，营业员小方向客户解释说："对不起，这是一张假币，按人民银行规定应没收。""你凭什么说是假币，这是我刚从某某银行取出来的，还没打开呢！"客户火冒三丈。为了使客户相信，营业员小方又仔细检查后耐心地为客户讲解这张假币的特点，同时加盖了"假币"章。客户要求拿过来看看，也相信了，但更加怒不可遏，在柜台外开始大骂银行，一时引来办业务的十多位客户围观。为平息客户怒气，不影响正常业务办理，小方依旧心平气和地说："请你消消气，有话好好说。不过假币我们还是要没收的。"客户一气之下，把假币撕碎并丢在了地上，小方一句话也没说，俯下身将碎片捡起并用胶条粘好，然后开具没收证明交给客户。"不存了，还我钱！""没关系，那我把钱再帮您点一下。"小方依然微笑着对客户说，并向他介绍有关识别假币的知识。渐渐地，客户的气消了，当小方客气地把点好的钱交给客户后，刚才还怒气冲冲的客户说话缓和了："算了，你们也是按制度办事，不是存心为难我，还是存吧。"同时主动向小方道歉。

(资料来源：李嘉珊，周丽新. 国际金融礼仪教程[M]. 北京：中国人民大学出版社，2019.)

问题：

1. 你认为营业员小方是如何化解纠纷的？
2. 案例体现了商务礼仪的哪些功能？

第三章

仪表礼仪

错系领带导致洽谈失败

一名张姓企业高管作为公司的部门经理,代表公司与一家外资企业进行业务洽谈。这名业务经理职场能力和各方面的能力都很优秀,公司委以重任让其与外资企业进行业务洽谈,原本以为洽谈会非常顺利,也会很成功。但令人意外的是,合作失败了,原因是这家外资企业认为对方公司缺乏合作诚意。最后,经朋友打听才知道是因为这名业务经理在洽谈时系错了自己的领带。

在商务礼仪规范中,领带结应该是倒三角形,放在领口下的第一个纽扣上。但是这位经理的领带系得很松,拖在衬衣第二个扣子下,衬衣的领口还打开了,没有扣第一个扣子。这样的职场着装小细节直接影响了他的职业形象,同时也直接影响了公司的整体形象。

(资料来源:根据网络资料整理)

商务人员形象设计的成功与否,直接影响商务交往效果的好坏。在商务场合,商务人士的专业知识和业务能力是进行商务交往的根本,其地位固然重要,但是通过商务人士的仪容、仪表、体态、举止等细节透露出来的职业气质与展示的职业形象同样不容忽视。如果一个人在商务交往中展示了积极自信的精神状态、恰到好处的妆容与服饰、温文尔雅的言行举止,则不仅能赢得他人的信任,同时还可以展示组织形象的风采,从而为成功的商务交往打下良好基础。

第一节 仪表礼仪概述

一、仪表礼仪的内涵

仪表是一个综合概念。从狭义的角度讲，仪表指一个人的外貌或外表；从广义角度讲，仪表指人的外在特征和内在素质的有机统一。它既是指由人的容貌、姿态、服饰打扮、言谈举止和卫生习惯等先天性和习惯性因素构成的外在特征，又是指人的气质、性格特征、思想修养、道德品质、生活情调、学识才智和审美修养等内在素养的反映。

商务人员的形象强调内外兼修，既要做到内强素质，又要做到外树形象。对于商务人员形象内涵的理解，要求我们同时以内在形象和外在形象两个方面为出发点，用辩证的眼光看待问题。

首先，脱离内在形象只谈外在形象，会使外在形象失去依托。例如，从事空乘服务的空中小姐，无论从身材还是容貌来说，都是百里挑一、无可挑剔的。但如果空姐们缺少内在文化修养，一言一行粗鲁蛮横，缺乏专业空乘知识，对乘客的询问"一问三不知"，那么姣好的容貌和曼妙的身材也会因为内在形象的缺失而黯然失色。

其次，摒弃外在形象，只强调内在形象，会使内在形象大打折扣，甚至遭到质疑。例如，一位业务部项目经理，从名牌大学毕业，拥有硕士研究生学历，满腹诗书，业务精通，工作驾驭能力强。但如果他在拜访或接待客户时不修边幅，经常出现鼻毛外露、衣领不洁、指甲不修、高跷二郎腿等一系列有失仪表礼仪的不雅之举，那客户会对他产生什么样的印象呢？他的内在能力和知识素养无疑会被大打折扣，自然会影响他的工作业绩。

二、仪表设计的原则

（一）"首因效应"原则

"首因效应"也称第一印象效应。在社会交往和商务场合，人们留给初次见面者的第一印象至关重要，往往由见面的第一眼所决定，一般在见面的头三秒就决定了。由第一印象所产生的看法和评价，对双方日后的交往将产生巨大影响，在日后会长久而稳定地保留下来，这在心理学上叫"首因效应"。"首因效应"告诉我们，在与人交往中，尤其是在初次交往中，一定要在第一时间给人留下良好的印象，为自己塑造认真、负责的职业形象。个人职业形象即外界对职业人员的印象与评价，不仅代表了自己的职业形象，还代表着组织、产品和服务的形象，甚至还代表着一个地区、民族和国家的形象。

"首因效应"必须注意两点：一是准确的角色定位，即所处的场合和身份；二是自己的初次亮相。

知识拓展

"首因效应"的经典实验

美国社会心理学家洛钦斯1957年以实验证明了"首因效应"的存在。他用两段杜撰的故事做实验材料，描写的是一个叫詹姆的学生的生活片断。这两段故事描述的是两种完全相反的性格，一段故事把詹姆描写成一个热情并且外向的人，另一段故事则把他写成一个冷淡而内向的人。两段故事分别如下。

第一段：詹姆走出家门去买文具，他和他的两个朋友一起走在充满阳光的马路上，他们一边走一边晒太阳。詹姆走进一家文具店，店里挤满了人，他一边等待着店员对他的注意，一边和一个熟人聊天。他买好文具在向外走的途中遇到了熟人，就停下来和朋友打招呼，告别了朋友后走向学校。在路上他又遇到了一个前天晚上刚认识的女孩子，他们说了几句话后就道别了。

第二段：放学后，詹姆独自离开教室走出校门，他走在回家的路上，路上阳光非常耀眼，詹姆走在马路阴凉的一边，他看见路上迎面而来的是前天晚上遇到过的漂亮女孩。詹姆穿过马路进了一家饮食店，店里挤满了学生，他注意到那儿有几张熟悉的面孔。詹姆安静地等待着，直到引起柜台服务员注意之后才买了饮料，他坐在一张靠墙边的椅子上喝饮料，喝完之后他就回家去了。

洛钦斯把这两段故事进行了排列组合，其结果表明，第一组被试者中有78%的人认为詹姆是个比较热情而外向的人；第二组被试者中只有18%的人认为詹姆是个外向的人。

研究证明了第一印象对认知的影响。在"首因效应"中，对情感因素的认知常常起着十分重要的作用。人们一般都喜欢那些流露出友好、大方、随和情感的人，因为在生活中，我们都需要他人尊重和注意。这个特点在儿童身上表现得最为明显，小孩子都喜欢第一次见就笑呵呵的人，如果再给予相应的赞扬，那么儿童就会更加高兴。

(资料来源：根据网络资料整理)

(二) 简单适度原则

商务人员的形象设计既要力求自然大方，注重自然美，又要注意简约适度，注重修饰美。简约适度原则要求商务人员在进行形象设计与修饰时，要遵循基本的规范，把握好一定的尺度，既不能过于简化也不能过于繁杂；要能够根据个人的条件扬长避短，塑造个人形象，否则只会物极必反。

例如，出席正式的商务晚宴，对仪表有着不同于其他商务场合的要求，如果女士既没有化妆也没有选择合适的晚礼服，而是以简单的工作装出席，则会给人留下随随便便、不懂规矩的印象，这自然也是"失礼之举"。再如，女士在接待客户的商务场合中，为了充分表达自己对客户的尊重和重视而为自己设计了"盛装形象"，耳环、胸针、项链、手链、丝巾、戒指、脚链等全部上阵，则会显得过于繁杂，过犹不及。

(三) 协调一致原则

协调一致原则是以全局的眼光，从整体的角度看待商务人员自身的形象设计。商务人员形象设计涉及妆容、服饰、神态、举止等诸多方面，每一方面都有具体的规范和做法。大方得体的商务人员形象设计要注意妆容协调、服饰协调、神情举止协调。

(四) 因人而异原则

商务人员的形象终归还是"人"的形象。社会中的人自然千差万别，高矮胖瘦、音容笑貌不尽相同，现代社会是一个提倡多元化发展的时代。商务礼仪虽然强调商务人员形象设计的原则与规范，但形象设计并不是标准化的产品，我们不能忽略每个人自身的特点，适合自己的才是最好的。商务人员形象设计也要从个人的优缺点出发，从自然条件出发，在坚持因人而异的原则上进行恰到好处的修饰，以达到赏心悦目的形象效果。如此，商务人员形象设计才更为科学、合理，方能呈现出符合时代多元化、人性化的特征。

第二节　商务人员服饰礼仪

意大利影星索菲亚·罗兰说："你的衣服往往表明你是哪一类人物，它们代表你的个性。一个和你会面的人往往不自觉地根据你的衣着来判断你的为人。"英国戏剧大师莎士比亚说："服饰往往可以表现人格。"著名学者郭沫若也说过："衣裳是文化的表征，是思想的形象，更是一个民族的文化修养素质的具体化。"的确，服饰在商务交往中往往反映了一个人的社会地位、身份职业、个性特点、性格爱好、文化修养和审美品位。端庄适宜的服饰是一个人自我尊严的传达，也是尊重他人的表现。用服饰为自己塑造一个美好的外观形象，在商务交往中所产生的效应是不容忽视的。

一、服饰的功能

服饰是人的外在表象，由人的衣着和饰物两部分构成。它不仅指日常生活中的衣服和装饰物，更指着装后构成的一种状态，包括着装形象所表达的人的社会地位、民族习惯、风土人情及人的修养和趣味等因素。

（一）蔽体功能

服饰产生于人们的生理需要。在远古时代，人类为了蔽体御寒，便披兽皮和围树叶。随着社会的发展，直到纺织术的出现，才有了现代意义的服饰。无论服饰如何千变万化，总离不开它的基本属性，即御寒防暑和遮羞护肤。

（二）装饰功能

当人们开始用贝壳、兽齿打扮自己，以及在腰带上挂满精巧的饰件来装饰自己时，便萌发了美的意识，衣着也就有了审美功能。常言道："人靠衣装，佛靠金装。"服饰可以弥补和修饰容貌及形体的不足，使形象得以美化。例如，可以通过服饰的色彩来调整和衬托肌肤的颜色；在造型方面，服饰可以对人的形体加以改造，扬长避短，展现人的形体美。

（三）社会功能

任何一种服饰都在一定程度上体现着社会的精神风貌，传递着职业区别、年龄划分、经济状况和情感倾向等信息。服饰不但影响人们办事的效果、社交的成功和事业的顺达等许多方面，还控制和左右着周围人的态度。

知识拓展

明代官服的社会作用

官服制度在中国传统社会中曾起过不容忽视的作用。从上古时代"黄帝、尧、舜垂衣裳而天下治"开始，官服制度就被打上了等级的烙印，官服便成为区分贵贱、身份等级的工具。明代是中国历史上最后一个由汉族统治的王朝。明太祖在立国伊始，就对全国官民百姓的衣冠服饰，特别是对文武百官服饰的形制、质地和颜色做了严格规定，并将其体现在《大明律》《大明令》《洪武礼制》等法律文献中。

官服也叫作服章，根据《辞源》的解释，它是指表示官吏身份品秩的服饰。具体而言，官服是指等级社会中包括皇帝、后妃、王公大臣及各级官员在内，按章规定，用以明辨官品等级的服饰。明代服饰制度在中国历史上可谓承前启后，它既充分体现了等级性，又有民族性和融合性。明初的统治者十分注重吸取前代统治者治国安邦的经验教训，他们深刻认识到服饰最能体现"上下等级"而达到"辨贵贱，明等威"的目的。然而经历过元朝的中华大地，"士庶衣服则为褶窄袖及辫线腰褶，妇女衣窄袖短衣，下服裙裳，无复中国衣冠之旧甚者"，这是明朝统治者所不能容忍的。于是，朱元璋在明朝建立初年便着意整顿礼制，他废弃了元朝的服饰制度，根据汉人的习俗，上采周汉，下取唐宋，将服饰制度重新做了规定。洪武元年(1368年)二月，明太祖朱元璋立国伊始，就下了一道"悉命复衣冠如唐制"的诏令，以此来恢复汉民族的服装样式制度。

(一) 彰施服色，分别贵贱

古代中国对色彩的重视可谓源远流长，在中国古代社会，凡是一个新王朝的建立，都要确定本朝运用的历法和崇尚的颜色，以证明自己统治天下是顺承天意、合乎天道，这也就是我们常听说的"改正朔，易服色"。明朝官服的颜色基本沿用唐宋，在洪武年间已有规定："一品至四品，绯袍；五品至七品，青袍；八品九品，绿袍；未入流杂职官，袍、绮、带与八品以下同。"可见，最主要的不同是，明朝官服废除紫色而不用，究其原因主要是明朝皇帝姓朱，遂明朝以朱为正色，又因《论语·阳货》中有"恶紫之夺朱"，因此，明朝将紫色从官服中除去，使得绯红色成为最高级官吏的官服色彩，如图3-1所示。

图3-1　明代一品文官官服

(二) 设置补子，分明等级

专制统治者在创造等级差别这一点上有着丰富的想象力，唐宋时期仅依靠服装的颜色来区别等级，尚不足以将各等品级都明确表现出来，因此，明朝官员的常服上又出现了新的等级标识——补子。既然龙是皇帝的象征，那么文武百官也该以兽来比拟，这样才能显示出"君臣一致""君臣有别"。于是，各级官员都被安排了一种特定的动物图案，把它绣在两块正方形的织锦上，在官员常服的前胸和后背各缀上一块，恰似缝了两块大补丁，这就是我们所说的补子。《明会典》中详细记载了明朝品官的补子制度，文官一品、二品仙鹤锦鸡；三品、四品孔雀云雁；五品白鹇；六品、七品鹭鸶鸂鶒；八品、九品黄鹂鹌鹑(如图3-2所示)。武官一品、二品狮子；三品、四品虎豹；五品熊黑；六品、七品彪；八品、九品犀牛海马(如图3-3所示)。

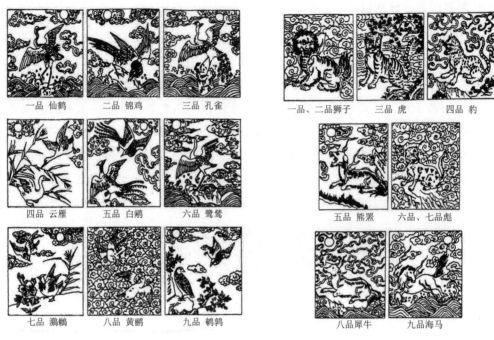

图 3-2　明代文官官服补子　　　　　　　　图 3-3　明代武官官服补子

中国传统的礼法文化给人们带来的是一整套维护君君臣臣、父父子子的伦理等级秩序，并将这种秩序合理化，从而深入社会的每一个角落。明代官服制度只是中国古代法律制度中的沧海一粟，是礼法文化使其具有在传统社会生存的生命力，使得人们顺理成章地接受这些制度并认为其理所当然。明太祖朱元璋在建国初期就确立了礼法治国的基本原则，朱元璋在明朝建立之初即表明："礼法，国之纪纲。礼法立，则人志定，上下安。建国之初，此为先务。"并认为服饰制度，特别是官服制度是推动这一治国原则的重要手段。

(资料来源：根据网络资料整理)

二、服饰穿着原则

穿着得体是一种礼貌，体现了一个人的文化素质和文明程度，也体现了一个人对他人、对社会的尊重态度。一个人如果衣着随便地参加正式的商务宴会，他的穿着就是对他人的失礼。穿着得体会让人精神抖擞，信心倍增。求职应聘场合，衣着得体的应聘者往往是企业优先考虑的人选；参加商务会议或谈判，穿着正式，会增强自信，有利于敏捷思维，从而助成功一臂之力。

美国著名的服饰设计师约翰·摩洛埃曾做过一项多元性研究。他派一位中下层社会出身的大学毕业生去拜访100家公司，去其中50家时穿着普通服装，去另外50家时则穿着高档服装。摩洛埃给每家公司的经理都事先打过招呼，让经理们通知自己的秘书，这个年轻人是摩洛埃刚刚聘任的助理，并要求秘书听从这个年轻人的吩咐。结果这位年轻人穿着高档服装去拜访时，秘书几乎是有求必应；而穿着普通服装时，至少有1/3的秘书对他表示冷淡，或颇有微词。当他要求调3份职员档案时，身着高档服装时有42次在10分钟内收到；而在身着普通服装时只有12次。这个实验的统计数据显示，身着高档服装时，在50次会面中得到的积极反应和合作是30次，而身着普通服装时却只有4次。可见，借助得体的服装既可以美化形象，增强人际吸引力，又可以塑造形象，优化"第一印象"，得到人们的重视和尊敬，有助于生意兴隆、发达，事业顺畅、成功。

(一) 个性化原则

个性化原则主要指依据个人的性格、年龄、身材、肤色、爱好和职业等要素着装，力求穿出自己的个性和品位，树立自己的个人形象。选择服饰因人而异，重点在于自然得体，扬长避短，显现独特的个性魅力和最佳风貌。在一些重大的社交场合，穿着既要表现自我，还要与你的交际对象保持协调一致。因此，在与人约见之前，一定要仔细考虑对方可能的穿着，并加以对应。选择衣服不仅要适合自己的个性特征，还要以一定交际目的为基础，既能体现"与众不同"，又能适应交际需要。

(二) TPO原则

TPO原则是国际上公认的穿衣原则。TPO是时间(time)、地点(place)、场合(occasion)三个词英文首字母的缩写。它的含义是要求人们在选择服装时，应当兼顾出行的时间、地点和场合，力求自己的着装及款式与其协调一致。

1. 时间原则

服饰打扮应考虑时代的变化、四季的变化及一天各时段的变化。服饰应顺应时代发展的主流和节奏，不可太超前或太滞后；服饰打扮还应考虑四季气候的变化，夏季应轻松凉爽，冬季应保暖舒适，春、秋两季应注意及时增减衣服并防风；服饰还应根据早中晚气温的变化而调整。西方许多国家都有一条明文规定：人们去歌剧院看歌剧一类的演出时，男士一律穿深色晚礼服，女士着装也要端庄典雅，以裙装为宜，否则不准入场。这一规定旨在强调社交场合的文明与礼仪，同时也体现着西方国家尊重他人、营造优美环境与氛围的社会文化。

2. 地点原则

地点不同，气候不同，应着不同色调的服装。例如，在气候较冷的地方，服装应以深色或暖色为主；在气候较暖的地方，服装应以淡色或冷色为主。另外，不同国家和不同民族因其文化背景、地理环境、历史条件和风俗人情的不同，在服装上也显示出不同的格调与特色。商务人员应对此有所了解，以便因地点的变化选择不同的服装，表现出对对方的尊重，以便结交朋友、增进友谊、交换信息和开展业务。

3. 场合原则

这里的场合主要是指商务人员所处的三种场合：公务场合、社交场合和休闲场合。不同的场合与气氛，具有不同的服饰礼仪规则。公务场合应穿得整洁、大方和美观，适合穿制服、套装、套裙和连衣裙等。社交场合穿着打扮则宜讲究时尚，展现个性，要穿得时髦、流行又不失高雅。女士既可以穿西装套裙和中式服装，也可以穿旗袍和晚礼服；男士可以着中山装，也可以着正规西装，着西装必须系领带。休闲场合的穿着舒适得体即可，首选棉制的衬衣、T恤和牛仔装。

(三) 协调性原则

1. 着装与职业身份相协调

人们的社会生活是多方面、多层次的，人们在不同场合担当不同的社会角色，因此要根据情况选择不同的着装，以满足担当不同社会角色的需要。

2. 着装与年龄、性别相协调

不同年龄的人处在社交、事业和生命的不同发展时期，应体现不同的风格，从服装款式到色彩均有讲究。年轻人应穿得鲜艳、活泼和随意，充分体现青年人的朝气和蓬勃向上的青春之美；中年人力求突出成熟风韵，注意妆色柔和、服饰优雅和质地考究；老年人的着装则要注意庄重、雅致、整洁和深沉理性，体现出成熟和稳重的睿智风格。

商务人员在着装上，一定要体现性别特征。男性服饰要体现刚毅有力的男子气质，女性则要展示温柔妩媚和典雅端庄的女子风韵。

3. 着装与肤色、体形相协调

中国人的肤色可分为白净、偏黑、偏红、偏黄和苍白等。选择与搭配服饰时也要注意考虑自己的肤色，服装的色彩要与自己的肤色相协调，这样才能以美感示人。肤色白净者，适于穿着各色服装，可选择的颜色范围较宽，不论穿浅色衣服还是深色衣服都较为适宜。其穿上浅色衣服会显得莹洁、柔和、素雅，穿上深色服装则与白皙的皮肤形成对比，会使肤色显得更白净，特别是色彩鲜亮的服装，更易使穿者突显亭亭玉立的美感。肤色较黑者，一般不适宜穿黑色服装及素雅的冷色调和暗色调的服装，如墨绿、绛紫、深棕、深蓝等颜色，因为穿着深色衣服会显得黑粗、老相。其应选用色彩浓艳的亮色，如橙色、明黄色等，衬托出黝黑肌肤富有健美感，或选用海蓝、翠绿、玫红、米色等浅色调的服装，可增添明朗感。肤色偏黄者，不宜选择柠檬黄、白色、黑绿色，黑色及深灰色等，以避免脸色更焦黄，增加"病态"感，应该穿红色、粉红、米色或棕色服装。

知识拓展

服装颜色与寓意

红色：活跃、热情、勇敢、爱情、健康、野蛮

橙色：富饶、充实、未来、友爱、豪爽、积极

黄色：智慧、光荣、忠诚、希望、喜悦、光明

绿色：公平、自然、和平、幸福、理智、幼稚

蓝色：自信、永恒、真理、真实、沉默、冷静

紫色：权威、尊敬、高贵、优雅、信仰、孤独

黑色：神秘、寂寞、黑暗、压力、严肃、气势

白色：神圣、纯洁、无私、朴素、平安、诚实

(资料来源：根据网络资料整理)

人的身材有高矮胖瘦之分，外在条件对于形成一个人的风度美虽不及内在条件重要，但也是很有影响力的。我们知道，男性标准体形为"T"形，女性标准体形为"X"形。标准体形的人在选择服装方面有很大空间。不过据调查，全国标准体形的人约为10%，绝大多数人在体形上或多或少受到一些先天局限，有这样或那样的缺陷，这就需要通过服装搭配加以弥补与修饰，使自己更具美感。

知识拓展

不同身材女性的服装搭配技巧

女性常见的身材有A形、Y形、H形、X形四种类型。

(1) A形身材的主要特点：上半身较苗条，下半身较胖。此种身材的人，上衣多为紧身式，裙子则为宽松式。这样既能体现着装者上半身的身材优势，又能适当地遮盖下半身的身材劣势。

(2) Y形身材的主要特点：上半身较胖，下半身较苗条。此种身材的人，上衣多为宽松式，裙子多为紧身式或长裤，总体感觉上松下紧。一般来说，它意在遮掩着装者上半身的短处，同时衬托下半身的长处。这种造型会让着装者看上去亭亭玉立、端庄大方。

(3) H形身材的主要特点：此种身材看上去略显肥胖。此种身材的人，上衣较宽松，裙子多为筒式，上衣与下裙给人以直上直下、浑然一体的感觉，这样既可以让着装者显得优雅、帅气，又可以为身材肥胖者掩盖弱点。

(4) X形身材的主要特点：腰部较纤细。此种身材的人，上衣多为紧身式，裙子则便多为喇叭式。这样可以有意识地以上紧下松来突出着装者纤细的腰部，且可以体现着装者较

好的身材，使其看上去婀娜多姿，楚楚动人。

(资料来源：根据网络资料整理)

4. 着装与色彩相协调

色彩是构成服装的重要因素之一。服装色彩非常重要，因为它所占据的面积几乎覆盖全身，是整个服装的灵魂。每个色彩都有不同的特性，都有独特的色彩感情与个性表现。服饰色彩的情感表达正是将不同的色彩进行组合搭配，表现出热情奔放、温馨浪漫、活泼俏丽、高贵典雅、稳重成熟、冷漠刚毅等变化迥异的风姿风韵。

知识拓展

色彩搭配技巧

总的来说，服装的色彩搭配可分为两大类，协调色搭配和对比色搭配。

1. 协调色搭配

◇ 同类色搭配：指深浅、明暗不同的两种同一类颜色相配，例如，青配天蓝，墨绿配浅绿，咖啡配米色，深红配浅红等，同类色搭配的服装会显得柔和文雅。

◇ 近似色相配：指两个比较接近的颜色相配，例如，红色与橙红或紫红相配，黄色与草绿色或橙黄色相配等。

2. 对比色搭配

◇ 强烈色搭配：指两个相隔较远的颜色相配，例如，黄色与紫色，红色与青绿色，这种配色比较强烈。日常生活中，我们常看到的是黑、白、灰与其他颜色的搭配。黑、白、灰为无色系，所以无论它们与哪种颜色搭配，都不会出现大的问题。一般来说，如果同一个颜色与白色搭配时，会显得明亮；与黑色搭配时会显得昏暗。因此，在进行服饰色彩搭配时应先衡量一下，你是为了突出哪个部分的衣饰。例如，深褐色、深紫色与黑色搭配，这样会和黑色呈现"抢色"的后果，令整套服装没有重点，而且服装的整体表现也会显得很沉重、昏暗无色。黑色与黄色是最亮眼的搭配；红色和黑色的搭配非常隆重，却又不失韵味。

◇ 补色搭配：指两个相对颜色的配合，例如，红与绿，青与橙，黑与白等。补色相配能形成鲜明的对比，有时会收到较好的效果，如黑白搭配是永远的经典。

(资料来源：根据网络资料整理)

(四) 整洁性原则

整洁性原则是指着装要整洁干净。首先，在任何情况下要整齐，不允许又褶又皱、不熨不烫；其次，要完好，不允许又残又破、乱打补丁；再次，要干净，不允许又脏又臭、令人生厌；最后，要卫生，不允许存在明显的污渍、油迹、汗味与体臭。一个穿着打扮干净整齐的人，给人的感觉是积极向上的，会给人留下较好的第一印象；而一个衣着肮脏、褴褛的人，给人的感觉是消极颓废的。

三、男士着装礼仪与规范

(一) 男性职场着装的基本规范

职场中男性着正装的具体操作规范可概括为"三个三"原则，即"三色原则""三一定律"、三大禁忌。

"三色原则"即全身服装的颜色不得超过三种。如果多于三种颜色，则每多出一种，就多出一分俗气，颜色越多则越俗。

"三一定律"即三个部位的颜色保持一致。具体要求是，职场男士身着西服正装时，皮鞋、皮带、皮包的颜色应基本一致。

三大禁忌包括：①职场男士西服套装左袖商标不拆是俗气的标志；②穿西装时只能搭配长袖衬衫，穿夹克衫和短袖衬衫不能系领带；③着西服正装并穿黑皮鞋时，要穿深色长袜。如图3-4所示。

图3-4 男性职场着装三大禁忌

(二) 西装礼仪

西装又称"西服""洋装"，起源于17世纪的欧洲。19世纪以来，由于欧洲及美国政治经济地位的提升，西装成了世界通用的商务和正式服装。

知识拓展

西装在中国的流行

19世纪40年代前后，西装传入中国，来中国的外国人和出国经商、留学的中国人多穿西装。宁波市服装博物馆的研究人员经过半年的研究，发现中国人开的第一家西服店是由宁波人李来义于1879年在苏州创办的李顺昌西服店，而非国内服装界公认的1896年由奉化人江辅臣在上海开的"和昌号"，这将中国西装史整整向前推进了17年。

1911年，民国政府将西装列为礼服之一。1919年后，西装作为新文化的象征，对传统的长袍马褂造成冲击，中国西装业得以发展，逐渐形成一大批以浙江奉化人为主体的"奉帮"裁缝专门制作西装。

20世纪30年代后，中国西装加工工艺在世界上享有盛誉，上海、哈尔滨等城市出现一些专做高级西装和礼服的西服店，如上海的培罗蒙、亨生等西服店，以其精湛工艺闻名国内外。此外，中国西装制作形成各种流派，较为流行的有罗派和海派。罗派以哈尔滨为代表，制作的西装隆胸收腰，具有俄式特色；海派以上海为代表，制作的西装柔软、合体，具有欧美特色。1936年，留学日本归来的顾天云首次出版了《西装裁剪入门》一书，并创办西装裁剪培训班，培育了一批制作西装的专业人才，为传播西装制作技术起了一定的推动作用。

新中国成立以后，占服饰主导地位的一直是中山装。改革开放以后，随着思想的解放、经济的腾飞，以西装为代表的西方服饰以不可阻挡的国际化趋势又一次涌进中国，人们不再讨论它是否曾被什么阶级穿用过，不再理会它那说不清的象征和含义，欲与国际市场接轨的中国人似乎以一种挑战的心理来主动接受这种并不陌生但又感到新鲜的服饰文化。于是，一股"西装热"席卷中华大地，中国人对西装表现出极高的热情，穿西装打领带渐渐成为一种时尚。

(资料来源：根据网络资料整理)

1. 选择合适的西装

1) 面料

一般情况下，西装首选的面料是毛料。具体而言，纯毛和纯羊绒的面料及高比例含毛的毛涤混纺面料，都可用作西装面料；而不透气、不散热、发光发亮的各类化纤面料，则不适合用作西装面料。

2) 颜色

商界男士在穿西装时，颜色必须显得庄重和正统。适合男士在商务交往中所穿的西装颜色首选藏蓝色，除此之外，还可以选择灰色、棕色的西装。黑色适合在庄严而肃穆的礼仪性活动中穿着。

3) 图案

商务男士西装一般以单色无图案为佳。在着装异常考究的欧洲国家，商务男士最体面的西装往往是深灰色细密竖条纹西装，如图3-5所示。商务男士西装以条纹细密为佳，以条纹粗阔为劣。

图 3-5　竖条纹西装

4) 款式

西装的款式主要有两种最常见的分类方法。

(1) 按照西装的件数来划分。

根据此项标准，西装有单件与套装之分。单件西装即一件与裤子不配套的西装上衣，仅适用于非正式场合。商务男士在正式的商务交往中所穿的西装，必须是西装套装。男士在商务交往中所穿的西装套装，也被人们称作商务套装。所谓西装套装，指的是上衣与裤子成套，其面料、色彩、款式一致，风格上相互呼应的多件套西装。西装套装又有两件套与三件套之分。两件套西装套装包括一衣一裤，三件套西装套装则包括一衣一裤一背心。按照人们的传统观念，三件套西装要比两件套西装更加正规。之前所说的最正宗、最经典的商务套装自然也非它莫属。所以，在参加高层次的商务活动时，最好穿着三件套的西装套装，如图3-6所示。

图 3-6　男士常见西装款式

(2) 按照西装上衣的纽扣数量来划分。

根据这一标准，西装上衣有单排扣和双排扣之分。一般认为，单排扣的西装上衣比较传统，而双排扣的西装上衣则较为时尚，如图3-7所示。具体而言，单排扣西装上衣与双排扣西装上衣的纽扣数目各有不同，因而又呈现出不同的风格。单排扣的西装上衣，最常见的有一粒纽扣、两粒纽扣和三粒纽扣三种。一粒纽扣和三粒纽扣这两种单排扣的西装上衣穿起来比较时髦，而两粒纽扣的单排扣西装上衣则显得更为正统。双排扣的西装上衣，最常见的有两粒纽扣、四粒纽扣和六粒纽扣三种。两粒纽扣和六粒纽扣这两种款式的双排扣西装上衣属于流行款式，而四粒纽扣的双排扣西装上衣则更具传统风格。

图 3-7　男士双排扣西装

5) 板型

西装的板型又称西装的造型，指的是西装的外观形状。目前，西装主要有欧式、英式、美式和日式四种板型。

(1) 欧式西装。其主要特征是上衣呈倒梯形，多为双排两粒扣式或双排六粒扣式，且纽扣的位置较低。它的衣领较宽，强调肩部与后摆，不重视腰部，垫肩与袖笼较高，腰身中等，后摆无开衩。

(2) 英式西装。其主要特征是不刻意强调肩宽，而讲究穿在身上自然、贴身。它多为单排扣式，衣领为V形，并且较窄。它腰部略收，垫肩较薄，后摆两侧开衩。

(3) 美式西装。其主要特征是外形上方方正正，宽松舒适，较欧式西装稍短一些。它的肩部不加衬垫，其领形为宽度适中的V形，腰部宽大，后摆中间开衩，多为单排扣式。

(4) 日式西装。其主要特征是上衣的外观呈现H形，不过分强调肩部和腰部。垫肩不高，领子较短、较窄，不过分地收腰，后摆也不开衩，多为单排扣式。

6) 尺寸和做工

西装要大小合身，宽松适度，做工精良。

2. 西装的搭配技巧

1) 衬衫

与西装搭配的衬衫，应当是正装衬衫。一般而言，正装衬衫具有以下几个特征。

(1) 面料。正装衬衫以高质精纺的纯棉和纯毛制品为主，以棉、毛为主要成分的混纺衬衫也可酌情选择。

(2) 色彩。正装衬衫必须为单一色彩。在正规的商务应酬中，白色衬衫是商务男士的首要选择。除此之外，蓝色、灰色、棕色和黑色的衬衫也可加以考虑。

(3) 图案。正装衬衫一般没有复杂的花纹和图案，某些细条纹的衬衫可在一般的场合中穿着。但是，条纹衬衫不能与条纹西装相搭配。

(4) 衣领。正装衬衫的衣领多为方领、圆领和长领，在选择时要考虑本人的脸型、脖长及领带结的大小。

(5) 衣袖。正装衬衫必须为长袖衬衫，若非制服，则正式场合切勿单穿短袖衬衫。以其袖口而论，衬衫又有单层袖口与双层袖口之别。双层袖口衬衫又称法式衬衫，主要特点是可以佩戴装饰性袖扣。装饰性袖扣又称链扣或袖链，如使用得恰到好处，则可为自己增添高贵优雅的风度。

(6) 衣袋。正装衬衫以无胸袋为佳。

2) 领带

在欧美各国，领带、手表和装饰性袖扣并称为"成年男子的三大饰品"。

知识拓展

领带的来历

领带的历史最早可以追溯到古罗马时代，古罗马的士兵喜欢在脖子上戴一种类似围巾的东西，颇有领带的感觉。公元17世纪，效忠路易十四的克罗特亚雇佣军普遍使用一种红色披肩。这种披肩的肩幅很宽，有织纱的花边，可以系在胸前打结，这就是领带的雏形。渐渐地，为了在战场上区分敌我，法国军队开始普及这种披肩，并将其作为标志。同时，他们也对披肩做了改进，把肩幅由宽大变为窄长，质地更加挺括，此时它的外形已很像领带。到了1668年，领带开始成为男子服装的组成部分。不过，那时的领带还是一种要在脖子上绕两圈、两端随便奔拉、下面还有3或4个花结的波形彩带。后来，在贵族中出现了"斯腾哥尔克式"领带，它们以镶花边的细麻布制成，一端从坎肩的扣眼中穿过。这种新式样的领带在妇女中也流行起来。

领带的发展在18世纪又前进了一步。1750年，一种"浪漫式"领带在西方出现。这是一种方形白洋纱巾，需先将其对角折，然后再折几下，绕过脖子在胸前打结，系法非常讲究，艺术性更加突出。到了18世纪末，人们对白色和黑色领带十分感兴趣，认为这两种颜色的领带显得高雅、富丽。高高地遮掩住脖子是西方19世纪领带装饰的特点，这一时期，领带的颜色五彩缤纷，质地多为绸缎、天鹅绒之类的布料。

19世纪70年代，首次出现了自结花结领带，社会名流注重用领带装饰自己。社交活动中，领带成为一种礼仪象征。至此，领带已失去围巾的作用，完全成为衣着装饰品。

(资料来源：王玉苓. 商务礼仪案例与实践[M]. 北京：人民邮电出版社，2020.)

(1) 领带的选择。

领带可以从以下几个方面选择。

面料——好的领带多采用真丝或者羊毛面料。

颜色——在正式场合里，蓝色、灰色、棕色、黑色和紫红色等单色领带都是十分理想的选择。一般而言，领带的主色调应与西装套装的色调一致，切勿使自己佩戴的领带多于三种颜色。

图案——以单色无图案的领带为主，有时也可选择以条纹、圆点或方格等几何形状为主的领带。

质量——一条好的领带，必须做到外形美观、平整、无跳丝、无疵点、无线头、衬里不变形、悬垂挺括和质地厚重等。

(2) 领带的系法。

系领带时要注意以下几点。

场合——系领带有其适用的特定场合。在上班、办公、开会或走访等执行公务的场合，以系领带为佳；在参加宴会、舞会或音乐会时，为表示尊重主人，亦可系领带；在休闲场合，通常不必系领带。

服装——系领带时需考虑与之配套的服装。一般而言，穿西装套装必须系领带；穿单件西装时，领带可系可不系；在非正式活动中穿西装背心时，可以系领带；不穿西装时，通常不宜系领带。

位置——穿西装上衣与衬衫时，应将领带置于二者之间，并令其自然下垂。在西装上衣与衬衫之间加穿西装背心、羊毛衫或羊绒衫时，应将领带置于西装背心、羊毛衫、羊绒衫与衬衫之间。

长度——领带系好后，最标准的长度是领带下端的大箭头正好位于皮带扣的上端。

配饰——依照惯例，系领带时大可不用任何领带配饰。若使用领带夹，只宜将其夹在标准衬衫自上而下的第四粒至第五粒纽扣之间。

结法——系领带结的基本要求是令其挺括和端正，并且在外观上呈倒三角形。领带结的大小最好与衬衫衣领的大小成正比，要想使之稍有变化，则可在它的下面压出一处小窝或一道小沟。

知识拓展

领带的主要系法

1. 温莎结

因温莎公爵而得名的领带结，是最正统的领带系法。该系法打出的结呈正三角形，饱满有力，适合搭配宽领衬衫，用于出席正式场合，如图3-8所示。

图3-8　温莎结

2. 四手结

四手结是所有领结中最容易上手的，适用于各种款式的浪漫系列衬衫及领带，通过四个步骤就能完成，故名为"四手结"。它是最便捷的领带系法，适合宽度较窄的领带，搭配窄领衬衫，风格休闲，适用于普通场合，如图3-9所示。

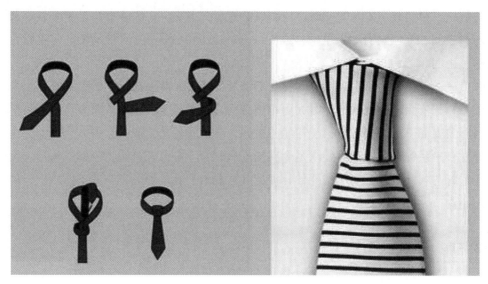

图3-9　四手结

3. 平结

平结是男士们选用最多的领带打法之一，其系法与四手结的系法相似，非常方便。系完后领结呈斜三角形，适合窄领衬衫，几乎适用于各种材质的领带。图3-10中宽边在左手边，也可换右手边系；在选择"男人的酒窝"(形成凹凸)情况下，应尽量让两边均匀且对称。

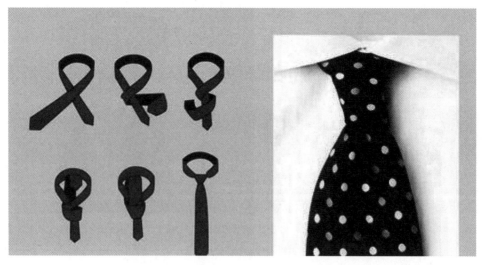

图3-10　平结

4. 交叉结

交叉结的特点在于系出的结有一道分割线。它适用于颜色素雅且质地较薄的领带，给人的感觉非常时髦，喜欢展现流行感的男士不妨多加使用"交叉结"，如图3-11所示。

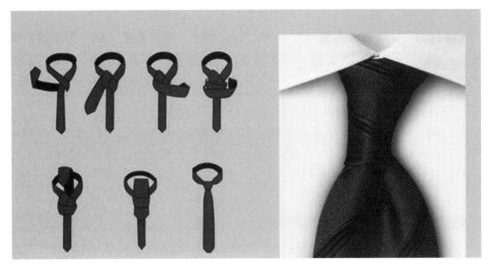

图 3-11　交叉结

(资料来源：根据网络资料整理)

3) 鞋袜

与西装配套的皮鞋，按照惯例应以黑色和棕色为宜。男士们在商务活动中穿皮鞋时，需要做到以下五点：鞋内无味、鞋面无尘、鞋底无泥、鞋垫相宜和尺码恰当。搭配皮鞋的袜子，最好是纯棉或纯毛制品，以深色或单色为宜，并且最好与西装同色。穿西装时，袜子的长度不宜低于自己的踝骨，袜口不要露在裤脚之外。

4) 公文包

商务男士的公文包，面料以真皮为宜，牛皮或羊皮制品为最佳；色彩以深色或单色为宜，在一般情况下，黑色和棕色的公文包是最正统的选择。若是从色彩搭配的角度来看，公文包的颜色若与皮鞋的颜色一致，看上去则会十分完美且和谐。

3. 西装穿着的注意事项

商务男士要注意西装的穿法。商务男士在穿着西装时，应对其具体的穿法加以重视。不遵守西装的规范穿法，在穿西装时肆意妄为，都是有违礼仪的无知表现。根据西装礼仪的基本要求，商务男士在穿西装时，应特别注意以下七个方面的具体穿着要求。

(1) 要拆除衣袖上的商标。在西装上衣左边袖子的袖口处，通常会缝有一块商标，有时还同时缝有一块纯羊毛标志。在正式穿西装之前，切勿忘记将它们先行拆除。这种做法是对外宣告该套西装已被启用。假如西装穿过许久之后，袖子上的商标依旧停留于原处，则好似有意以此招摇过市，难免会见笑于人。

(2) 要熨烫平整。欲使一套穿在自己身上的西装看上去美观而大方，首先就要使其显得平整挺括、线条笔直。欲做到此点，除了要定期对西装进行干洗外，还要在每次正式穿着之前，认真对其进行熨烫。千万不要疏于此点，而使西装皱皱巴巴，美感全失。

(3) 要扣好纽扣。穿西装时，上衣、背心与裤子的纽扣都有一定的系法，在三者中，又以上衣纽扣的系法讲究最多。一般而言，站立之时，特别是在大庭广众下起身而立之后，西装上衣的纽扣应当系上，以示郑重其事。就座之后，西装上衣的纽扣则应解开，以防其"扭曲"走样。只有在内穿背心或羊毛衫，外穿单排扣上衣时，才允许站立时不系上衣的纽扣。

通常，系西装上衣的纽扣时，单排扣上衣与双排扣上衣又有各不相同的具体系法。系单排两粒扣式西装上衣的纽扣时，讲究"扣上不扣下"，即只系上边那粒纽扣。系单排三粒扣式西装上衣的纽扣时，正确的系法有二：要么只系中间那粒纽扣，要么系上面两粒纽扣。而系双排扣式西装上衣的纽扣时，则可以系上的纽扣一律都要系上。

穿西装背心时，不论是将其单独穿着，还是穿着它同西装上衣配套，都要认真地扣上纽扣，而不能让其自由自在地敞开。在一般情况下，西装背心只能与单排扣西装上衣配套，它的纽扣数目有多有少，但大体上可分为单排扣式与双排扣式两种。根据西装的着装惯例，单排扣式西装背心最下面的那粒纽扣应当不系，而双排式西装背心的全部纽扣则必须无一例外地系上。

(4) 要不卷不挽。穿西装时，一定要悉心呵护其原状。在公共场所里，千万不要当众随心所欲地脱下西装上衣，更不能把它当作披风披在肩上。需要特别强调的是，无论如何，都不可以将西装上衣的衣袖挽上去，否则，极易给人以粗俗之感。在一般情况下，随意卷起西裤的裤管，也是一种不符合礼仪的表现。

(5) 要慎穿毛衫。如果商务人士打算将一套西装穿得有"型"有"味"，那么除了衬衫与背心之外，在西装上衣内，最好不要再穿其他任何衣物。在冬季寒冷难忍时，只宜暂做变通，穿上一件薄型"V"领的单色羊毛衫或羊绒衫。这样既不会显得过于花哨，也不会妨碍自己系领带。不要穿色彩、图案十分繁杂的羊毛衫或羊绒衫，也不要穿扣式的开领羊毛衫或羊绒衫。后者的纽扣不少，与西装上衣同时穿着会令人眼花缭乱。千万不要一下子同时穿多件羊毛、羊绒的毛衫、背心，甚至再加上一件手工编织的毛衣，那样会使其领口处层次过多，犹如不规则的"梯田"，而且还会致使西装鼓胀不堪，变形走样。

(6) 要巧配内衣。西装的标准穿法是衬衫之内不穿棉纺或毛织的背心、内衣。至于不穿衬衫，而以T恤衫直接与西装配套的穿法，则是不符合规范的。因特殊原因，需要在衬衫之内再穿背心、内衣时，有三点注意事项：一是数量上以一件为限，要是一次穿多件，则会使自己显得十分臃肿；二是色彩上宜与衬衫的色彩相仿，或者至少不应使之较衬衫的色彩更深，免得令二者"反差"鲜明。在浅色或透明的衬衫里面穿深色、艳色的背心、内衣，则易于招人笑话；三是款式上应短于衬衫，穿在衬衫之内的背心或内衣，其领型以"U"领或"V"领为宜，在衬衫之内最好别穿高领的背心或内衣，不然可能会在衬衫的领口外露出一截。此外，还不应使内衣的袖管暴露在别人的视野之内。

(7) 要少装东西。为保证西装在外观上不走样，应当在西装的口袋里少装东西，或者不装东西。对待上衣、背心和裤子均应如此。要是把西装的口袋当作一只"百宝箱"，用乱七八糟的东西把它塞得满满的，则无异于是在糟蹋西装。具体而言，西装不同的口袋发挥着各不相同的作用。

西装上衣左侧的外胸袋除可以插入一块用以装饰的真丝手帕外，不准再放其他任何东西，尤其不应别钢笔、挂眼镜。内侧的胸袋可用来放钢笔、放钱夹或名片夹，但不要放过大过厚的东西或无用之物。外侧下方的两只口袋，原则上以不放任何东西为佳。

西装背心的口袋多具装饰功能，除可以放置怀表外，不宜再放别的东西。

西装裤子侧面的两只口袋只能放纸巾、钥匙包或者零钱包，其后侧的两只口袋则不放任何东西。

最后，商务男士要注意西装的搭配，因为西装的韵味不是单靠西装本身穿出来的，而是用西装与其他衣饰一道精心组合搭配出来的。

知识拓展

男士西服十忌

1. 忌西裤短，标准的西裤长度为裤管盖住皮鞋。

2. 忌衬衫放在西裤外。

3. 忌衬衫领子太大，领脖间存在空隙。

4. 忌领带颜色刺目。

5. 忌领带太短，一般领带长度应是领带尖盖住皮带扣。

6. 忌不扣衬衫扣就佩戴领带。

7. 忌西服上衣袖子过长，其应比衬衫袖短1厘米。

8. 忌西服的上衣、裤子口袋被塞得过满。

9. 忌西服配运动鞋。

10. 忌皮鞋和鞋带颜色不协调。

(三) 男士其他商务服装

1. 中山装

中山装是我国男士的传统礼服，一般由上下身同色的深色毛料精制而成。中山装前门襟有五粒扣子，领口为带风纪扣的封闭式领口，上下左右共有四个贴袋，袋盖外翻有盖扣。穿着时，应将前门襟、风纪扣、兜盖扣全部扣好；口袋内不宜放置杂物，以保持服装平整挺括；应配黑色皮鞋。着中山装可以出席各种外交、社交活动。

知识拓展

中山装的由来

中山装是在广泛吸收欧美服饰的基础上，由近现代中国革命先驱者孙中山先生综合日式学生服装与中式服装的特点，设计出的一种直翻领有袋盖的四贴袋服装。此后中山装大为流行，一度成为当时中国男子最喜欢的标准服装之一。1912年中山装被定为礼服，在修改中山装造型后赋予了其新的含义。中山装立翻领、对襟、前襟五粒扣、四个贴袋、袖口三粒扣、后片不破缝等形制其实是有讲究的，是根据《易经》周代礼仪等内容赋予的意义，如图3-12所示。

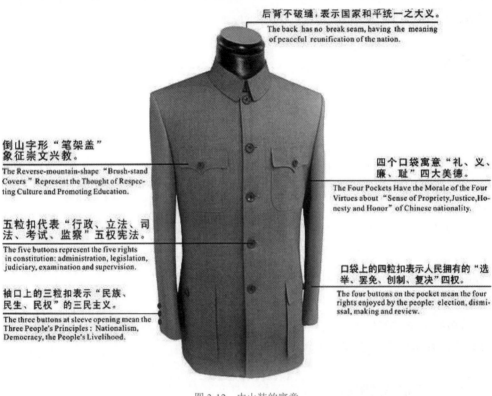

图 3-12　中山装的寓意

(资料来源：王玉苓. 商务礼仪案例与实践[M]. 北京：人民邮电出版社，2020.)

2. 晨礼服

晨礼服又称常礼服，其上装通常为灰色或黑色，后摆为圆弧形，衣长与膝齐，胸前仅一粒扣；其下装为深灰色西裤，一般用背带；戴黑礼帽，系灰色领带，穿黑色袜子、黑色皮鞋。适合白天参加各种典礼、婚礼，以及星期日上教堂做礼拜时穿用，如图3-13所示。

图 3-13　晨礼服的标准件

3. 大礼服

大礼服也称燕尾服，是西式晚礼服的一种。大礼服由深色高级衣料制成；前身较短，后身较长且下端张开，像燕子尾巴；翻领上镶缎面，裤腿外侧有丝带，一般用背带；通常系白色领结，配黑色皮鞋、黑丝袜，戴白手套。燕尾服是晚间最为正式的礼服，用于隆重庄严的场合，如参加婚礼晚宴、观看歌舞剧、参加授勋仪式或授奖仪式等。

4. 小礼服

小礼服也称无尾礼服、便礼服，由于其领结为黑色，因此有"黑领结"之说。其上衣与普通西装相同，通常为全黑或全白，衣领镶有缎面；下装配有缎带或丝腰带的黑裤；系黑领结，穿黑皮鞋，一般不戴帽子和手套。这种礼服适用于一般性的晚宴、音乐会、酒会等。

四、女士着装礼仪与规范

(一) 女性职场着装的基本规范

女士服装相对男士服装而言显得更加丰富多彩，然而个性化、生活化的服装对于商务女性来说并不十分合适，上下身同色的"套装"更能让人显得干练、利落、自信，而且能够体现出不可言喻的职业感，尤其在比较保守的行业，套装是上司或高级主管最得体的着装。应该注意的是，商务女士无论穿套装，还是穿着其他服装，都必须做到得体，着装得体才能塑造出完美的外在形象。而着装得体必须考虑以下两个主要因素。

1. 与主体因素(年龄、体态、肤色、性格、身份、职业等)相协调

如年轻女士着装应体现青春活力，中年女士着装应以沉着稳重为宜。体态有高矮之分、胖瘦之别，瘦小体态以浅色为宜，肥胖体态以深色、竖条为宜。著名文学家鲁迅曾对女作家萧红说过，瘦小的人穿横条衣服可显得丰满一点，而胖人穿竖条衣服则可显得清秀一些。性格外向、开朗活泼的女士，宜选择暖色调和色彩搭配对比度较强又协调的服装；性格内向、沉稳的女士，适宜较为单调、深重的色彩。

2. 与客观因素(场合、季节等)相协调

在商务庆典等喜庆场合，女士着装颜色宜明快，款式宜新颖别致，穿着牛仔服、夹克衫出席商务宴会是不礼貌的。商务谈判、会议着装宜庄重，出入办公室着装宜大方干练。着装应与季节协调，随季节的变化而变化。

(二) 套裙礼仪

1. 选择合适的套裙

1) 面料

一套在正式场合穿的套裙，应该由高档面料缝制，上衣和裙子要采用同一质地、同一色彩的素色面料。套裙所选用的面料应当平整、滑润、光洁、丰厚、悬垂和挺括。

2) 色彩与图案

套裙的色彩应当清新、雅致。具体而言，色彩上应以冷色调为主，如藏青、炭黑、雪青、茶褐、土黄和紫红等，以体现出女性特有的典雅、端庄和稳重。套裙的色彩可以采用上浅下深或上深下浅两种并不相同的色彩。

职业女性在正式场合穿着的套裙，可以不带任何图案；她们也可以选择各种或宽或窄的格子，或大或小的圆点，或明或暗的条纹为主要图案的套裙。

3) 造型与款式

西装套裙的具体造型采用上长下长式、上短下短式，上长下短式和上短下长式等四种基本形式。

在西装套裙的裙子式样中，西装裙、一步裙、围裹裙、筒式裙和折裥裙等，款式端庄、线条优美；百褶裙、旗袍裙、开衩裙、A字裙和喇叭裙等，则飘逸洒脱、高雅漂亮。

2. 套裙的搭配技巧

1) 衬衫

衬衫面料要轻薄、柔软，色彩要雅致而端庄，以单色为最佳。搭配时，应使衬衫的色彩与套裙的色彩互相搭配，外深内浅或外浅内深，选择无任何图案的衬衫最得当。

2) 内衣

内衣的面料以纯棉、真丝等面料为佳，色彩可以是常规的白色和肉色，也可以是粉色、红色、紫色、棕色、蓝色和黑色。在内衣的穿着方面，职业女性应注意的是，内衣必须要穿、内衣不宜外穿、内衣不准外露和内衣不准外透。

3) 衬裙

衬裙特指穿在裙子之内的裙子，其面料以透气、吸湿、单薄和柔软为佳。衬裙的色彩宜为单色，如白色和肉色等，但必须使之与外面套裙的色彩相协调。

4) 鞋袜

用来和套裙配套的鞋子应选择皮鞋，并以黑色的牛皮鞋为最佳，与套裙色彩一致的皮鞋也可以选择。样式可选高跟或半高跟的船式或盖式皮鞋，系带式、丁字式、皮靴和皮凉鞋均不适宜。

职业女性高跟鞋的高度一般以3～4厘米为宜，最高不超过6厘米。皮鞋跟的形状也要注意，身材较矮的女性最好不要穿方跟或酒杯跟的皮鞋；而身材很高的女性也不要穿特细和特尖的高跟鞋，那样会给人产生头重脚轻、不稳重的感觉。

袜子可以选用尼龙丝袜或羊毛袜，颜色以肉色、黑色、浅灰和浅棕等几种单色为主，肉色最佳。高筒袜和连裤袜是套裙的标准搭配。

5) 包

包是职业女性在社交场合中不可缺少的配件，既有实用功能，又有装饰价值。职业女性的包，材料多为真皮，颜色沉稳，款式简单大方，可带有规整的金属扣装饰，显得端庄稳重、干练利索。这类包适合于搭配各种服装，又能盛放女性物品，如笔记本、化妆盒和纸巾等。

职业女性出席宴会或晚会等，可以选择小巧高档的夹包、精致的皮包或手工包。颜色可选亮眼的金色或银色。

职业女性可根据穿着的服饰搭配不同的包。高级时装可以搭配高档的牛皮包、香软的羊皮手袋或闪亮的金属包，这样会显得华贵富丽、气质高雅。若穿着一身合体的羊毛套裙，则可以配古典优雅的小坤包。休闲式样的大挎包、双肩包或手拎包，适合休闲时逛街和游玩。

3. 套裙穿着的注意事项

(1) 套裙应当大小适度。通常情况下，套裙之中的上衣最短可以齐腰，而其中的裙子最长则可以达到小腿中部。上衣的袖长以恰恰盖住着装者的手腕为好。

(2) 套裙应当穿着到位。在穿套裙时，必须依照其常规的穿着方法。上衣的领子要完全翻好，衣袋的盖子要拉出来盖住衣袋；不允许将上衣披在身上，或者搭在身上；裙子要穿得端端正正。按照规矩，职业女性在正式场合穿套裙时，上衣的衣扣只能全部系上，不允许将其部分或全部解开。

(3) 套裙应当协调妆饰。穿套裙时，职业女性必须维护好个人形象，要化淡妆，佩饰要尽量简单，讲究着装、化妆与佩饰风格统一，相辅相成。

(4) 套裙应当兼顾举止。穿上套裙之后，职业女性站立姿态要又稳又正，穿套装者走路时宜以小碎步疾行，行进之中，步子以轻、稳为佳。

知识拓展

女士职业装穿着六禁忌

1. 忌过分杂乱。

2. 忌过分鲜艳。

3. 忌过分暴露

4. 忌过分透视。

5. 忌过分怪异。

6. 忌过分紧身。

(资料来源：根据网络资料整理)

(三) 女士其他商务服装

1. 旗袍

旗袍是最常用的中式女性礼服。旗袍有各种不同的款式和花色，作为礼服的旗袍最好是单一的颜色。紧扣的高领、贴身、衣长过膝、两旁开衩、斜式开襟，这些都是旗袍的特点。在礼仪场合穿着的旗袍，其开衩不宜太高，以到膝关节上方1～2寸为最佳，旗袍的长度最好是长及脚面。着旗袍应配穿高跟鞋或半高跟鞋，或配穿面料高级、制作考究的布鞋或绣花鞋。

2. 晨礼服

晨礼服也称常礼服，主要在白天穿，由质料、颜色相同的上衣与裙子搭配而成，也可以是单件连衣裙。一般以长袖为多，肌肤暴露得很少。可戴手套和帽子，也可携带一只小巧的手包或挎包。晨礼服适用于参加在白天举行的庆典、茶会、游园会、婚礼等。

3. 小礼服

小礼服也称小晚礼服或便服，如图3-14所示。通常是指长至脚面而不拖地的露背式单色连衣裙，其衣袖有长有短，着装时可根据衣袖的长短选配长短适当的手套，通常不戴帽子或面纱。小礼服主要适合参加晚上六点以后举行的宴会、音乐会或观看歌舞剧时穿。

图 3-14　常见的小礼服款式

4. 大礼服

大礼服也称大晚礼服，是最正式的礼服，通常为露背的单色拖地或不拖地连衣裙，穿着时会佩戴颜色相同的帽子、长纱手套及各种饰物。大礼服主要适用于在晚间举行的最正式的各种活动，如官方举行的各种宴会、酒会，大型正式的交际舞会等。

随着礼仪从简趋势的发展，许多国家对于服饰的要求也有逐渐简化的趋势。除了在特别隆重、正式的场合穿礼服外，一般的社交场合穿礼服的机会不多。人们对于服装的要求着重于合身、得体、舒适、美观、大方，讲究适合自己的身份、年龄、性格和不同的场合。

第三节　饰品礼仪

一、饰品佩戴的基本规范

德国艺术史家格罗塞说过，诱致人们将自己装饰起来的最大的、最有力的动机，无疑是为了想取得别人的喜悦。在现代社会的商务交往中，着装和佩饰已成为一种为商务人士塑造自身形象的艺术。每位具有一定文化艺术修养的商务人士，在着装的同时，都会适当考虑合理的佩饰，都会通过文雅、巧妙、动人的佩饰点缀来趋雅避俗、显美藏拙，弥补自我形象上的不足或强化自身形象的动人之处，以给人留下深刻印象。饰品的佩戴应符合以下规范。

1. 以少为佳

一般而言，佩戴首饰时，总量不宜多于三种，每种则不宜超过两件。

2. 同质同色

同时佩戴多件首饰时，应尽量选择质地、色彩都基本相同的首饰。

3. 风格划一

风格划一既指同时佩戴的多件首饰应当统一风格，也指所佩戴的首饰应当与自己穿着的服装风格协调一致，相互搭配。

二、首饰佩戴的礼仪

(一) 戒指

戒指是身份和婚姻状况的象征。在西方的习俗中，左手显示的是上帝赐予的运气，故西方人的戒指通常戴在左手上。至于右手，在传统上也有一个手指戴戒指时是有意义的，那就是无名指，据说戴在这里，表示具有修女的心性。还有一种戒指叫作花戒，无论戴在哪里都不具备任何意义，只起到装饰作用，可以戴在任何手指上。

知识拓展

戴戒指的讲究

戒指不戴在大拇指上，双手其他的各个手指都可以佩戴。

戒指戴在食指上，表示本人尚未恋爱，正在求偶，想结婚而尚未结婚。

戒指戴在中指上，表示本人已有意中人，正在热恋之中。

戒指戴在无名指上，表示本人已经正式订婚或已经结婚。

戒指戴在小拇指上，表示本人笃信独身主义，决心过独身生活，誓不婚恋。

即戒指戴在四个手指上的意义各不相同：青、热、结、独，即青春、热恋、结婚、独身。

戒指是爱情的信物、富贵的象征和吉祥的标志。在西方大多数国家，戒指是希望快乐和同心的象征。

在婚礼上，戴结婚戒指的手上一般只戴一枚戒指，戴两枚以上的戒指是不适宜的。戴戒指时一定要小心，西方人认为婚礼上戒指掉了是非常不吉利的事情。还有一点需要注意的是，结婚戒指不宜选择合金的，应该尽量选择纯金、白金或纯银的，以表示爱情的纯洁；镶嵌一颗适合的钻石则寓意婚姻的永恒。

(资料来源：根据网络资料整理)

(二) 项链

男女商务人士均可佩戴项链，但是男性商务人士所佩戴的项链宜内藏不宜外露，女性商务人士的项链可以外露，得体的项链能对颈部的修饰起到锦上添花之效。一般所戴项链的数量不宜多于一条。

(三) 耳环

在商务场合，耳环一般仅限于女士佩戴，可为商务活动中的女士在干练之外平添一份柔美。耳环要成对佩戴，既不能单耳佩戴耳环，也不能一只耳朵上佩戴多个耳环；男士忌戴装饰性耳环，但是在西方国家，部分男士习惯左耳佩戴耳环。

(四) 手镯和手链

手镯和手链是手臂的修饰物品，宜简忌繁。一般来说，男士不宜戴手镯，但可以选择佩戴手链。女士可以选择佩戴手镯或手链，但需要注意的是，不宜在一只手上佩戴多个手镯或多条手链。单手佩戴宜选左手，双手佩戴宜左右两手各戴一个。

(五) 胸针

胸针是女士一年四季都可以佩戴的装饰品。小小的胸针可以引人注目，给人以美感。胸针的质地、颜色、位置，需要考虑与服装的配套与和谐。一般来说，穿西装时，可以选择大一些的胸针，质地要上乘，色彩要纯正。穿衬衫或薄羊毛衫时，可以佩戴款式新颖别致、小巧玲珑的胸针。穿带领的衣服，胸针佩戴在左侧；穿不带领的衣服，则佩戴在右侧；胸针的上下位置应在第一及第二粒纽扣之间的平行位置上。

三、其他饰品佩戴的礼仪

(一) 手表

手表本身就分为男款和女款，是男女商务人士都可以佩戴的常见饰品，对于男性商务人士来说，意义更为重大，更能体现其商务风范与职业气质。在正式商务场合，商务人士不宜佩戴怀古链表、广告表、时装表、潜水表、卡通表。手表无须一味追求高档，但需要做工精良，不宜选择劣质表佩戴。

知识拓展

手表的文化

1656年，荷兰著名物理学家惠更斯应用伽利略发现的"等幅振荡"原理，成功制成人类历史上第一只摆钟，开创了利用机械装置计算时间的先河。到了19世纪中期，许多国家开始制作钟表，1868年法国制造了世界上第一只腕表。

表针为什么都是右旋？因为在金属钟以前，测时用沙漏和水钟，更早以前，古人靠立杆测日。太阳升起来了，杆子的影子倒向西边，随着太阳往天顶的移动，影子慢慢缩短，且绕着杆子转动。中午，太阳到达头顶，影子最短(夏至时，大部分地方甚至没有影子)；中午过后，太阳处于杆子的西边，杆子的影子倒向东边，且逐渐变长。杆子的影子无时无刻不在移动，且是围绕着立杆点，成右旋的方向。之所以右旋，是因为立杆测日是当时北半球的古人进行的，北半球的太阳一年中均偏向南方。如果古时是南半球的人立杆测日，其影子的转动则正好与北半球的观测结果相反，其影子就会左旋。当人们要制造机械表时，习惯了以右旋方向测定飞逝光阴的古人，自然就选择了我们现在使用的指针式旋转方式，即右旋方式。

早期的手表非常昂贵，除了计时以外，主要被用来炫耀身份地位。现在随着我们生活水平不断提高，科技发展的提速，手表已经普及，并且迅速被人们作为一个时尚焦点或者成功的象征。在现代社会生活中，手表已不再是奢侈品。随着"一人多表"现象的日趋普遍，人们对于手表的追求已不再满足于单一的计时功能，而是希望通过千变万化的表壳造型、形形色色的表盘设计，来拓展表的功能范围，增加手表的艺术品位，使其成一种能体现个性、体现身份的新潮饰品。

(资料来源：根据网络资料整理)

(二) 领带夹

领带夹是男士佩戴领带时的配套装饰品。佩戴领带夹可起到固定领带的作用，特别是在不穿西服上衣时，免得领带随风飘动而不雅。领带夹的质料有镀金的、仿金的、K金的和白银的。领带夹的位置一般是置于衬衣的第三粒扣子处，过高或过低都不适宜。但需要注意的是，领带夹一般只有两种人会用，一种是工作人员，如银行职员等；还有一种就是地位比较高，很讲究仪表和礼貌的人。其他人如果真要用，也是让别人看不见为宜。

(三) 眼镜

商务人士佩戴近视镜要注意保持眼镜的洁净，不要当众擦拭眼镜。墨镜在室外阳光强烈的场合使用，参加室内商务活动应及时将墨镜收放好，不宜挂扣在胸前或推至头顶悬放，以免不慎失落。

(四) 丝巾

女性在服装以外，利用飘逸柔媚的丝巾稍作点缀，就能让穿着更有味道。例如，商务场合需穿着深色套装时，搭配一条鲜艳色彩的丝巾，会显得稳重干练中透着女人的妩媚。女性可以用丝巾调节脸部气息，如红色系可映得面颊红润，也可以用丝巾突出整体打扮。佩戴丝巾要注意与服装色彩、脸色协调。一般情况下，衣深巾浅、衣素巾艳、衣冷色巾暖色。脸色偏黄不宜选用深红、绿、蓝或黄色丝巾，脸色偏黑不宜选用白色或有鲜艳大红图案的丝巾。

本章小结

1. 仪表是一个综合概念。从狭义的角度讲，仪表指一个人的外貌或外表；从广义角度讲，仪表指人外在特征和内在素质的有机统一。

2. 职场中男性着正装的具体操作规范可概括为"三个三"原则。

3. 商务女士着装得体必须考虑与主体因素(年龄、体态、肤色、性格、身份、职业等)相协调和与客观因素(场合、季节等)相协调。

4. 饰品的佩戴应符合以少为佳、同质同色、风格划一的规范。

知识判断

1. 容貌之美可能来自上天的赐予，而心灵之美需要后天的修炼。　　　（　　）

2. 商务交往中拥有外貌美是最重要的。　　　（　　）

3. 西装是商务场合男士穿着最多的服装，西装扣子怎么系很有讲究，两粒扣的单排西装，两粒扣子都应系上。　　　（　　）

4. 穿着整洁的职员比穿着不整洁的职员的业绩要高出很多。　　　（　　）

5. 通过着装，往往能看出你属于哪一类人，它代表着你的个性。　　　（　　）

礼仪训练

1. 组织一次形象诊断活动，包括自我诊断、相互诊断和集体诊断。

(1) 自我诊断。请每位学生对自己的着装佩饰进行自我诊断，然后选出代表上台进行自我诊断的剖析。

(2) 相互诊断。以2人为一组，相互对对方的着装佩饰进行判断，然后指出对方的适宜和不妥之处。

(3) 集体诊断。对全体学生着装佩饰上共同存在的优点和问题进行集体诊断，并针对问题提出改进建议。

2. 以5人为一组，讨论在商务场合"淡妆浓抹总相宜"是否合适，然后每组选派代表说明理由。

案例评析

有位女职员是财税专家，有很好的学历背景，常能提供很好的建议，在公司里的表现一直非常出色。但当她到客户的公司提供服务时，对方主管却不太注重她的建议，她所能发挥才能的机会不大。她一度非常苦恼，不知问题出在哪里。一位时装大师发现这位财税专家着装方面存在明显不足：她26岁，身高1米47，体重43公斤，看起来机敏可爱，像个16岁的小女孩，外表实在缺乏说服力。在着装方面，她爱穿牛仔裤、旅游鞋，束马尾辫，常背一个双肩书包，充满活力。

(资料来源：康开洁，柳娜. 商务礼仪实务[M]. 北京：清华大学出版社，2015.)

问题：

1. 该女职员在为客户服务时为什么得不到对方主管的重视？

2. 试分析一下，该如何改变她的着装，才能使她更具有说服力？

第四章

仪容礼仪

导入案例

不雅仪容影响业绩

小张是一家物流公司的业务员，口头表达能力不错，对公司的业务流程很熟悉，对公司产品及服务的介绍也很得体，让人感觉朴实又勤快。小张在业务人员中是学历最高的，可他的业绩总是上不去。

小张自己非常着急，却不知道问题出在哪里。小张从小有着大大咧咧的性格，不修边幅，头发经常是乱蓬蓬的，手指甲长长的也不修剪，身上的白衬衣常常皱巴巴的，并且已经变色。他喜欢吃大饼卷大葱，吃完后却不知道除异味。小张的大大咧咧能被生活中的朋友包容，但在工作中常常过不了与客户接洽的第一关。

其实小张的这种形象在与客户接触的第一时间就会给人留下不好的印象，让人觉得他是一个对工作不认真、没有责任感的人，通常很难有机会和客户做进一步的交往，更不用说成功地承接业务了。

(资料来源：根据网络资料改编)

仪容礼仪是个人基本礼仪的重要组成部分。商务人士应该对自己的仪容进行精心的修饰打扮，给人以良好的第一印象，以便以后的商务交往。一般来讲，第一印象很难改变，而仪容是第一印象的重要部分，所以掌握正确的仪容礼仪至关重要。

第一节　仪容礼仪概述

一、仪容的内涵与要求

仪容的基本含义是人的容貌，但从礼仪学的角度说，仪容还应包括头发、面部、手臂和手掌，即人体不着装的部位。仪容在礼仪学上的定义应该是经过后天的修饰能给人良好感觉的容貌，是一种自觉的后天性行为，是秀外慧中的体现。

在人际交往中，每个人的仪容都会引起交往对象的特别关注，并将影响对方对自己的整体评价。商务礼仪对个人仪容的首要要求是仪容美，它的具体含义主要有以下四层。

(1) 仪容自然美。它是指仪容的先天条件好，天生丽质。尽管以貌取人不合情理，但先天美好的仪容相貌，无疑会令人赏心悦目。

(2) 仪容修饰美。它是指依照规范条件，对仪容进行必要的修饰，扬长避短，设计、塑造出美好的个人形象，在人际交往中尽量令自己显得有备而来，自尊自爱。

(3) 仪容内在美。它是指通过努力学习，不断提高个人的文化、艺术素养和思想、道德水准，培养高雅的气质与美好的心灵，使自己秀外慧中。

(4) 仪容健康美。它是指在完善自身仪容时注重健康和内外兼修，从而真正做到表里如一。要注意平衡饮食，保障充足的睡眠，养成良好的习惯，最重要的是保持平和的心态。

真正意义上的仪容美，应当是上述四个方面的高度统一，不能忽略其中的任何一个方面。

在这几者之间，健康美是仪容美的基础，内在美是最高境界，自然美是人们的普遍心愿，而修饰美则是仪容礼仪关注的重点。

修饰美的基本原则是自然、美观、协调、整洁、卫生、得体。

二、仪容礼仪的规则

商务人士掌握正确的仪容礼仪，能给交往对象留下良好的第一印象，使对方愿意接近，为进一步深入交往奠定基础。仪容礼仪的规则主要涉及三个方面，即仪容的干净、整洁和修饰避人。

(一) 干净

商务人士应遵守的首要仪容礼仪原则是干净，即身体不能散发异味，面部不能有异物等。要保证干净，必须做到以下几点。

1. 洗脸

商务人士在出席正式的商务场合之前应及时清洁面部，在参加活动过程中应该及时用面巾纸等清洁面部的油脂，做到无泪痕、无汗渍、无灰尘等。除此之外，还应注意及时清理眼角、鼻孔、耳朵、口角等细微的残留物。

2. 洗头

俗话说，远看头，近看脚。在商务往来中，首先映入交往对象眼帘的就是头发，所以商务人士的头发应该保证没有头皮屑、不粘连、无异味，保持头发柔顺、整洁，这就要求商务人士应该保证1～3天洗一次头。

3. 洗澡

商务人士为了清除身体上的烟味、酒气、汗气等异味，每天都应该洗澡，或者至少坚持每三天洗一次澡，特别是在参加重大的商务活动之前，洗澡是一项必须做的准备工作。洗澡一方面是为了保持干净，另一方面还可以使人清爽、精神焕发。洗澡之后不仅可以给交往对象留下良好的印象，还能使自己充满信心。

4. 洗手

商务人士在参加社交及商务活动时，必须用手完成的动作很多，如握手、递送名片等，所以手的干净与否至关重要。在出席重大场合之前应注意洗手，做到手上无汗渍、无异味、无异物。并且商务人士应该及时对手进行保养，因为一双健康、干净的手能给交往对象留下良好的印象，促进双方的交往。此外，商务人士不能留长指甲，指甲的长度与指尖齐平为最佳，并应保证指甲内部无污垢，指甲两侧无死皮。

5. 刷牙

语言交流是社交与商务交往的主要方式，商务人士必须保证口腔卫生，确保口气清新，避免在双方进行语言交流时受到口气的影响。除早晚刷牙以外，在参加正式的商务场合之前也应该刷牙，或者至少要咀嚼口香糖，并尽量避免吃一些带有刺激性气味的食物，如葱、蒜、韭菜等。

(二) 整洁

商务人士应该保持整洁的仪容，不能邋遢。保持整洁需要做到以下几点。

1. 理发

在商务交往中，除要求商务人士的头发必须干净之外，还要求其不能染发，同时对头发的长度也有要求。男士不允许剃光头、烫发、蓄长发，头发的长度不得超过六厘米。可供男士选择的发式有中分式、侧分式、短平式、后背式等。女士应尽量选择干练的短发，如果选择长发，则头发不应遮住脸部，刘海不要过低，出席正式场合时应该将头发盘起。

2. 剃须

商务人士不应蓄须，除非有特殊的宗教信仰，否则会被交往对象认为受到不尊重的对待。商务人士应该保证每天剃须，这不仅是对别人的尊重，更是保证自己清爽自信的最佳方式。

3. 修毛

有些商务人士有鼻毛、腿毛、汗毛过长的现象，在出席正式的商务场合前，必须对过长的体毛进行修剪和遮掩，避免外露。

(三) 修饰避人

所谓修饰避人，是指维护自我形象的一切准备工作应在"幕后"进行，绝不可以在他人面前毫无顾忌地去做。商务人士应该在出席社交与商务场合之前整理、修饰自己的仪容，保证给交往对象留下良好的印象，但不得在公共场合补妆、整理衣裤、拨弄头发、清理鼻孔的分泌物等，这些活动只能在洗手间等别人看不到的地方进行。在公共场合修饰或化妆要掌握度，适度则美，交往对象也易于接受；不适度不仅会使个人形象大打折扣，还有可能产生以下后果。

(1) 修饰不避人犹如当众献丑。例如，抠鼻孔、剪鼻毛、剔牙缝，检查裤子或裙子的拉链是否拉好，拉直下滑的长筒丝袜等这类修饰动作都应该避开他人的视线，在洗手间等无人处进行。否则，不仅有碍观瞻，还可能使人感到厌恶。

(2) 修饰不避人会冷落客人。有些商务人士，一有时间就爱整理自己的形象，一会儿擦眼睛，一会儿擦皮鞋，一会儿又修指甲。这些小动作虽然不会妨碍别人，但会给人以心不在焉的感觉，使你面前的客人感到被轻视、被冷落，甚至于对方会认为你没有交往的诚意。

(3) 修饰不避人会显得缺乏教养。在别人面前打领带、提裤子、整理内衣，或者与人一边交谈，一边梳头，别人会认为你的表现欲极强，而且不懂得尊重别人，这些都是缺乏教养的基本特征。女性当众化妆也只限于稍加整理，如掖一下头发或抹掉鼻尖上的油光。如果不顾场合，把镜子打来打去，描眉画眼，顾盼不已，就过分了。如果真的需要化妆，可以去洗手间整理。男士在众人面前可以对着镜子整理领带或用手抹平头发，但掏出梳子来梳头就有些过分了。

三、仪容修饰与职业形象塑造

良好的仪容修饰不仅是商务人士自身的一项基本素质，它也反映了职员所在组织的管理水平和组织形象。

(一) 仪容修饰是个人职业形象的重要组成部分

1. 仪容修饰反映工作态度

只有热爱自己工作的人才会在工作时注重自己的仪容修饰。试想，一个对工作漠不关心的人，怎会关心自己的仪容修饰在职场中是否得体。

2. 仪容修饰反映工作作风

一个头发不洗、面容邋遢和满身臭味的人，无法使人联想到他的工作是有条理的和高效率的，他对工作是负责任的和值得信任的。仪容修饰可以反映我们的工作作风。整洁和得体的仪容修饰会给人工作有条理、认真负责和值得信赖的感觉。

3. 仪容修饰反映综合素质

商务人士的仪容修饰还反映人的综合素质。商务人士对工作和生活的态度、品位、风度、修养和内涵都可以在仪容修饰中寻找线索。

(二) 个人仪容修饰是组织形象的重要组成部分

商务人士的仪容修饰是组织形象的重要组成部分，它不仅反映了组织的管理水平和产品质量，还反映了一个组织的发展态势。

(三) 个人仪容修饰反映组织的管理水平

一个管理水平不高的组织是无法对员工的行为做出约束和激励的，当然也无法对组织成员的仪容修饰做出约束。所以，员工的个人仪容修饰可以反映一个组织管理水平的高低。

第二节　女士仪容礼仪

商界对女士仪容的要求十分严格，女士不仅要遵守仪容礼仪的基本规则，还应掌握化妆、皮肤保养、喷洒香水等方面的技巧和规定。

一、皮肤保养

一个成功的职业女性不仅要有干练的外表，还应该有焕发出青春活力的皮肤，所以职业女性要特别注意皮肤保养，同时，做好皮肤保养也是进行化妆的第一步。在进行皮肤保养时，了解自己的肤质、选择适合的保养品、采用正确的保养方法是至关重要的。

（一）清洁面部

进行面部清洁可以去除新陈代谢产生的老化物质、油污、汗渍、灰尘、化妆品等残留物，是皮肤保养的第一步。

（二）补充营养

进行面部清洁后，皮肤中的水分、油脂、角质层内的天然保湿因子等物质会随着污垢一起流失，所以要及时使用化妆水和乳液进行补充。除了这些简单的皮肤护理外，如果有条件还可以使用面膜进行保养，定期对面部进行按摩，这样会有更好的保养效果。

二、面部化妆

女士在参加正式的商务场合时，为了体现商务礼仪中尊重为本的原则，必须以淡妆装扮自己，来显示对对方的尊重。大方得体的化妆可以展现女士的端庄和美丽，展示职业女性的独特魅力，适当的化妆不仅可以突出女性最美的部分，还可以掩盖或矫正缺陷或不足的部分。

女士在化妆时需要注意以下几点。

（一）化妆与脸型

莱布尼茨说过，世界上找不到两片相同的树叶。尼采则说，世界上本就没有相同的东西。人的相貌也是如此，即便双胞胎也有不同之处。虽然人的头部构造相同，但相貌却是千差万别的，这是因为头骨由许多块不规则形状的骨骼构成，每个人的骨骼大小形状不一，每块骨骼上又附着不同厚度的肌肉、脂肪和皮肤，形成了不同的转折、凹凸和弧面，所以有了不同的脸型和相貌。一般可归纳总结为六种脸型：蛋形脸、圆形脸、方形脸、长形脸、三角形脸、菱形脸六种；化妆的功能性是修饰面部，使之协调美观。修饰脸型是从整体出发，修饰五官是局部刻画。化一个完美妆面就像完成一幅绘画作品，是一个从整体到局部，再从局部到整体的过程，了解了骨骼和肌肉的构造后，再在面部轮廓和五官上进行修饰，会收到事半功倍的效果。

1. 蛋形脸

世界各国均认为"瓜子脸、鹅蛋脸"是最美的脸型，从标准脸型的美学标准来看，面部长度与宽度的比例为1.618：1，这也符合黄金分割比例。标准脸型给人以视觉美感，我国用"三庭""五眼"作为五官与脸型相搭配的美学标准："三庭"是把人的面部长度分为三等分，鼻子长度正好是其中三分之一；"五眼"是把人的面部宽度分为五等分，眼睛的宽度正好是其中五分之一。现实中完全符合美学标准的脸型比较少见，大多数人的脸型都有这样或者那样的缺陷，在以下其他脸型的修饰中，均以蛋形脸为标准，在保留自身个性美的基础上向其靠拢，起到修饰矫正作用。

蛋形脸的修饰方法如下。

(1) 脸型修饰：椭圆脸是公认的理想脸型，化妆时宜注意保持其自然形状，突出其可爱之处，不必通过化妆去改变脸型。

(2) 眉的修饰：可顺着眼睛的轮廓修成弧形，眉头应与内眼角对齐，眉尾可稍长于外眼角。

(3) 腮红：即胭脂，应涂在颊部颧骨的最高处，再向上向外揉化开去。

(4) 唇部修饰：涂抹唇膏时应该选用颜色较淡的唇膏，并且尽量按自然唇形涂抹。

2. 圆形脸

圆形脸面颊圆润，面部骨骼转折平缓无棱角，脸的长度与宽度的比例小于4∶3，给人珠圆玉润、亲切可爱的视觉感受，但也会让人觉得缺少威严感。

圆形脸的修饰方法如下。

(1) 脸型修饰：用暗影色在两颊及下颌角等部位晕染，削弱脸的宽度；用高光色在额骨、眉骨、鼻骨、颧骨上缘和下颏等部位提亮，加长脸的长度，增强脸部立体感。

(2) 眉的修饰：眉头压低，眉尾略扬，画出眉峰，使眉毛挑起上扬而有棱角，削弱脸的圆润感。

(3) 眼部修饰：在外眼角处加宽、加长眼线，使眼形拉长。

(4) 鼻部修饰：拉长鼻形，高光色从额骨延长至鼻尖，必要时可加鼻影，由眉头延长至鼻尖两侧，增强鼻部立体感。

(5) 腮红：由颧骨向内斜下方晕染，强调颧弓下陷，增强面部立体感。

(6) 唇部修饰：强调唇峰，画出棱角，下唇底部平直，削弱面部圆润感。

3. 长形脸

长形脸的三庭过长，两颊消瘦，脸的长度与宽度的比例大于4∶3，这种脸型会让人觉得缺少生气，但带有沉着、冷静、成熟的感觉。

长形脸的修饰方法如下。

(1) 脸型修饰：用高光色提亮眉骨、颧骨上方，鼻上高光色加宽但不延长，增强面部立体感；暗影色用于额头发际线下和下颏处，注意衔接自然，这样可在视觉上使脸型缩短。

(2) 眉的修饰：修掉挑高的眉峰，使眉毛平直，眉毛不宜过细，注意拉长眉尾，这样可拉宽、缩短脸型。

(3) 眼部修饰：加深眼窝，眼影向外眼角晕染，拉长加宽眼线，使眼部妆面立体，眼睛大而有神，从而忽略脸部长度。

(4) 鼻部修饰：用高光色把鼻梁加宽，不加鼻影，使鼻部面积宽而短，缩短鼻子长度。

(5) 腮红：应横向晕染腮红，由鬓角向内横扫在颧骨最高点，用横向面积减少脸型的长度。

(6) 唇部修饰：唇形宜圆润饱满。

4. 方形脸

方形脸的额角与下颌角较方，转折明显，给人正直刚毅的感觉，但也会显得有些不柔和。

方形脸的修饰方法如下。

(1) 脸型修饰：用高光色提亮额中部、颧骨上方、鼻骨及下颌，突出面部中间部分，从而忽略脸型特征；暗影色用于额角、下颌角两侧，使面部看起来圆润柔和；也可借助刘海和发带遮盖额头棱角。

(2) 眉的修饰：修掉眉峰棱角，使眉毛线条柔和圆润，呈拱形，眉尾不宜拉长。

(3) 眼部修饰：强调眼线圆滑流畅，拉长眼尾并微微上挑，增强眼部妩媚感。

(4) 腮红：颧弓下陷处用暗色腮红，颧骨上用淡色腮红，斜向晕染，过渡处要衔接自然，可使面部有收缩效果。

(5) 唇部修饰：强调唇形圆润，可用粉底盖住唇峰，重新勾画。

5. 三角形脸

三角形脸又分正三角形脸和倒三角形脸。

(1) 正三角形脸：额部窄，下颌较宽大，也称梨形脸，给人富态的感觉。

三角形脸的修饰方法如下。

① 脸型修饰：可于化妆前开发际，除去发际边缘的一些毛发，使额头变宽；用高光色提亮额头眉骨、颧骨上方、太阳穴、鼻梁等处，使脸的上半部明亮、突出、有立体感；用暗影色修饰两腮和下颌骨处，收缩脸下半部的体积感。

② 眉的修饰：使眉距稍宽，眉不宜挑，眉形平缓拉长。

③ 眼部修饰：眼影向外眼角晕染，眼线拉长，略上挑，使眼部妆面突出。

④ 鼻部修饰：鼻根不宜过窄。

⑤ 腮红：由鬓角向鼻翼方向斜扫。

⑥ 唇部修饰：口红颜色宜淡雅自然，从视觉上忽略脸的下半部。

(2) 倒三角形脸：额头较宽，下颌较窄，下颌尖，是一种比较好看的脸型。

倒三角形脸的修饰方法如下。

① 脸型修饰：用高光色提亮脸颊两侧，使两颊看起来丰满一些；用暗影色晕染额角及颧骨两侧，使脸的上半部收缩一些，要注意粉底的自然过渡。

② 眉的修饰：眉形应圆润微挑，不宜有棱角，眉峰在眉毛三分之二向外一点。

③ 眼部修饰：眼影晕染重点在内眼角上，眼线不宜拉长。

④ 腮红：宜用淡色腮红横向晕染，增强脸部丰润感。

⑤ 唇部修饰：唇形圆润饱满。

6. 菱形脸

菱形脸又称"钻石形脸"，它的特点是前额窄小、颧骨突出、两腮消瘦、下颏尖而长，整体呈上下窄、中间宽的状态。菱形脸会让人显得灵巧、清秀，但由于其不够圆润，容易给人尖锐、敏感和不易亲近的感觉。

菱形脸的修饰方法如下。

(1) 脸型修饰：用提亮色涂于太阳穴和颧骨以下的凹陷部位，以减弱凹陷感；减弱中部的视觉宽度，使面部轮廓显得饱满。

(2) 眉的修饰：眉毛以平直略长为宜，弓颧骨部位涂阴影色，注意要衔接自然，减弱骨骼棱角的生硬感。

(3) 眼部修饰：眼影的终点在眼睑的外眼角处，下眼影可以适当向外围晕染，形成向外逐渐过渡的自然效果；可使用色彩感较强的颜色描画眼部，辅助修饰过窄的颧骨处(太阳穴)。

(4) 腮红：颧骨和颧弓高凸部位不宜使用鲜红的腮红色，可使用棕红色，也可不涂。

(5) 唇部修饰：唇形要勾画得饱满一些，唇峰不宜过尖，下唇唇形以圆润为佳；在唇色的选择上，应以柔和的色调为主，不宜过分强调色彩感。

知识拓展

判断自己的脸型

把头发别到耳后，露出整个面部。在额头、颧骨、下颌这几个地方定点。

(1) 鹅蛋形脸。额头最宽处略宽于颧骨，颧骨宽于下颌并有明显下颏。如图4-1所示。

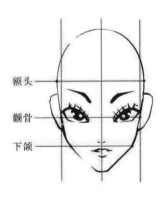

图 4-1 鹅蛋形脸

(2) 倒三角形脸。相比鹅蛋形脸，下颏较尖。如图4-2所示。

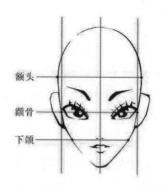

图 4-2 倒三角形脸

(3) 正三角形脸。额头较为狭窄，下颌较宽，下颏有较圆的尖角。如图4-3所示。

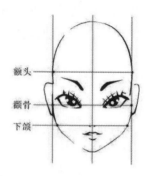

图 4-3 正三角形脸

(4) 圆形脸、长形脸。圆形脸的下颌骨不会有明显棱角，下颏也没有尖，整体是一个较圆的弧线。而圆形和长形的区别就在于长形的脸整体会比较长。如图4-4所示。

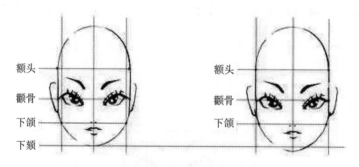

图 4-4 圆形脸、长形脸

(5) 方形脸。下颌骨比较立体，棱角比较清晰。这种脸型一般会给人比较刚毅的感觉，相对也会让五官显得比较立体。如图4-5所示。

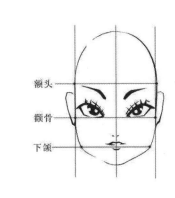

图 4-5　方形脸

(6) 菱形脸。额头狭窄，颧骨凸出，下颌和下颌骨处比较窄。如图4-6所示。

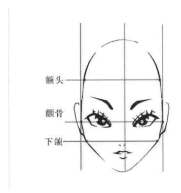

图 4-6　菱形脸

(资料来源：根据网络资料整理)

(二) 化妆与年龄

职业女性应该按照不同的年龄段进行化妆，按照年龄可以将职业女性分为青年、中年和老年。

青年女士在化妆时应注意突出自然美，以淡妆为宜，突出青年人的朝气蓬勃、清新自然。首先选择浅色粉底在面部涂上浅浅的一层，在双颊扫上淡淡的腮红；然后画出适当的眉形，睫毛上也可以涂淡淡的睫毛膏；最后可以选择粉红色、橙色等带有朝气的唇膏。整个妆要求以淡色为主，涂抹也要轻描淡写，突出自然之美。

中年女士在化妆时应注意突出优雅美。由于中年女士面部往往出现皱纹，因此应该选择暗色的粉底涂抹在有皱纹的地方，沿着皱纹纹路淡淡地均匀涂抹，以掩饰皱纹，并且要降低面部的亮度。

老年女士在化妆时应注意突出成熟美。由于老年女士的皱纹很深，因此应该选择接近自然肤色的粉底，非油质的、不带有闪光的眼影，颜色柔和的唇膏，并且在涂唇膏时不要画唇线。

（三）补妆

一般情况下，女士应该一个小时左右补一次妆，特别是在出汗、用餐之后，应及时补妆。补妆应该遵循修饰避人的原则，选择无人的角落，最好在洗手间进行补妆，切不可在他人面前肆无忌惮地补妆。补妆以补为主，不必重新化妆。

三、头发养护

与别人交往时，映入对方眼帘的首先是头发，发质的好坏、发型的得当与否直接反映职业女性的审美品位、身份地位及个人形象，直接影响给别人的第一印象，以及能否建立长期交往。

（一）鉴别发质

要想正确地对头发进行保养，首先要进行发质鉴别。一般认为一个人的发质与皮肤的性质大体相同，大致可以分为以下三种。

1. 中性发质

中性发质的头发皮脂分泌正常，有光泽、有弹性，柔顺、易梳理，不易分叉、打结。

2. 油性发质

油性发质的头发皮脂分泌过多，头部的表皮及毛发均有黏糊之感。

3. 干性发质

干性发质的头发皮脂分泌过少，头发没有光泽，有干枯之感。

（二）清洗头发

清洗头发要根据发质来选择合适的洗发、护发用品和洗发间隔期。中性发质的人在夏季应该3天左右洗一次头，在冬季应该4～5天洗一次头，油性发质和干性发质的人要比中性发质的人分别缩短或延长1至2天。

（三）保养头发

经常食用一些有益于增加头发营养的食品可以保养头发，如绿色蔬菜、鱼类、薯类、豆类、壳类、坚果类和海藻类等。应尽量少食用糕点、快餐食品、碳酸饮料及冰激凌等。

保养头发不仅要注意饮食，还要经常正确梳发。梳发可以促进血液循环，使头发柔软而有光泽。梳发时先将散乱的发梢梳理好，从前额向后梳，再低头从脑后向前额梳理，最后让头发披散开来梳理。

保养头发还应经常对头皮按摩，按摩可以调节和促进头皮的油脂分泌，改善发质。按摩的方法是用两手的手指按前额、发际、两鬓、头颈、头后部的顺序轻轻揉动。

四、发型选择

职业女性应该根据不同场合、脸型来选择恰当的发型，突出个人优点，展现个人魅力。在选择发型时应该注意以下几点。

(一) 发型与脸型

不同的脸型适合不同的发型，倒三角形脸的女士适合选择掩饰上部、增宽下部的发型；正三角形脸的女士可以选择能增宽上部的波浪形发卷；方形脸的女士适合选择卷曲的波浪发型，以改善方脸的形状；椭圆形脸的女士适合选择任何发型，以中分、左右均衡的发型为最佳；长形脸的女士适合选择蓬松的发型，以增宽面部；而圆形脸的女士恰恰相反，适合选择柔顺的长发，以拉长面部。

(二) 发型与场合

职业女性在不同场合应该穿着不同的服装，选择不同的发型。出入一般社交场合时，应穿着休闲系列的服装，将头发自然披散或束发，给人以活泼、潇洒、柔美的感觉；出入正式的商务场合时，应穿着比较正式的西装套裙，选择端庄、大方、朴素典雅的发型，要简单、明快、少装饰；参加晚宴等庄重的场合时，应穿着晚礼服，选择庄重、高雅的晚宴发型。

(三) 发型与体型

体型高瘦的女士适合选择长发、直发，使头发显得厚重；体型矮小的女士适合选择短发或盘发，给人以秀气之感；体型高大的女士适合选择直发或大波浪卷发，给人以简洁明快之感；体型短胖的女士适合选择运动式发型，给人以健康之感。

五、香水的使用

通过职业女性身上的香水味道可以判断其品位，如果是清新淡雅的香水，则认为其品位较高，交往对象也会认为其身份地位很高；如果是廉价刺鼻的香水，则认为其品位不高，交往对象不会把她和较高的身份地位相联系。

(一) 香水喷洒的位置

香水应该喷洒在手腕、颈部、耳后、太阳穴、腋下等处，香味会随着肢体的运动而自然散发。不要将香水喷洒在面部、毛衣、皮衣、首饰等地方，否则会加速皮肤老化，使毛衣、皮衣、首饰失去光泽。为避免香水刺激皮肤，可以将香水喷洒在衣领、手帕等处。

(二) 香水喷洒的方法

在喷洒香水时，应将香水瓶放在距离身体20厘米处，喷洒的香水不宜过多、过于集中，喷洒的量以距离超过3米以外闻不到香水味为宜。一次只能使用一种香水，不能多种香型、多种品牌的香水混用。

(三) 使用香水的注意事项

(1) 避免使用廉价的劣质香水。如果同时使用其他芳香型化妆品，应当注意香型的调和与统一。

(2) 使用香水时，一定要注意选用较为淡雅的香水。因为有些人对香料过敏，还有一些人可能并不喜欢你所使用的香味类型。因此，你所用的香水味道最好不要太浓烈，让别人"无法逃避"。在空气不易流通的空间内，如会客室、电梯间、小轿车内，尤其应当注意香味的浓度。一般来说，在商务场合使用香水，应该使别人在距你一米之内能够闻到，一米之外几乎闻不到，这样才不失礼。万一你不小心喷洒了太多香水，可以用水冲洗，或是用湿毛巾擦拭，这样可以减轻香味。如果衣服质地许可的话，可用棉花蘸酒精轻擦衣服，以达到去味的目的。持久型香水较难处理，需将衣服放在通风处，才可尽快淡化香味。

(3) 在一些重要场合(如第一次会见大客户或招聘、应聘时)，如果不了解对方的香味喜好，最好少用或不用香水。

(4) 参加宴会时要控制使用香水，以免对其他人的嗅觉系统造成干扰，让其他人无法正常享受美味佳肴。如果想在宴会上使用香水，应当喷洒在腰部以下的位置。进食时，口和手等部位要避免喷洒香水。

(5) 去医院看病或探视病人时不要使用香水，以免对医生和病人造成干扰。

(6) 与他人品茶时不可使用香水。

(7) 参加丧葬活动时不可使用香水。

(8) 参加舞会时可以大胆使用富有个性的香水。

(9) 香水最好不要喷洒在容易出汗的地方(如发际、腋窝、脊背、膝弯等处)，尤其是麝香等动物性的香水，掺杂体臭或汗水后，香味可能会改变，会产生令人不舒服的味道，不宜大量洒在身上。易被太阳晒到的暴露部位、易过敏的皮肤部位，以及有伤口的部位也不宜喷洒香水。

如果要使香水的香味容易散发，可以喷洒在脉搏离皮肤比较近的地方，如手腕、耳根、颈侧、膝部、踝部等处。香水还可以喷洒在衣服的某些部位上，如内衣、衣领、口袋、裙摆的内侧，以及西装插巾袋的下端。喷洒在这些地方既不会污损面料，又容易扩散香味。

(10) 香水所使用的香料对外界物质非常敏感，要小心保存。首先要注意容器的密封性，每次使用后须将盖子盖好，这样可以避免香精成分蒸发，也可以防止香水氧化变质。香水不可置于阳光直射的地方，否则香味及颜色都会发生变化。

(11) 不要在他人面前喷洒香水。隔一段时间之后，香水的香味会变得较淡，因此需要再度补用。补香水虽很简单，但是同样需要避人，在别人面前喷洒香水是一种轻浮与缺乏修养的表现。

知识链接

香水的分类

1. 香精。浓度为15%～25%，香气持续5～7小时，适合夜晚外出、晚会等隆重、正式的场合使用。

2. 香水。浓度为10%～15%，香气持续5小时左右，适合白天的会面或外出使用。

3. 淡香水。浓度为5%～10%，香气持续3～4小时，适宜上班及日常使用。

4. 科隆香水。浓度为3%～5%，香气持续1～2小时，适宜上班或与他人进行工作交往时使用，也适用于日常生活。

尽管法国香水最为有名，但是历史最久的香水却是德国的科隆香水。中国香港人按照粤语的发音将其翻译成"古龙香水"，这个名字为更多的中国商务人士所知。

科隆香水最先在1709年由移居德国的意大利人在德国的科隆推出，后来，科隆人威廉·米伦正式成立了此种香水的专卖店，店址在科隆的古隆肯大街上。

1794年，法国军队攻进德国科隆，因为德国的街名和店名比较复杂，难以记忆，所以法军命令科隆大街小巷的所有住户、店铺一律以阿拉伯数字重新命名编号，这家小的香水店是"4711"号。法国士兵很喜欢这种香水的味道，称之为"科隆之水"，纷纷购买带回法国。店铺主人顺势将店铺改名为"4711店"并将"4711"作为所售香水的商标，由此，4711科隆香水成为世界著名品牌香水。因为4711科隆香水广受欢迎，所以其他品牌的科隆香水也陆续被推出，但仍以"4711"最为著名。

今天的科隆香水常泛指一类香水，其特征为：香精含量在3%～5%，所用乙醇浓度在60%～75%。与浓香水、香水、淡香水相比，科隆香水属于最清淡风格，非常适宜商务人员在工作场合使用。

(资料来源：徐克茹. 商务礼仪标准培训[M]. 第3版. 北京：中国纺织出版社，2015.)

第三节 男士仪容礼仪

对男士仪容的要求要比女士宽松，男性公关与商务人员主要应该注意以下几点。

一、发型发式

在商务礼仪中，男士的发型发式标准是干净整洁，要注意经常修饰、修理。头发不应该过长或过短，在3厘米～7厘米即可；前部的头发不要遮住眉毛，侧部的头发不要盖住耳朵，后部的头发不要长过西装衬衫领子的上部；头发不要过厚，鬓角不要过长。商务男士不宜留长发，应不烫发、不染发。

二、面部修饰

男士在修饰面部时要注意两方面的问题：男士在进行商务活动时，每天要剃须修面以保持面部清洁；男士在商务活动当中经常会接触到香烟、酒等有刺激性气味的物品，要随时保持口气清新。

通常情况下，男士不宜蓄须，除非有宗教信仰或民族习惯。在出席各种商务场合和平时上班时，要注意将胡须剃干净，否则会给人以懒散的感觉，影响人际交往和正常的商务往来。

三、身材体型

在公关与商务交往中，身体健康、风度翩翩的男士是十分受欢迎的。男士要保证健康的身体就应该经常锻炼身体，制定一套适合自己的锻炼方案，也可以经常去健身房，在健身教练的指导下进行锻炼。

知识链接

如何计算男性标准体重

成年男性标准体重计算公式如下：

$$身高(厘米)-105 = 标准体重(公斤)$$

例如，一个身高170厘米的男子，他的标准体重应该是：

$$170(厘米)-105 = 65(公斤)$$

凡是超过标准体重10%者为偏重，超过20%者为肥胖，低于10%者为偏瘦，低于20%者为消瘦。

男性的最佳体重如何计算？

BMI法：

$$体质指数(BMI)=体重(kg)÷身高(m)的平方$$

例如，一位男性体重70公斤，身高1.75米，他的BMI指数为：

$$70kg÷(1.75×1.75)=22.86$$

成人的BMI数值标准如下：

过轻：低于18.5；

正常：18.5～23.99；

过重：24～28；

肥胖：28～32；

非常肥胖：高于32。

专家指出，最理想的BMI指数是22。

由于存在误差，所以BMI只能作为评估个人体重和健康状况的多项标准之一，中国男性标准体重对照表如表4-1所示。

表4-1 中国男性标准体重对照表

年龄	身高									
	152cm	156cm	160cm	164cm	168cm	172cm	176cm	180cm	184cm	188cm
19	50	52	52	54	56	58	61	64	67	70
21	51	53	54	55	57	60	62	65	69	72
23	52	53	55	56	58	60	63	66	70	73
25	52	54	55	57	59	61	63	67	71	74
27	52	54	55	57	59	61	64	67	71	74
29	53	55	56	57	59	61	64	67	71	74
31	53	55	56	58	60	62	65	68	72	75
33	54	56	57	58	60	63	65	68	72	75
35	54	56	57	59	61	63	66	69	73	76
37	55	56	58	59	61	63	66	69	73	76
39	55	57	58	60	61	64	66	70	74	77
41	55	57	58	60	62	64	67	70	74	77
43	56	57	58	60	62	64	67	70	74	77
45	56	57	59	60	62	64	67	70	74	77
47	56	58	59	61	63	65	67	71	75	78
49	56	58	59	61	63	65	68	71	75	78
51	57	58	59	61	63	65	68	71	75	78
53	57	58	59	61	63	65	68	71	75	78
55	56	58	59	61	63	65	68	71	75	78
57	56	57	59	60	62	65	67	70	74	77
59	56	57	58	60	62	64	67	70	74	77
61	56	57	58	60	62	64	67	70	74	77
63	56	57	58	60	62	64	67	70	74	77
65	56	57	58	60	62	64	67	70	74	77
67	56	57	58	60	62	64	67	70	74	77
69	56	57	58	60	62	64	67	70	74	77

(资料来源：根据网络资料整理)

▌本章小结▐

1. 仪容的基本含义是人的容貌，但是从礼仪学的角度说，仪容还应包括头发、面部、手臂和手掌，即人体不着装的部位。

2. 仪容礼仪的规则主要涉及三个方面，即仪容的干净、整洁和修饰避人。

3. 仪容礼仪分为男士仪容礼仪和女士仪容礼仪。商界对女士的仪容要求稍微严格一些，对男士的仪容要求稍微宽松，但男士和女士都要按照商务礼仪规范的要求去做。

▌知识判断▐

1. 仪容是先天形成的，取决于父母的基因，不能改变。　　　　　　　（　）

2. 商务人士应该在出席社交与商务场合之前整理、修饰自己的仪容，保证给交往对象留下良好的印象。　　　　　　　（　）

3. 良好的仪容修饰是商务人士自身的一项基本素质，同时也反映了职员所在组织的管理水平和组织形象。　　　　　　　（　）

4. 可珠光宝气、香气逼人地去与客户见面。　　　　　　　（　）

▌礼仪训练▐

商务文秘专业毕业的刘小姐刚入职一家外贸公司，该公司将和美方客户进行商务洽谈，刘小姐将作为公司的代表出席贸易洽谈会。

任务：
1. 请您为刘小姐进行面部妆容、发型等外形设计。
2. 模拟洽谈场景，表演刘小姐和美方客户在此场景下恰当的举止与神态。
3. 请讨论并说出作为一名商务人员，应注意哪些仪容仪态礼仪与规范。

▌案例评析▐

张经理的一位老朋友听说他要招聘一位助理，便向他推荐了小王。见面这天，张经理准时来到约定地点，但朋友介绍的小王却迟到了。

　　小王到来时穿着一件皱巴巴的旧西装，领带上面有星星点点的油渍，头发凌乱地披散着，鞋子上面沾满灰尘。这人见了张经理，并没有表现出对张经理起码的尊重，也没有向张经理表示迟到的歉意。

　　张经理虽然对眼前这个人很失望，但他还是礼节性地和他谈了一会儿话，谈话中张经理明显感受到，此人虽然有一些才华，但过于骄傲和狂妄。于是，他礼貌地和小王握手告别了。

　　朋友见到张经理，迫不及待地询问结果，张经理直率地说："他不太适合做我的助理，并不是他的学识不够，而是他连最基本的礼仪都不懂，而且他的着装实在是太随意了……"朋友有些不理解，张经理平静地说："如果一个人在仪表上都不加修饰的话，那么他再有才华也不会给人以好感，尤其当人过了一定年龄后，就更应该注重他的个人仪表。我想，没有人愿意与一个言辞傲慢、衣着邋遢、不修边幅的人共事吧？"

　　(资料来源：根据网络素材自编)

问题：

1. 认真阅读案例，指出张经理拒绝小王的理由。

2. 通过小王的形象，评析商务人士在形象塑造方面应具备的基本礼仪。

3. 结合案例，评析商务人士形象的内在美与外在美的相互关系。

4. 案例给你带来的启示是什么？

第五章
仪态礼仪

孟子欲休妻

原文："孟子妻独居，踞。孟子入户视之，谓其母曰：妇无礼，请去之。母曰：何也？曰：踞。其母曰：何知之？孟子曰：我亲见之。母曰：乃汝无礼也，非妇无礼。《礼》不云乎？'将入门，问孰存。将上堂，声必扬。将入户，视必下'。不掩人不备也。今汝往燕私之处，入户不有声，令人踞而视之，是汝之无礼也，非妇无礼也。于是孟子自责，不敢言妇归。"

译文：孟子的妻子独自一人在屋里，伸开两腿坐着。孟子进屋看见妻子这个样子，对母亲说："我的妻子不讲礼仪，请允许我休了她。"孟母说："为什么？"孟子说："她伸开两腿坐着。"孟母问："你怎么知道的？"孟子说："我亲眼看见的。"孟母说："这是你没礼貌，不是妇人没礼貌。《礼经》上不是说了吗？'将要进屋的时候，先问屋中有谁在里面；将要进入厅堂的时候，必须先高声传扬(让里面的人知道)；将进屋的时候，必须眼往下看'。为的是不让人没准备。现在你到妻子闲居休息的地方，进屋没有声响，因而让你看到了她两腿伸开坐着的样子，这是你没礼貌，并非你的妻子没礼貌！"孟子认识到自己错了，不敢休妻。

(资料来源：选自《韩诗外传》)

美国心理学家艾伯特·梅拉比安经多年研究后认为：一个信息的传递=7%的语言+38%的语音+55%的体语，这说明体语在信息传递中所起的作用多于语言和语音。人的一举手、一投足、一弯腰乃至一颦一笑，并非偶然的、随意的，这些行为举止自成体系，像有声语言那样具有一定的规律，并具有传情达意的功能。

仪态又称体态，是人在行为中的身体姿态和风度，通常指人体的动作、举止和表情。姿态是身体所表现的样子，风度则是内在气质的外在表现。用优良的仪态礼仪表情达意，往往比语言更加让人感到真实和生动。正如著名绘画大师达·芬奇所言，从仪态了解人的内心世界、把握人的本来面目，往往具有相当的准确性和可靠性。

第一节 表情

表情是指通过人的面貌或姿态表达内心的思想感情，是人们内心情绪的外在表现，是形体语言中最丰富的部分。面部表情又以通过"眼神"和"微笑"传递信息为主。

一、眼神

对于眼神的作用，早在春秋战国时期，孟子便做过精辟的阐述："存乎人者，莫良于眸子。眸子不能掩其恶。胸中正，则眸子瞭焉；胸中不正，则眸子眊焉。"在体态语言中，眼睛最能倾诉感情、沟通心灵。眼睛被誉为"心灵的窗户"，眼睛感觉的领域几乎涵盖所有感觉的70%以上。眼神的千变万化能表达出人们丰富多彩的内心世界，人们在社会生活中，如果内心有什么欲望或情感，必然会表露于视线上。如何透过视线活动了解他人的心态，对于人际交往中的心理沟通具有重要意义。

(一) 视线接触对方的时间

在人际交往中，注视对方时间的长短相当重要。在交谈中，听的一方通常应多注视说的一方，目光与对方接触的时间一般占全部相处时间的三分之一。谈话时，若对方为关系一般的同性，应该不时与对方双目对视，以示尊重；如果双方关系密切，则可较长时间地注视对方，以拉近心理距离。但如果对方是异性，目不转睛地长时间注视不仅会使对方不自在，还是失礼的表现。

(二) 视线停留的部位

1. 公务凝视区

目光注视的范围是对方眼睛和额头的正三角区，这种注视严肃、郑重，适合汇报工作、与客户谈判，以及与同事讨论问题等正式、庄重的公务场合。

2. 社交凝视区

目光注视的范围是对方眼睛和嘴唇之间的倒三角区，这种目光亲切友好，利于营造轻松愉快和彬彬有礼的社交气氛，适合各种社交场合。

3. 亲密凝视区

目光注视的范围是对方眼睛到胸部的较大倒三角区，这种目光亲切随意、柔和多情，适合于家人和恋人之间。

视线停留的不同部位如图5-1所示。

图 5-1　视线停留的不同部位

(三) 视线的方向

1. 平视

视线水平表示理性、平等、自信、坦诚，适用于在普通场合与身份地位平等的人之间的交往。如图5-2所示。

图 5-2　平视

2. 仰视

视线向上表示服从、尊敬、期待，适用于与尊长之间的交往。如图5-3所示。

图 5-3　仰视

3. 俯视

视线向下表示对晚辈的爱护、宽容，也可表示权威感和优越感。如图5-4所示。

图 5-4　俯视

二、微笑

微笑是真正的世界性语言，能超越文化而传播，成为世界通用的"货币"。交往中的微笑是对人的尊重、理解和奉献，可以成为增进友谊的纽带。它如润滑剂一般，可以化解一切、升华一切。微笑并不费力，却产生无穷魅力，它使受惠者变得富有，但施予者并不变穷。俗话说，面带三分笑，礼数已先到。微笑是一种无言的语言，起着微妙的作用。可以说，微笑是自我推荐的润滑剂，是礼貌之花、友谊之桥。

(一) 微笑的要求

(1) 微笑必须真诚、自然。只有真诚、自然的微笑，才能使对方感到友善、亲切和融洽。

(2) 微笑要适度、得体。微笑虽然是人们交往中最有吸引力、最有价值的面部表情，但也不能随心所欲，要笑得适度，即有分寸、不出声，含而不露；要笑得得体，即恰到好处，当笑则笑，不当笑则不笑。例如，喜庆的场合，应当微笑，而特别严肃的场合，则不宜微笑，否则会适得其反，给对方留下不好的印象。

(二) 微笑的作用

(1) 表现心境良好。面露平和欢愉的微笑，说明心情愉快、充实满足、乐观向上，这样的人才会产生吸引别人的魅力。

(2) 表现充满自信。面带微笑表明对自己的能力有充分的信心，能以不卑不亢的态度与人交往，使人产生信任感，容易被别人真正地接受。

(3) 表现真诚友善。微笑可以反映自己心底坦荡、善良友好，待人真心实意，而非虚情假意，使人在与其交往中自然放松，不知不觉地缩短人与人之间的心理距离。

(4) 表现乐业敬业。工作岗位上保持微笑，说明热爱本职工作，乐于恪尽职守。在服务岗位，微笑更是可以创造一种和谐融洽的气氛，让服务对象倍感愉快和温暖。

案例链接

经营微笑：希尔顿的成功之道

从一家扩展到70多家，从5000美元发展到数十亿美元，名声显赫于全球的美国希尔顿酒店，半个世纪以来，不论经济如何波动，它的生意都长期火爆，财富增加呈直线攀升，稳居世界酒店业"大哥大"地位。当有人探询其成功的秘诀时，希尔顿微笑着说："经营微笑。"

1930年是美国经济最萧条的一年，工厂倒闭，工人失业，85%的民众靠社会救济金维持生计，哪有闲钱去住酒店。因此，全美国80%的酒店关门打烊，熄火休息，转让出售的广告几乎遮盖了酒店的大门和橱窗。希尔顿酒店也是一年接一年地亏损，一度达到欠债50万美元的境地。面对此情此景，希尔顿召集留下的部分管理人员研究对策，寻找摆脱困境的良方。有人建议降低床位费，有人提出提高饭菜档次，还有人提出添置一流设备……

面对五花八门的方案，希尔顿却提出"经营微笑"的独特思路。希尔顿告诉管理人员和员工，酒店只有一流的设备而没有一流的微笑，客人会认为我们提供的服务是欠缺的、不完美的。生活中缺少了微笑，犹如花园没有阳光，所以，希望大家思考一下"经营微笑"的具体方案。

虽说"经营微笑"一词对希尔顿的员工来说是第一次听到，其经营思路、经营举措也是个盲区，但他们虚心接受希尔顿的"培训"。满怀自信、微笑常挂在脸上的希尔顿向员工呼吁："目前，我们正值酒店亏损时期，为了将来能有云开雾散的一天，请各位千万别把愁云挂在脸上。请记住，希尔顿酒店的全体员工不是在经营酒店，而是在诚心、精心地经营微笑，笑里藏着美金，笑里孕育着日出和鲜花。"

在微笑经营的具体措施上，希尔顿制定了一套完整的步骤和规则。例如，他们根据只有发自内心的微笑才是诚恳、可亲的这一心理印象，首先培养员工热爱酒店、把客人当亲人的思想感情；其次，把微笑及态度和蔼、语言温馨、举止规范礼貌等素质纳入量化考核，实行奖惩制度，把微笑这个"软件"提高到比任何"硬件"都重要的位置予以强调。

面对经济大萧条的现状，大多数美国人愁云满面，对前途迷茫和失望。因此，微笑成了20世纪30年代美国大地上最为短缺的"精神产品"。希尔顿正是发现了这一商机，把酒店当作出售微笑的市场，采取"曲线救国"的方案，让希尔顿酒店处处绽放微笑的花朵，成为美国人恢复自信、安慰灵魂、寻求寄托、感受亲切的家园。

事实上，在经济萧条时期幸存的20%的酒店中，只有希尔顿酒店服务员的微笑是持久的、诚恳的、美好的。微笑宛如阳光，人人向往阳光，因此，不难想象希尔顿酒店被顾客光顾的情景。

经济萧条刚过，希尔顿酒店集团就率先跨入了新的繁荣时期。别人还在装饰酒店、寻找客源的时候，希尔顿已是日进斗金的黄金旺季。

微笑是一种天然资源，它给人留下的是宽厚、谦和、亲切的印象，表达出的是对顾客的理解、关爱和尊重。微笑不需要投资，但微笑的价值是无限的，它可以增加利润，更能创造成功和奇迹。

(资料来源：根据网络资料整理)

第二节 手势

手势是人们常用的一种肢体语言，内容丰富并富于变化，可以用来传递各种情感信息和思想内容。不同国家、不同地区、不同民族由于文化习俗的不同，手势的含义也有很多差别，甚至同一手势表达的含义也不相同。所以，正确使用手势可以在商务交往中起到锦上添花的作用。

一、手势的分类

常见的手势类型有指示性手势、情绪性手势和象征性手势。

（一）指示性手势

这种手势用来简洁、明确地指示某种具体对象。它一般用来指示方向和地点、指明物体、介绍某人和请人做某事等，其正确做法是：四指自然并拢，拇指分开，掌心与地面成45度，上身略向前倾，以肘关节为轴指示目标。这种手势会显得诚恳恭敬。谈到自己时，可用右手轻按自己的胸部，以显稳重可信。指示性手势如图5-5所示。

图 5-5　指示性手势

用手势示意或招呼别人时，应该用手掌而不用手指。常用来示意别人的手势如下。

（1）"请走这边"——指示行进方向。动作是手臂抬至齐胸高，以肘关节为轴，向外侧横向摆动，五指并拢手掌伸开，指尖指向行进方向。同时，微笑着看着对方，并点头示意。

（2）"在这里"——指示目标或物品的方位。指目标时，动作是手臂向外侧横向摆动，指尖指向前方。与前者不同的是，其手臂或者是抬至齐肩高，或者是放在身体一侧，手臂稍稍离开身体一段距离。此动作也可用于引导方向。指物品时，动作是伸出手掌，指尖指向物品。

（3）"请进"——请人进门。动作是站在客人侧前方，肘部弯曲，小臂与手掌呈一条直线，向外横摆指向行进方向，手臂高度在胸以下。如走在客人前方，可回身伸出手臂，由体侧向体前推，手与地面成45度，对客人示意。

(4)"请坐"——请人就座。动作是手臂由上向下斜伸指向座位，手掌可以稍微先下后上地顿一下。也可以以肘关节为轴，手由上而下摆动，指向斜下方座位处。

(5)"展示物品"——在向客人介绍展示物品时手位要正确，让物品处在身体的一侧进行展示，身体不能遮住物品。或者可以将物品用双手托着举高到双眼处，也可以用双手托着物品，双臂向前伸出，活动范围自肩部至肘，向上不要超过眼部，向下不要超过胸部。

(二) 情绪性手势

情绪性手势指用来表达人的情绪态度的一种手势语。如高兴时的手舞足蹈，欢迎和感谢时的鼓掌等。如果对方双手自然摊开，表明心情轻松，坦诚而无顾忌；如果对方紧握双拳，说明怒不可遏或准备"决战到底"；如果对方以手支头，表明要么对你的话全神贯注，要么十分厌烦；如果对方迅速用手捂在嘴前，显然是觉得吃惊；如果对方用手成"八"字形托住下颌，表明进行沉思。

手势活动的范围也可传达情绪。手势的活动范围有上、中、下三个区域。肩部以上称为上区，多用来表示理想、希望、激昂等情感，表达积极肯定的情绪；肩部至腰部称为中区，多表示比较平静的思想，一般不带有浓厚的感情色彩；腰部以下称为下区，多表示不屑、厌烦、反对或失望等，表达消极否定的情绪。

(三) 象征性手势

即用具体生动的手势表示某种抽象概念。商务人员在日常交往中，尤其在涉外交往中，要特别注意正确理解交往对象的手势语所表达的意思。

1. 竖大拇指

在我国，竖大拇指表示夸奖或称赞；在欧洲一些国家，伸出手臂、拇指上挑是搭便车之意；在希腊，急速地竖起大拇指是让对方离开。

2. "OK"手势

"OK"手势在美国人眼里是好、顺利或平安之意；在日本则代表钱；在南美洲一些地区是一种下流和侮辱性的手势。

3. "V"手势

"V"手势是模仿英文victory(胜利)中字母"V"的手势，欧美国家的人们以此表示胜利或赢了。用此手势应手心向外，若手心向内，在欧洲一些国家(如英国和希腊等)则有"下贱"之意。

4. 伸出手，手掌向下挥动

这种手势在中国和日本是招呼别人过来的意思，没有贬义。但在美国，这是唤狗的手势，切不可对人使用，否则会引起误解、带来麻烦。

二、手势的禁忌

(一) 过度的手势

在社交场合，应注意手势的大小幅度。手势的上界一般不应超过对方的视线，下界应不低于自己的胸区，左右摆动的范围不要太宽，应在人的胸前或右方进行。在一般场合，手势动作幅度不宜过大，次数不宜过多，不宜重复。要避免交谈时指手画脚、手势动作过多过大。

(二) 不良手势

与人交谈时，讲到自己不要用手指自己的鼻尖，而应用手掌按在胸口上；谈到别人时，不可用手指别人，更忌讳背后对人指点等不礼貌的手势；初见新客户时，要避免抓头发、玩饰物、掏鼻孔、剔牙齿、抬腕看表、高兴时拉袖子等粗鲁的手势动作。

第三节　体姿

体姿是指人的身体姿态，包括站姿、坐姿、走姿、蹲姿等各种动作。中国古代讲究"站如松、坐如钟、行如风"，力求通过优雅的仪态表达洒脱的气质和翩翩的风度。研究成果表明，在人与人的沟通中，情感信息的表达和交流在很大程度上是通过体态语言来进行的。当体态语言和言辞相互矛盾时，人们往往更相信体态语言是真实的。

一、站姿

站姿又叫立姿，指人在站立时所呈现出的具体姿态。站姿是人体的静态造型动作，是其他人体动态造型的基础和起点。优美挺拔的站姿能显示人的自信、气质和风度，并给他人留下美好印象。

(一) 正确的站姿要求

站姿是商务人员在商务活动中最重要的姿势，而基本站姿则是一切姿态的基础，其他姿势都是在基本站姿的基础上演化而来的。因此，基本站姿的练习最为重要，其要领如下。

(1) 双脚并拢，两脚踝并拢，双腿直立，双膝并拢。

(2) 身躯直立，提臀、立腰、收腹、挺胸，双肩舒展并略下沉。

(3) 手臂自然下垂，中指贴于裤缝(女士裙子侧缝)。

(4) 颈直、头正、双目平视，下颌微收，面带微笑。

(二) 男士的基本站姿

1. 肃立

肃立时脚尖分开45度，其他部位要领与基本站姿相同。这种站姿适合长时间在正式场合站立。

2. 直立

直立时双脚分开，宽度不超过肩宽。男士直立时，有以下三种手位。

(1) 自然下垂式手位：两臂及双手自然下垂，如图5-8所示。

图 5-8 男士站姿一

(2) 前搭手式手位：右手握虚拳，左掌轻搭于右拳上，自然下垂于小腹前。要注意双肩打开，保持后背挺直，如图5-9所示。

此种手位显得比较保守、谦恭，如果与自然微笑的表情相配合，则显得比较亲切。

(3) 后背手式手位：右手握虚拳置于身后，左手轻握右手背，自然搭在尾骨处。此种手位给人以英姿飒爽之感。

图 5-9　男士站姿二

(三) 女士的基本站姿

1. 肃立

肃立时脚尖分开30度，其他部位要领与基本站姿相同。这种站姿适用于升旗或其他非常庄严肃穆的场合。

2. 直立

(1) 脚位：女士直立时，可有三种脚位。

① 标准脚位：双脚完全并拢，如图5-10所示。

图 5-10　女士站姿脚位一

② "V"字脚位：双脚脚尖分开30度，如图5-11所示。

图 5-11 女士站姿脚位二

③ "丁"字脚位：一只脚脚尖正对前方，另一只脚内侧与前脚脚跟相靠，如图5-12所示。

图 5-12 女士站姿脚位三

(2) 手位：女士直立时，可有三种手位。

① 自然下垂式手位：两臂及双手自然下垂。

② 前搭手式手位：左手握虚拳，右掌自然轻搭于右拳上，双臂自然下垂置于腹前。要注意收紧小腹，手与小腹之间应有1厘米以上距离。此种手位给人以谦恭、典雅之感。

③ 礼仪式手位：双手四指并拢略向内扣，右手在上，双手叠握置于小腹前，左手指尖不要露出，如图5-12所示。此种手位给人以秀丽、优美之感，常用于礼仪迎宾场合。

二、坐姿

商务人员日常在办公室工作、会见客人、参加会议等商务活动中，都需要保持良好的坐姿。良好的坐姿能够使人感觉舒适、不易疲劳，让膝关节后面的血管神经没有压迫感。

(一) 男士坐姿

男士入座时要保持稳、慢、轻，不要慌慌张张"扑通"一下跌落到座椅上。正确的方法是不慌不忙地走到座椅前，转身背朝座椅，控制身体稳稳地坐下。如果周围有尊者(或女士)需要入座，应当先帮助尊者(或女士)将椅子挪到合适的位置，待其坐定后再自己坐下。坐在椅子上拖动椅子是有失风度的行为。

1. 标准坐姿

标准坐姿是坐下后双脚分开不超过肩宽，双脚平放在地面上，两手分别放在两侧大腿上，肘部自然弯曲。要立腰、收腹、挺胸、双肩舒展并略下沉；保持颈直、头正、双目平视、下颌微收，如图5-13所示。

图 5-13　男士标准坐姿

2. 叠腿式坐姿

男士在非正式场合常见的叠腿式坐姿有以下两种。

(1) 将一条腿叠放在另一条腿上，如图5-14所示。此种叠腿方式常见于仪态较为保守的国家和地区。

图 5-14　男士叠腿式坐姿一

(2) 将一只脚的脚踝置于另一条腿的膝盖上，如图5-15所示。此种叠腿方式常见于仪态较为随意的国家和地区。

图 5-15　男士叠脚式坐姿二

(二) 女士坐姿

女士入座的动作要轻、稳、慢。如果穿的是裙装，在入座时应当顺势整理裙子，使裙子后面保持平整，然后再落座。无论女士坐姿如何变化，有一条原则是不变的，即任何时候坐下都应保持双膝并拢，即使变换坐姿时双膝也不能分开，这一点在穿着裙装时尤为重要。

1. 标准坐姿

标准坐姿的要领是双膝并拢、脚踝并拢、双脚并拢、脚尖向前，小腿垂直于地面。双手相叠(右手在上)自然置于一侧大腿上；立腰、收腹、挺胸、双肩舒展并略下沉；颈直、头正、双目平视、下颌微收，如图5-16所示。

女士在正式场合落座时不可坐得太深，座椅边缘最好不超过大腿近膝盖三分之一处。如果整个大腿都落在座椅上，上身则很难保持挺直，双膝也很难并拢。

2. 平行式坐姿

平行式坐姿是在标准坐姿的基础上，双脚并拢，向左侧或右侧平移约两只脚的宽度，脚尖顺腿的方向伸出，轻落于地面，如图5-16所示。在较矮的椅子或沙发落座时，这种姿势较为优雅。

3. 交叉式坐姿

交叉式坐姿指双腿在脚踝处交叉，可以在正位交叉，也可以在侧位交叉，如图5-16所示。

4. 叠腿式坐姿

在非正式场合，女士可将一条腿叠放在另一条腿上，可以在正位叠腿，也可以在侧位叠腿，如图5-16所示。两小腿要尽量靠拢，脚尖向下压。

在非正式场合穿超短裙时，叠腿式坐姿比双腿并拢的坐姿更为适宜，因为后者可能比较容易"走光"。

图5-16　女士标准坐姿

(三) 坐姿的注意事项

(1) 无论男士还是女士，也无论采用哪种坐姿，都要注意不能让鞋底对着别人，否则是极不礼貌的。

(2) 请尊者先入座。

(3) 通常，你的坐姿不可以显得比尊者更"休闲"。

(4) 坐着的时候抖动双腿是坐姿之大忌讳，一定要避免。

三、走姿与蹲姿

站姿、坐姿相对来说属于"静"的仪态，而走路的姿态、下蹲的姿态则属于"动"的仪态。

(一) 走姿

走路的姿态同样能够展现出商务人员的精神风貌和职业素养。

我们走路时，每跨出一步时双脚之间的距离称为"步度"，走路时脚迈出后落地的位置称为"步位"，"步高"是行走时抬脚的高度。

(1) 标准步度为一脚至一脚半，即前脚脚跟与后脚脚尖之间的距离为本人脚长度的1～1.5倍。这里所说的"脚的长度"，指的是所穿的鞋的长度，而不是赤脚测量的净长度。因此，女士穿高跟鞋走路时，步度应当比穿平跟鞋时小。一般说来，个子较高的人脚比较长，步度也比较大。如果大个子的人迈小步、小个子的人迈大步，看上去可能会不大协调。穿不同款式的服装时步度也不一样，正装的步度要比休闲装和运动装的小。

(2) 走路时，两只脚的脚尖都要朝向正前方，"内八字"和"外八字"都是不美观的走姿。

(3) 步高要合适。行走时脚不要抬得过高，否则看上去会缺乏稳健感；也不要抬得过低，脚后跟在地上拖着走，会给人缺乏朝气的感觉，显得老态龙钟。除了注意步度、步位、步高外，还应注意步伐轻快、有节奏，保持腰背部直立但不左右摇摆，挺胸、抬头、收腹，双肩自然下垂，两臂前后摆动的幅度要与步伐的大小、节奏相协调，两眼平视。手摆动时，手臂与上身躯干的夹角一般不超过15度。

(4) 多人一起行走时不要横排，否则可能会阻塞道路，妨碍他人行走。步度大的人要照顾步度小的人，不要只顾自己，让步度小的人紧追慢赶。在马路上行走时，还要注意让尊者(或女士)走在远离危险的一侧。

(二) 蹲姿

有的时候我们需要降低体位，以便捡起掉在地上的东西或者进行其他操作。在日常生活中，人们大多采取弯腰捡拾的姿势，这种姿势在工作场合中不宜采用。女士着裙装时采取这种弯腰拾物的姿势尤其不雅，正确的方式是采用蹲姿。女士下蹲时注意两腿靠近，臀部始终向下。如果旁边站着其他人，应尽量使身体的侧面对着别人，保持头、胸挺拔姿态，膝关节自然、弯曲，如图5-17所示。

穿裤装下蹲时也可以一脚在前，一脚在后，女士应大腿靠紧向下蹲。

图 5-17　女士蹲姿

　　男士下蹲时两腿之间可有适当距离，如图5-18所示。应前脚全脚掌着地，后脚脚跟提起，脚掌着地；臀部始终向下，基本用后腿支撑身体。

图 5-18　男士蹲姿

█ 本章小结 █

1. 仪态又称体态，是人在行为中的身体姿态和风度，通常指人体的动作、举止和表情。

2. 表情是指通过人的面貌或姿态表达内心的思想感情，是人们内心情绪的外在表现，是形体语言中最丰富的部分。面部表情中又以通过"眼神"和"微笑"传递信息为主。

3. 手势是人们常用的一种肢体语言，内容丰富并富于变化，可以用来传递各种情感信息和思想内容。常见的手势类型有指示性手势、情绪性手势和象征性手势。

4. 体姿指人的身体姿态，包括站姿、坐姿、走姿、蹲姿等各种动作。

█ 知识判断 █

1. 用微笑对待客户，会成为赢得客户好感的人。　　　　　　　　　　　（　　）

2. 商务交往过程中，站姿、坐姿、走姿可根据自己的习惯喜好表现出某种姿势或姿态。　　　　　　　　　　　　　　　　　　　　　　　　　　　　　　　　（　　）

3. 商务场合与人见面时，女士站姿应双肩平正，双臂自然下垂，双手可合拢放在胸前；入座要稳要轻，如是裙装，应用手背稍抚裙子，不要坐下来再站起来整理。（　　）

4. 在商务场合，男士坐下后双腿要并直，目视前方，双手可搭放在腿上，整个身子陷入沙发椅。　　　　　　　　　　　　　　　　　　　　　　　　　　　　　　（　　）

5. 在商务场合，女士坐下时身体不能全部坐在椅子上，但也不能只坐边沿，应坐满三分之二为宜。　　　　　　　　　　　　　　　　　　　　　　　　　　　　　　（　　）

█ 礼仪训练 █

1. 观察路人走路的姿态，看看什么样的走姿给你的感觉最好。

2. 参照人行道上的笔直线条，练习走姿，注意纠正脚的内八字或外八字。

3. 对镜练习下蹲、起立的姿势和动作。

█ 案例评析 █

有一批应届毕业生22个人，实习时被导师带到北京的国家某部委实验室里参观。全体学生坐在会议室里等待部长的到来，这时有秘书给大家倒水，同学们表情木然地看着她忙活，其中一个还问了句："有绿茶吗？天太热了。"秘书回答说："抱歉，刚刚用完了。"林然看着有点别扭，心里嘀咕："人家给你水还挑三拣四。"轮到他时，他轻声说："谢谢，大热天的，辛苦了。"秘书抬头看了他一眼，满含着惊奇，虽然这是很普通的客气话，却是她今天唯一听到的一句。

门开了，部长走进来和大家打招呼，不知怎么回事，静悄悄的，没有一个人回应。林然左右看了看，犹犹豫豫地鼓了几下掌，同学们这才稀稀落落地跟着拍手，由于掌声不齐，会议室越发显得凌乱起来。部长挥了挥手道："欢迎同学们到这里来参观。平时这些事一般都是由办公室负责接待，因为我和你们的导师是老同学，非常要好，所以这次我亲自来给大家讲一些有关情况。我看同学们好像都没有带笔记本，这样吧，王秘书，请你去拿一些我们部里印的纪念手册，送给同学们做纪念。"接下来，更尴尬的事情发生了，大家都坐在那里，很随意地用一只手接过部长双手递过来的手册。部长的脸色越来越难看，他来到林然面前时，已经快要没有耐心了。就在这时，林然礼貌地站起来，身体微倾，双手握住手册，恭敬地说了一声："谢谢您！"部长闻听此言，不觉眼前一亮，伸手拍了拍林然的肩膀说："你叫什么名字？"林然照实回答，部长微笑点头，回到自己的座位上。早已汗颜的导师看到此景，才微微松了一口气。

两个月后，同学们各奔东西，林然的去向栏里赫然写着国家某部委实验室。有几位颇感不满的同学找到导师问："林然的学习成绩最多算是中等，凭什么推荐他而没有推荐我们？"导师看了看这几张尚属稚嫩的脸，笑道："是人家点名来要的。其实你们的机会是完全一样的，你们的成绩甚至比林然还要好，但是除了学习之外，你们需要学的东西太多了，修养是第一课。"

(资料来源：根据网络资料整理)

问题：

1. 为什么学习成绩中等的林然被推荐，而比他成绩优秀的学生却落选？

2. 商务人员应如何设计仪态礼仪？

第六章

言谈礼仪

导入案例

商务中言谈礼仪的重要性

某市文化单位计划兴建一座影剧院。一天，公司经理正在办公，家具公司李经理上门推销座椅。李经理一进门便说："哇！好气派！我很少看见这么漂亮的办公室。如果我也有一间这样的办公室，我这一生的心愿就满足了。"李经理就这样开始了他的谈话。然后他又摸了摸办公椅的扶手说："这不是香山红木么？难得一见的上等木材啊！"王经理的自豪感油然而生，说："是吗？我这整个办公室是请深圳装潢厂家装修的。"于是，王经理亲自带着李经理参观了整个办公室，介绍了计算比例、装修材料、色彩调配，全程兴致勃勃，自我满足之情溢于言表。如此之后，李经理自然拿到王经理签字的座椅订购合同。同时，他们互相都得到一种满足。

在商务谈判中应注意语言的表达技巧。李经理对王经理办公室的赞美，赢得了王经理的好感，同时气氛非常融洽。王经理对办公室的夸奖，既有赞美，同时也体现了自己对家具知识的了解，最后促成了签约。

(资料来源：根据网络资料整理)

商务交往中，语言是传送信息最基本、最重要的方式。有人说，当今世界威力最大的三件东西是：舌头、金钱、原子弹。可见，语言对于人类是多么重要。言谈礼仪又称交谈礼仪，是个人基本礼仪的重要组成部分。在语言交流和沟通时应注重基本礼仪，并掌握一定的语言运用技巧。良好的语音、准确的语感、适当的节奏、适宜的肢体语言、丰富的脸部表情，都是谈吐的基本要求。

第一节　倾听的礼仪

善于说是一种天性，而认真倾听则是一种修养，它体现了对人的尊重，能创造一种与说者心理交融的谈话气氛。要注意倾听，做个忠实的听众。谈话本身包括说和听，不要口若悬河地垄断整个谈话，要给对方发表意见的机会。

一、倾听的含义及作用

倾听是主动参与的过程。所谓倾听，就是认真、积极地听，并能听懂对方所说的话。倾听不仅是耳朵听到相应声音的过程，更是一种情感活动，需要通过面部表情、肢体语言和话语的回应，向对方传递一种信息：我很想听你说话，我尊重和关怀你。

一个好的谈话者就是一个好的倾听者，我国古代就有"愚者善说，智者善听"之说。美国俄亥俄州立大学学者的研究表明，成人一天的时间里有7%用于交流思想。在这7%的时间里，有30%用于讲，高达45%的时间用于听。听可以从谈话的对方获得必要的信息，领会谈话者的真实意图，善听的人不仅能得到朋友的信任，而且容易受到器重。如果不能认真地聆听，就无法了解和满足对方的需求，和谐的人际关系也只能是空谈，况且聆听本身还是尊重他人的表现。因此，应充分重视听的功能，讲究听的方式，追求听的艺术。

礼仪故事

乔·吉拉德的失误

乔·吉拉德向一位客户销售汽车，交易过程十分顺利。当客户正要掏钱付款时，另一位销售人员跟吉拉德谈起昨天的篮球赛，吉拉德一边跟同伴津津有味地说笑，一边伸手去接车款，不料客户却突然掉头而走，连车也不买了。

吉拉德苦思冥想了一天，不明白客户为什么对已经挑选好的汽车突然放弃。夜里11点，他终于忍不住给客户打了一个电话，询问客户突然改变主意的理由。客户不高兴地在电话中告诉他："今天下午付款时，我同您谈到了我们的小儿子，他刚考上密歇根大学，是我们家的骄傲，可是您一点也没有听见，只顾跟您的同伴谈篮球赛。"

吉拉德明白了，这次生意失败的根本原因是自己没有认真倾听客户谈论自己最得意的儿子。

(资料来源：根据网络资料整理)

二、倾听的层次

人际关系专家认为，要想成为一名高效率的倾听者，首先要认识自己的倾听行为。按照影响倾听效率的行为特征，倾听可以分为5个层次。一个人从第一层次倾听者成为第五层次倾听者的过程，就是其倾听能力、沟通效率不断提升的过程。

(一) 心不在焉地听

这个层次的倾听者主要具有如下特征：心不在焉，几乎不注意说话者所说的话，心里盘算或考虑着其他毫无关联或关联不大的事情，或心里只想着如何辩驳对方。这种倾听者真正感兴趣的不是听，而是说，他们虽然表面上在听，心里却迫不及待地想要说话。这种层次上的倾听，往往会导致人际关系的破裂，是一种非常危险的倾听方式。

礼仪故事

老板聆听中的错误做法

下属："嗨，老板，我刚才听说又要更换新颜色，这就意味着我们刚刚持续生产的30分钟是无效工作，现在又要把设备重新拆洗一遍，我和其他伙计们都不情愿。"

老板："你和你的伙计们最好别忘了谁是这儿的老板。该做什么就做什么，别再发牢骚了！"

下属："我们不会忘记这件事的！"

(资料来源：白虹. 演讲与口才[M]. 吉林：吉林文史出版社，2019.)

案例中的老板完全没有听进去下属的话，而且粗暴地打断了下属的话，使下属没办法说完自己内心的想法。毫无疑问，这种做法肯定会造成很糟糕的后果，下属们对这样的沟通肯定不满意。

(二) 被动消极地听

这个层次的倾听者只是被动消极地听说话者所说的内容，常常忽视或错过说话者通过表情、眼神等肢体语言所表达的意思。这种层次上的倾听常常导致倾听者出现误解或错误的反馈，从而失去进一步交流的机会。另外，这个层次的倾听者经常通过点头示意来表示自己正在倾听，这往往会导致说话者误以为自己所说的话被完全听懂了。

(三) 选择性地听

这个层次的倾听者确实在倾听对方说话，也能够了解对方，但他们往往过分沉迷于自己喜欢的话题，只留心倾听自己感兴趣的部分。对于不合自己口味或与自己意思相左的内容，他们通常会一概过滤掉。

（四）主动积极地听

这个层次的倾听者主要具有如下特征：主动积极地倾听对方所说的每一句话，很专心地注意对方的一举一动。这种层次上的倾听虽然能激发对方的注意，但是很难引起对方的心理共鸣。

（五）运用同理心地听

这个层次的倾听不是一般的倾听，而是用心去倾听。这个层次的倾听者主要具有如下特征：善于在说话者的信息中寻找自己感兴趣的部分，因为他们认为这是获取有用信息的契机；在倾听过程中不急于做出判断，而是感同身受对方的情感，并且能够设身处地地看待事物；善于分析和总结已经传递出的信息，质疑或者权衡听到的话；能够有意识地注意到很多非语言线索；善于向说话者发出询问和反馈，而不是质疑说话者。这个层次的倾听者是带着理解和尊重积极主动地倾听，这种有感情注入的倾听方式有利于引起说话者的心理共鸣，在形成良好的人际关系方面起着极其重要的作用。

┃礼仪故事┃

老板聆听中的正确做法

下属："嗨，老板，我刚才听说又要更换新颜色，这就意味着我们刚刚持续生产的30分钟是无效工作，现在又要把设备重新拆洗一遍，我和其他伙计们都不情愿。"

老板："你们真的为此感到不安吗？"

下属："是的，这样一来，我们就不得不做很多不必要的工作。"

老板："你们觉得这种事情实在没有必要经常做，是这样吗？"

下属："或许像我们这种一线的生产部门，根本没办法避免临时性的变动，有时我们不得不为某个特别的客户加班赶订单。"

老板："不错。现在的竞争越来越激烈了，我们不得不竭尽全力为客户服务，这就是我们都有饭碗的原因。"

下属："我想你是对的，老板。我们会照你的意思去做。"

老板："谢谢！"

老板运用同理心倾听下属的意见，既表示出了对下属意见的重视和理解，同时又让下属了解了当前所面临的情况，从而得到了下属的理解和支持，这是一次非常成功的沟通。

（资料来源：白虹. 演讲与口才[M]. 吉林：吉林文史出版社，2019.）

事实上，大概有60%的人只能做到第一层次的倾听，30%的人能做到第二层次的倾听，15%的人能做到第三层次的倾听，达到第四、五层次倾听的人最多只有5%。因此，我们每个人都应该高度重视倾听的重要性，努力提高自身的倾听技巧，学会做一个出色的倾听者。

三、倾听的要求

(一) 用心聆听

聆听不仅仅是声音进入耳膜，而且要会意、理解并积极地把对方所讲的内容听进去。温莎公爵夫人是一位公认的谈话高手，当你与她谈话时，她常手托下颌、双眼双耳似乎完全沉醉在对方说的每一个字、每一句话中，像是在说，再多告诉我一点，我正在倾听，这一切有趣极了。我们应该向她学习，聆听别人说话时，应全神贯注，还可以通过点头、微笑及其他肢体语言的运用，使对方感觉到这一点。因为聆听是对谈话者最大的尊重。

在对方阐述自己的观点时，应该认真地听完，并真正领会其意图。许多人在听的过程中，一听到与自己意见不一致的观点或自己不感兴趣的话题，或者因为产生了强烈的共鸣就禁不住打断对方或做出其他举动，致使他人思路中断、意犹未尽，这是不礼貌的表现。

(二) 及时回应

聆听并不等于完全单向地接收信息。经验告诉人们，在说话时，如果对方面无表情、目无转睛地盯着谈话者看，便会使谈话者怀疑自己的仪表或讲话有什么不妥之处而深感不安。因此，聆听者在听取信息后，为避免使对方感到你的确在听而非发呆，当对方讲到精彩处时，可以鼓掌响应；当对方讲到幽默处时，可以以笑回应；当对方讲到紧张处时，要避免弄出声响；当对方所表达的观点与自己的观点一致时，还可以轻轻点头以示赞同，这在某种程度上可极大地调动说话人的情绪。

(三) 适时插话

为了使谈话得以深入，可以适当提问或对其所说的话稍加评论，如"哦，原来是这样，那后来呢""这倒是个好办法""能否讲得再具体点"等，从而引出对方源源不断的话题。也可以适时地用简短的语言，如"是""对""很好，太有意思了"来表明你不但在听，而且饶有兴趣。还可以发表相似的想法使谈话顺利进行下去，这样能够促使谈话者与聆听者不断交流，形成心理上的默契，使谈话更为投机。

第二节　交谈的礼仪

美国前哈佛大学校长伊立特曾说，在造就一个有修养的人的教育中，有一种训练必不可少，那就是优美、高雅的谈吐。交谈是交流思想和表达感情最直接、最快捷的途径。在人际交往中，因为不注意交谈的礼仪规范，时常发生由于用错了一个词，多说了一句话，不注意词语的色彩或选错话题等而导致交往失败或影响人际关系的事。因此，在交谈中必须遵从一定的礼仪规范，这样才能达到双方交流信息、沟通思想的目的。

一、交谈的含义及作用

交谈是指以语言方式来交流各自的思想状态，它是表达思想及情感的重要工具，是人际交往的主要手段。在人际关系中，"礼尚往来"有着十分突出的作用。可以说，在万紫千红、色彩斑斓的礼仪形式中，交谈礼仪占据着主要地位。所以，强化语言方面的修养，学习、掌握并运用好交谈的礼仪，是至关重要的。

二、交谈的规则

语言是内心世界的表现，一个人的教养和为人会在交谈中自然流露出来。因此，掌握交谈中的基本规则是社交场合中拉近彼此距离的良方。

(一) 委婉含蓄，表达巧妙

在外交场合，以"遗憾"代替"不满"，以"无可奉告"做"拒绝回答"的婉辞；在社交场合，以"去洗手间"代替"厕所在哪儿"。这些都是委婉含蓄的表达方式。

(二) 善于倾听，给别人以说话的机会

在倾听时，要注意让对方尽量表达自己的想法，这样才能在听取别人谈话的同时，获得对方的好感。

(三) 坦率诚恳，切忌过分客气

欧美人习惯率直地表达自己的意见，其实，只要言语不唐突，直抒己见反而更易获得好感。

(四) 诙谐幽默，避开矛盾的锋芒

幽默风趣的话语不仅令人愉快，还能化解出于各种原因引起的紧张情绪和尴尬气氛。

三、交谈的内容——话题的选择

在商务交谈开始时，选择合适的话题是非常重要的。如果选择了对方不熟悉或不感兴趣的话题，谈话则很容易陷入僵局，或者变成单方面的说教。

(一) 话题选择的原则

交谈双方的熟悉程度不同，选择的话题也应有所不同。一般来说，在陌生人或是不太熟悉的人之间应选择比较简单却又基本上永远适宜的话题，如天气、环境、新闻等，这些话题比较安全，不容易引起误会和不快。有人可能会觉得这些话题太陈词滥调，其实，正是这些简单的话题可能引出非常有意义的、甚至是精彩的谈话。

如天气的话题可能引出有关生态环境方面的谈论；对一件摆饰的称赞可能引出有关瓷器、工艺品、古董方面的话题；一条简单的新闻可能引出大家都非常关注的某个热门话题。在人际交往中，不能害怕说"废话"，因为我们需要从说一些无关紧要的"废话"开始与人的交往。当然，以自我介绍作为与陌生人谈话的开始也是很好的，因为往往可能通过介绍找到进一步交谈的话题。

在与熟人、朋友交谈时，几乎所有的话题都可以作为谈资。天气、新闻、体育、名胜古迹、个人爱好、小说、电影、电视、畅销书、流行时装，还有政治、经济、社会等严肃话题通通都行。这时，话题是否合适的标准主要是看对方是否感兴趣。也就是说，选话题时应投其所好，选择对方可能喜欢讲的内容。

商务人员如果要选择某一项活动、某一个行业、某一个学术问题或某一个特殊事件作为谈话的话题，应考虑在座的所有人是否对这个话题感兴趣、能否参与，否则最好不要谈，以免冷落了一部分人。

(二) 不宜选择的话题

会说话的人，应该都知道避免谈及有争议性或对方忌讳的话题，因为那样容易破坏友谊，而且也无法营造出快乐、轻松的气氛，甚至会不欢而散。

1. 涉及对方隐私的话题不谈

随着国际交往的增加和文明程度的提高，人们的隐私意识正在觉醒，人们开始看重自己的隐私，特别是年轻人。收入、财产、衣服及首饰的价格、年龄、家庭住址、工作单位、个人经历、信仰、婚姻等均有成为个人隐私的趋势。

与人交谈，应尽量避免把个人的隐私作为话题。如果有人不知趣地问起你难以回答的问题，你可以巧妙地转移话题，也可以简单地敷衍搪塞。

2. 不愉快的事情不谈

西方有句话说，笑时，世人与你同笑；哭时，只有你一人独泣。大多数人都喜欢轻松、愉快、积极的话题，而不喜欢沉闷、悲观和消极的话题。因此，在社交谈话中，不要随意张扬个人难处，也不要为自己的某次不公平待遇发牢骚，更不要不着边际地谈论自己的某次手术和在医院里所经受的痛苦。

3. 容易引起争论的话题不谈

人们交往的目的是建立友谊，因此，任何可能破坏友谊，容易使双方失去原有的冷静，引起不必要争论的话题都不要谈。如政治、宗教等敏感问题，很可能使双方失去理智，情绪波动，伤及和气。当有人相当投入地谈论这些话题时，最好不要参与。

如果在交谈中已经不可避免地谈起了有争议的话题，则一定要用平静的口吻发表自己的看法。不说有可能刺激或伤害对方感情的话，不刻薄、不挖苦，更不要大肆攻击与自己意见相左的一方。

第三节　交谈实用技巧

一、巧问妙答的技巧

(一) 提问的技巧

提问是使对方开口讲话的有效手段，高明的提问不仅能起到投石问路的作用，还能使交谈沿着自己希望的轨道向更深的层次展开，从而达到相互沟通的目的。有的人问句一出，便能立即打开对方的话匣子，双方相见恨晚，成了好朋友；而有的人问话，却只能令对方生气和难堪，问句一出便使对方无话可说，话不投机半句多，双方只能不欢而散。作为商务人员，更应该掌握提问的艺术和礼仪。提问时，应注意以下几个方面。

1. 提问要区分对象

所问的问题要看是否适合对方的水平和能力，尽可能问对方知道的内容，最好问对方一些内行的问题。如果你问的问题对方回答不出，对双方都是件尴尬的事。例如，你问一个目不识丁的农民对弗洛伊德的精神分析学是什么看法，那一定使他很为难。最高明的提问是，提出的问题能引起对方的极大兴趣并使其滔滔不绝。

2. 提问时要态度谦逊

提问的时候要注意态度谦恭、友好，语气温和，彬彬有礼。如"能向您请教个问题吗"这类开场白就很得体，也能使对方表示自己的意愿。当把事情陈述完后，可以说"想听听您的看法，行吗""您对这个问题是怎么看的，可以谈谈吗"等，这样问话会显得平和、谦逊，对方会很乐于回答。

3. 提问要讲究方法

提问时，问题不能过于抽象和简单，否则就会使对方无从回答，或只能用"是""不是"等来笼统作答。为了获得所需要的回答，就要掌握问的技巧，做到问得好、问得妙。要掌握气氛限制对方，选择恰当的语句并注意询问顺序。例如，有些人喝饮料有加鸡蛋的习惯，酒吧的老板会教服务生这样接待顾客："先生，您是加一个鸡蛋呢，还是加两个鸡蛋？"这样可以把顾客"引导"到只能做"一个"或"两个"的选择，而不是"是否需要鸡蛋？"这种"猝不及防"的提问技巧，往往能诱使顾客脱口而出需要加几个鸡蛋，从而成功地推销产品。再如，在第二次世界大战结束时，日本有许多商店因人手奇缺，想减少送货任务，有的商店就将问话顺序进行了调整，将原来的"是您自己拿回去呢，还是给您送回去"改为"是给您送回去呢，还是您自己带回去"结果大奏奇效，顾客听到后一种问法，大都说："我自己拿回去吧。"

(二) 回答的技巧

提问讲究艺术和礼仪，回答也同样如此。回答同提问一样有着很深的学问，同样显示着商务人士的涵养、风度及才智。回答问题首先要弄清对方发问的目的、用意，从而进行有针对性的回答。针对提问来看，回答通常有以下两种情况。

1. 常规问题的回答

对于常规问题，通常直言回答即可。一般而言，面对问话人的提问，以从容礼貌的态度并对答如流，可以充分显示着商务人士的智慧、自信和风度。对于这种并无恶意的提问，如果闪烁其词、避而不答，反而会给人不礼貌的印象。

2. 对有意刁难者的回答

在社交场合中，难免会遇到一些有意刁难的提问，针对这样的问话，可以采取幽默迂回的方式来回答。例如，在一次记者招待会上，有位外国记者问陈毅："陈毅市长，中国已成功地发射了第一、第二颗人造卫星，请问第三颗何时发射？"陈毅微微一笑，很真诚地说："我不知道这是不是秘密。"记者说："不是。""那么，既然不是秘密，那你肯定知道了。"陈毅镇定自若地回答了记者有意刁难的问题。除此之外，还可以采取"模糊"的方式来回答。如果答话者出于某种原因不便或不愿把自己的真实思想暴露给问话者，则可以把你要输出的信息进行"模糊化"，从而既不伤害问话人，又不使自己难堪。

二、赞美的技巧

在生活中，每个人都少不了要对他人进行赞美，因此，一定要掌握赞美他人的方法。美国学者威廉·詹姆斯说过，人性最深刻的原则，就是恳求别人对自己加以赞赏。对赞美的需要是人的本能，也是有效的交往技巧。有一个故事讲到，两个猎人一起去打猎，各打得两只野兔。甲的女人冷冷地说："只打到两只？"第二天甲空着手回来了。而乙的女人欢喜地说："你竟打到两只！"乙说："两只算什么？"第二天，乙打了四只回家。赞美的力量可见一斑。

赞美要发自内心，出于真诚，诚恳、坦白，有真实的情感体验，同时要选择符合对象心理需求的词汇进行赞美。赞美要实事求是，必须有真凭实据，要注意适度，措辞得当。赞美也需要掌握技巧。

(一) 直接赞扬，善于发现优点

1. 针对优点

可以用直截了当的话当面赞扬优点，如老师赞扬学生、领导赞扬部下等。对于女性，要多赞美她的衣着、容貌；对于男性，则要更多赞扬他的才华、事业和气质等。赞扬对方要先从多种渠道多了解对方的优点、长处，做到心中有数，赞扬时有针对性。赞扬可用含多层意思的话，使对方不自觉地向好的方面理解。

2. 针对缺点

要学会找出别人值得赞扬的地方，甚至从对方的缺点中找出有积极意义的东西来，这确实是门学问。例如，某人爱做白日梦，可赞扬他想象力丰富，富有创意；某人专断，好自作主张，可赞扬他有策略，有主见；某人小气，可赞扬他节俭。

(二) 间接赞扬

1. 全称法赞扬

可以通过赞美对方的职业、单位、民族、习俗和地域等，间接达到赞美他本人的目的，如"你们北方人都很豪爽"等。

2. 对比性赞扬

可以把被赞美的对象和其他对象比较，以突出其优点，常用"比××更……"或"在××中最"等句式表示。对比性赞美会给人一个很具体的感觉，但在比较时不能用贬低其他人的方法，以免引起矛盾。

3. 感受性赞扬

感受性赞扬指就赞美对象的某一点表达出自己的良好感受，体现了赞美的具体性。运用这种赞美要做到两点：一是把对方值得肯定的优点"挑"出来；二是让对方知道你对他的优点很满意。

4. 借用第三者的口吻赞扬对方

突然直白地说赞美别人的话难免有恭维、奉承之嫌。例如，"你看来还那么年轻"这类的话，如果换个方法说"你真是年轻漂亮，难怪某某总是夸你"，这样对方必然会很高兴。

5. 反语赞扬

在人际交往中，反语成了表达批评和讽刺的语言定势。实际上，赞扬时恰当使用反语，会显得新奇、幽默、含蓄、耐人寻味，能收到比一般的赞美更好的效果。

（三）背后赞扬

在背后赞扬人是各种方法技巧中最能使人高兴的，也是最有效果的。美国前总统罗斯福的一个副官名叫布德，他对赞扬和恭维有出色的见解，他认为背后颂扬别人的优点，比当面恭维更有效。如果赞语当着我们的面说，我们或许会怀疑对方的诚心或认为其有所企图；但是如果有人告诉你某某人说了关于你的好话，你绝对无一例外地高兴，因为你会认为那是真心的赞扬。

三、说服的技巧

无论是公关、推销还是谈判，都离不开说服和引导。掌握好说服的语言艺术，可以为开展好社交活动打下良好的基础。俗话说，看菜吃饭，量体裁衣。这句话说的是无论干什么事都要看对象。其实，说话也一样，针对不同的人，应该用不同的说话方式或者说话技巧去说服对方。

（一）出其不意

现实生活中，凭着出其不意的奇招取得胜利的事例可谓不胜枚举。刚从大学毕业的道格拉斯，就是靠出其不意的方法应聘上了人才济济的报社。一天，道格拉斯走进心仪已久的某报社社长办公室，他笑眯眯地问社长："社长先生，你们这儿需要一个好编辑吗？我大学毕业了，曾在大学学报当过三年的编辑呢！"他一边说一边掏出证明材料和一些他主编的学报。社长打量了他一眼，然后慢悠悠地说："我们这儿人手已经够了，不需要编辑了。""那记者呢？我在大学时就常在重要报刊上发表文章。"他又忙递上一叠剪报。

"记者更是人满为患，"社长笑着推脱，"我们什么人都不缺，天天有人来找我求职，真是烦死了。"道格拉斯却笑了，社长不解地看着他。"社长先生，你们一定需要这个东西。"说着只见道格拉斯从背包里拿出一块木牌，上面写着"额满暂不雇用"六个大字。社长不觉一怔，心中暗叹："这小伙子想问题真是周密啊！的确，来向我求职的人太多了，忙得我焦头烂额，使我疲于应付，的确需要这么一个人才啊！"于是，社长高兴地对道格拉斯说："小伙子，你真聪明！看来报社还真缺你这样的人才，你被录用了。"

(二) 转换角度

转换角度的关键在于选准角度，然后才能以此角度展开话题，达到想达到的目的。

古代有个叫魏周辅的人作了一首诗给好友陈亚品评，陈亚一看发现其中有两句是从古人那儿抄袭下来的。他知道魏周辅是一个好面子、喜欢狡辩的人，于是他按照好友的原韵写了一首诗以规劝魏周辅认识错误。陈亚在诗中写道："昔贤自是堪加罪，非敢言君爱窃诗。叵耐古人多意智，预先偷子一联诗。"魏周辅看了后羞愧难当，从此以后他再也不抄袭别人的诗了。在这里陈亚运用的是转换角度正话反说，说"古人偷了你的诗"。对于那些喜欢狡辩的人而言，换一个角度奉劝他，会收到更好的效果。

(三) 巧用比喻

运用比喻说理，生动形象，深入浅出，说服力强，是一种常用的劝导方式。运用比喻的关键在于引进另一个事物作为对照，打开对方的思路，让思路狭窄的人从死胡同里钻出来，从而说服对方。

庄子的朋友惠施当了魏国的相国后，庄子去看望他。庄子一到魏国，就有人告诉惠施说："庄子学富五车，才高八斗，此次到魏国来，只怕是想来代替您当魏国的相国，您可千万得小心呀！"惠施一听，感觉受到了威胁，于是马上命令士兵搜捕庄子。庄子知道后非常生气，便主动去见惠施，并告诉他："不知先生是否听说过，在南方有一种叫凤凰的漂亮鸟儿，它从南方起飞，飞到北海去。途中非梧桐不停，非竹食不吃，非甘泉不饮。有一只猫头鹰正在津津有味地吃捉来的老鼠时，看到了凤凰从头顶上飞过，就抬头对凤凰吼'别过来抢我的老鼠'。尊敬的先生，您是否也会对我吼呢？"惠施听了，满脸羞愧，连连向庄子道歉。

庄子的比喻起到了一箭双雕的作用，既委婉曲折地表达了自己无意相国之位，又对惠施的气量狭小进行了辛辣的讽刺。

知识拓展

说话具有说服力的十项提示

1. 要以权威的腔调讲话。为了达到这个目的，你必须熟悉你讲话的内容。你对你的题目了解得越多、越深刻，讲得就越生动、越透彻。

2. 使用简单的词汇和简短的句子。简洁的文章大都是好的文章，其原因就是它容易理解，关于讲话和对话也是同样的道理。

3. 使用具体和专门的词汇与词语。掌握了这种说话艺术的人是耶稣，他说话的词汇和发布命令所使用的词语都简单、简洁、一语中的，并且容易理解。例如，他说的"跟我来"不会有人不明白。

4. 避免使用不必要的词汇和说一些没有用的事。

5. 说话要直截了当且中肯。如果你想在你所说的各种事情上都取得驾驭人的卓越能力，一个最基本的要求是集中一点，不要分散火力。这样才会击中靶心。

6. 不要夸口。不仅永远不要夸口或者言过其实，而且在陈述你的情况时还要动脑力为自己留有余地，这样你就不必担心会遇到什么责难。

7. 对待听众不可盛气凌人。即使你可能是你要讲的这个专题的权威人士，你也没有任何理由盛气凌人地对待听众。

8. 要有外交手腕及策略。圆滑老练是指在适当的时间和地点说适当的事情又不得罪任何人的一种能力。尤其是当对付固执的人或者棘手的问题时，你更需要圆滑老练，甚至使用外交手腕。这做起来也很容易，就像你对待每一个女人都像对待一位夫人一样，对待每一个男人都像对待一位绅士一样。

四、拒绝的技巧

在社交活动中需要与各种各样的人打交道，人们提的要求有合理的，也有不合理的；有正当的，也有不正当的。因此，学会一些推脱和拒绝的语言艺术，才能为社交活动的顺利进行打下良好基础。如何才能用诚恳的态度、恰当得体的语言，使遭到拒绝的人将不快与失望降到最低程度，甚至得到他们的谅解与认可呢？这里介绍常用的几种推拒语言艺术。

(一) 推托拖延

推托拖延的具体方法有两种：一是借他人之口加以拒绝；二是拖延时间。举例如下。

小王在自行车商店里工作，一天他的一个朋友来店里购买自行车，看遍了店里陈列的车子，都不满意，要求小王领他到仓库去看看。小王不好意思回绝自己的朋友，于是他笑着说："我们经理前天刚宣布，不准任何顾客进仓库。"

小张得知小周的店里卖彩电。他来到小周的店里，说自己着急买彩电，小周示意他看看排队的顾客，对小张说："今天看来不行了，下次吧，到时候我再告诉你。"

小王和小张一个借他人之口，一个用拖延时间的方法巧妙地拒绝了自己的朋友，虽然朋友们心中不高兴，但要比直接拒绝好得多。

(二) 巧妙回旋

运用巧妙回旋的前提大多是对方提出的问题、建议是合理的，但因为条件不成熟目前无法实现。这种情况下拒绝的言辞要尽可能委婉，给对方一个安慰，以减少对方因拒绝而产生的不快。

例如，一家工厂的厂长对一家百货公司的经理说："我们两家搞联营，你看怎么样？"经理回答："这个设想很好，只是目前条件还不成熟。"这样既拒绝了对方，又给自己留了一条退路。

(三) 隐晦曲折

对于一些不合情理或者不妥的做法必须予以回绝，但为了避免因此而引发的冲突，或由于某种原因不便明确表示，可采用隐晦曲折的语言向对方暗示，以达到拒绝的目的。

▌ 本章小结 ▌

1. 倾听就是认真、积极地听，并能听懂对方所说的话。按照影响倾听效率的行为特征，倾听可以分为五个层次。倾听的要求是用心聆听、及时回应、适时插话。

2. 掌握交谈中的基本规则是社交场合中拉近彼此距离的良方。在商务交谈开始时，选择合适的话题是非常重要的。如果选择了对方不熟悉或不感兴趣的话题，谈话很容易陷入僵局，或者变成单方面的说教。

3. 提问是使对方开口讲话的有效手段。高明的提问，不仅能起到投石问路的作用，还能使交谈沿着自己希望的轨道向更深的层次展开，从而达到相互沟通的目的。

▌ 知识判断 ▌

1. 在社交场合，"兄弟""哥们"等称呼可以随时使用。　　　　　　　　（　）

2. 当对方就你不喜欢的话题谈个不停时，你应该明确告诉他，你不喜欢，请他换个话题。　　　　　　　　　　　　　　　　　　　　　　　　　　（　）

3. 路上相逢，可以寒暄"上哪儿去"。　　　　　　　　　　　　　　　（　）

4. 初次见面可以谈健康问题。　　　　　　　　　　　　　　　　　　（　）

▍礼仪训练▍

分组设计交际场景并演示，在交际过程中要使用礼貌用语，并在使用礼貌用语时注意正确的身体姿态和面部表情。

▍案例评析▍

风景秀丽的某海滨城市的朝阳大街上，高耸着一座宏伟楼房，楼顶上"远东贸易公司"六个大字格外醒目。某照明器材厂的业务员金先生按原计划拿着企业新设计的照明器材样品，兴冲冲地登上六楼，脸上的汗珠都来不及擦，便直接走进了业务部张经理的办公室，正在处理业务的张经理被吓了一跳。"对不起，这是我们企业设计的新产品，请您过目。"金先生说。张经理停下手中的工作，接过金先生递过的照明器，随口赞道："好漂亮啊！"并请金先生坐下，倒上一杯茶递给他，然后拿起照明器仔细研究起来。金先生看到张经理对新产品如此感兴趣，如释重负，便往沙发上一靠，跷起二郎腿，一边吸烟一边悠闲地环视着张经理的办公室。当张经理问他电源开关为什么装在这个位置时，金先生习惯性地用手挠了挠头皮。好多年了，别人一问他问题，他就会不自觉地用手去挠头皮。虽然金先生做了较详尽的解释，张经理还是有点半信半疑。谈到价格时，张经理强调："这个价格比我们的预算高出较多，能否再降低一些？"金先生回答："我们经理说了，这是最低价格，一分也不能再降了。"张经理沉默了半天没有开口。金先生却有点沉不住气，不由自主地拉松领带，眼睛盯着张经理。张经理皱了皱眉问："这种照明器的性能先进在什么地方？"金先生又挠了挠头皮，反反复复地说："造型新、寿命长、节电。"张经理托词离开了办公室，办公室里只剩下金先生一个人。金先生等了一会，感到无聊，便非常随便地抄起办公桌上的电话，同一个朋友闲谈起来。这时，门被推开，进来的却不是张经理，而是办公室秘书。

(资料来源：徐克茹. 商务礼仪标准培训[M]. 第3版. 北京：中国纺织出版社，2015.)

问题：

请指出本例中金先生的失礼之处。

第七章

商务会面礼仪

导入案例

古代称谓礼仪——古人的"名"和"字"有何讲究

名字是一个人的符号标志，是人与人之间用来区别的称谓。"姓"沿袭祖辈而来，代表着血缘关系，而"名"往往凝聚着长辈的殷切希望。然而在中国古代，"名"和"字"是分开使用的。古代的"名"，相当于现在我们常说的乳名或小名；古代的"字"，才是现在姓名中的名。

在古代，读书人或者有钱有地位之人，都会有字，普通老百姓则一般不注重这个。西周时期，在《礼记·檀弓》中有："幼名，冠字。"也就是说，西周礼制中，孩子出生3个月之后，父亲要为他命名；等到了男子20岁举行冠礼，或女子15岁举行笄礼之时，父母要为他们取字。这是为什么呢？因为成年后，幼年所叫的"名"不便在公共场合叫，为了让他人尊重自己，必须要另取一个供平辈或晚辈可以称呼的新名，即"字"。冠"字"是长大成人的标志。

古代特别重视礼仪，对于人的名、字，在称呼上是十分讲究的。"名"和"字"虽然都是对于一个人的称呼，但用法却大为不同。按照古代称谓礼仪，自称时称"名"，称别人时称"字"，是基本的礼貌。"名"通常只能由长辈、上级或非常亲密的同辈称呼，"字"则是平辈互称，表示对对方的尊敬和亲切。晚辈对长辈只能称对方的字，名是不能提的，否则就是大不敬。所以在古代，指名道姓、直呼其名会被认为是一种不敬和冒犯的行为。

古人取名字，名与字之间是有一定意义上的联系的，二者互相映衬，互相补充。例如，屈原，名平，字原，平与原二字相连。孔融，字文举，融为名，意为融会贯通，文章一举成名，文星高照。白居易，字乐天，乐天与居易，相辅相成。除了名和字外，古人往往还有"号"，号是一个人的别称、别字、别号。在中国古代，名大多由尊长代取，而号则不同，号初为自取，故也称自号。后来，渐渐出现了别人赠予的号，称尊号、雅号等。如诗仙李白，其名为白，字太白，号青莲居士。别号在文人中比较流行，号与名无任何限制。

"字"的消失，除了方便，和社会阶级变化也有一定的关系。一般来说，古代能够取"字"的人，都是"士"，也就是封建社会的传统知识分子。

辛亥革命之后，科举制度废止，思想先进之人开始倡导"一名主义"，名与字逐渐合一，人们只有"名"，不再取"字"。新中国成立之后，国家需要进行人口统计，为了方便普查人口，字便被取消。

中国自古就是礼仪之邦，几千年来创造了灿烂的文化。在称谓上，我国非常讲究礼的规矩，衍生出了许许多多丰富多彩的人际称呼，值得我们去学习和探讨。

(资料来源：根据网络资料改编)

第一节 称谓礼仪

中华民族素有礼仪之邦的美称，对称呼的要求也相当严格。不称呼或乱称呼对方，都会给对方带来不快，给会面带来障碍。在人际交往中，明确如何称呼对方，是非常有必要的。

称呼也称称谓，是人们交谈中所使用的用以表示彼此身份与关系的名称。在商务交往中，选择正确、恰当的称呼，既体现了自身的良好教养，又表达了对对方的尊敬，同时还反映出了双方关系发展的程度及一定的社会风尚。

一、称呼的方式

依照惯例，在商务会面时，称呼交往对象的最正式称呼有以下五种。

(一) 称呼姓名

一般的同事、同学关系，平辈的朋友、熟人，彼此之间可直接以姓名相称。长辈对晚辈也可以如此称呼，但晚辈对长辈却不可这样做。为了表示亲切，可以在被称呼者的姓氏前分别加上"老""大""小"字，而免称其名。

(二) 称呼行政职务

在商务交往中，尤其是在对外界的交往中，此类称呼最为常用。具体做法是可以仅称呼职务，如"局长""经理""主任"等；也可以在职务前加上姓氏，如"王总经理""李市长""张主任"等；还可以在职务前加上姓名，但这仅适用于极其正式的场合，如

"×××主席""×××省长""×××书记"等。

(三) 称呼技术职称

对于具有技术职称者，特别是具有高、中级技术职称者，在工作中可直称其技术职称，以示对其敬意有加，如"教授""研究员""工程师"等；也可以在职称前加上姓氏，如"白教授""王研究员""张工程师"等；有时还可以简化，如将"刘工程师"简称为"刘工"，但使用简称应以不发生误会、歧义为限。

(四) 称呼职业名称

一般来说，直接称呼被称呼者的职业名称往往是可行的。例如，将教员称为"老师"；将教练员称为"教练"或"指导"；将专业辩护人员称为"律师"；将财务人员称为"会计"；将医师称为"大夫"或"医生"等。

(五) 称呼通行尊称

通行尊称也称为泛尊称，通常适用于各类被称呼者。如"同志""先生""女士"等，都属于通行尊称。

二、称呼的禁忌

我们在使用称呼时，一定要避免下面几种失敬的做法。

(一) 错误的称呼

常见的错误称呼有误读或误会。误读即念错姓名。为了避免这种情况，对于不认识的字，事先要有所准备；如果是临时遇到，就要谦虚请教。误会主要是对被称呼者的年纪、辈分、婚否及与其他人的关系做出了错误判断。如将未婚妇女称为"夫人"，这就属于误会。相对年轻的女性，都可以称为"女士"或"小姐"。

(二) 使用不通行的称呼

有些称呼，具有一定的地域性。例如，山东人喜欢称呼别人为"伙计"，但南方人认为"伙计"是"打工仔"的意思。中国人把配偶经常称为"爱人"，但在外国人的意识里，"爱人"是"第三者"的意思。

(三) 使用不当的称呼

工人可以称呼为"师傅"，道士、和尚、尼姑可以称为"出家人"。但如果用这些来称呼其他人，则可能会让对方产生不舒服的感觉。

(四) 使用庸俗的称呼

有些称呼在正式场合不适合使用。例如，"兄弟""哥们儿"等一类的称呼，虽然听起来亲切，但显得不够正式。

(五) 称呼外号

对于关系一般的人，不要自作主张给对方起外号，更不能用道听途说来的外号去称呼对方，也不能随便拿别人的姓名乱开玩笑。

(六) 避免语音禁忌

在商务场合，应注意上司的姓氏与职务的语音搭配。例如，对方姓傅或戴，称呼其"傅董事长""戴经理"，对方肯定不高兴，因为这样容易被误以为是副职或临时代办，此时应略去其姓氏，直称"董事长""经理"即可。

三、国际交往中的称谓礼仪

涉外商务交往中，合理地运用对他人的敬称，既是对外国友人的尊重，又能体现涉外商务人士的礼仪修养。因此，我们有必要了解和掌握国际交往中的称谓礼仪，而要掌握国际称谓礼仪，就必须了解不同国家和民族有关姓名的知识。

(一) 外国人的姓名及称谓

1. 姓在前，名在后

东亚及东南亚国家(泰国除外)、匈牙利等国的人，大多姓在前、名在后。只有日本人的姓以两个字为多，且与地名有关，如冈村、田中等。对日本人一般可以只称姓，熟人间可称名。对日本男士表示尊敬，可在姓后加上"君"，如称山本太郎"山本君"。在正式隆重的场称呼日本人时应该用全称，正式场合书写其名时，应在名和姓之间留一个字的空格，如"冈村 一郎"。

2. 名在前，姓在后

在讲英语的欧美国家、澳大利亚及新西兰，都是名在前，姓在后。例如，乔治·华盛顿，乔治是名，华盛顿是姓。有些欧美人的姓名由三节构成，中间一节是母亲或与家庭关系密切者的名字，如乔治·威廉姆·华盛顿。对于这些国家的人士，掌握其称谓的关键是记住第一节本人名和最后一节的姓。特殊的是西班牙人、讲俄语的人和阿拉伯人。西班牙人的姓名有三至四节，第一、二节是本人名，第三节是父姓，最后一节是母姓，简称时多用第一节和第三节的父姓。俄罗斯民族历史和文化的发展决定了其人名中首先出现的是本人名，然后是父名，最后是姓氏。在正式公文和隆重的场合中用姓名全称称呼俄罗斯人，一般场合称其本名和父名即可。书写其姓名时，本名和父名都可以缩写，分别大写其中的第一个字母即可，但姓不能缩写。阿拉伯人的姓名较长，依次为本名、父名、祖父名和姓，掌握其称谓的关键是记住第一节本名和最后一节的姓，其余从略。称呼欧美人时，在一般场合只称姓，正式场合要称呼其姓名的全称，关系十分密切的可以称其名字，只有家人与至亲好友能用爱称。书写欧美人姓名时，可以把名字缩写，但姓不能缩写，如"William Shakespeare"可以缩写为"W. Shakespeare"。

3. 未婚与已婚妇女的姓名

西方女性婚前用父姓，婚后改为夫姓，例如，一位名为海伦·凯勒的姑娘与鲁尼·亨利先生结婚，婚后应称她为海伦·亨利太太。但在中国和韩国，女性婚后是保留本姓的。

4. 英美人父子、祖孙的姓名

英美人常有父子、祖孙同名的情况，人们为了加以区别，常常在称呼他们的后辈时冠一个"小"字。

(二) 常用的敬称

在了解了有关世界各国的姓名知识后，还应该遵从各国、各地区的习俗，针对不同的对象使用不同的敬称才算合乎礼节。常用的敬称如下。

1. 对地位高的官方人士的称谓

部长以上的高级官员按国家情况称"阁下"、职衔或先生，如"大使阁下"，也可以简称"阁下"。但在德国、美国、墨西哥等，习惯称"先生"，如称美国总统为"总统先生"。对于卸任的总统，在称呼前面冠"尊敬的"敬称，如对克林顿称"尊敬的克林顿先生"。

2. 对君主制国家王室和贵族的称谓

按习惯称国王和王后为"陛下"；王子、公主、亲王为"殿下"；在英国，对于有爵位者，均可称"某某勋爵"；对于他们的夫人及公、侯、伯爵的女儿，以及新封的女伯爵、子爵、男爵，则可以称"某某贵夫人""小姐"或"勋爵"。

3. 对有学位、军衔、技术职称的人士的称谓

对于有学位、军衔、技术职称的人，可以称呼他们的头衔；对于参议员、医生、律师、神职人员，一般在其姓名后加职衔，如程明教授、张华博士、刘勇律师、贝利医生；我国可以将以上人士统称为"先生"。应注意的是，外国人一般不用行政职务称呼别人，如"某某经理""某某校长"等，只是在介绍时说明被介绍人的职务，如"这位是哥伦比亚大学的校长李·布林格先生"。

掌握敬称之后，商务人士还要学会在以下交际场合正确运用敬称，如在与外商的日常交流和对话中对交流对象的称呼；向别人介绍时的称呼；与他们交谈时涉及不在场人士的称呼；对收信人姓名的简略敬称；对收信人姓名的正规敬称；席卡上的标识方法；电子邮件中的敬称等。

鉴于外国人在姓名上与我国有较大区别，建议涉外商务人士在交际场合集中注意力，运用谐音记忆法、形象记忆法、通信记录法等，准确地记住对方的姓名，以便更好地与外国商务人士进行沟通和交流。

礼仪故事

最好的尊重

舒乙是研究现代作家的学者，是老舍先生唯一的儿子。2012年7月2日，他来到央视国际频道做客《文明之旅》栏目，介绍他的父亲老舍先生一生不为人知的故事。

舒乙先生对父亲的各种事情记忆犹新，讲得深入浅出，声情并茂，非常感人。但让主持人和观众不明白的是，他从节目开始到结束一直称他的父亲为"老舍先生"，从来不说"我爸"或"我父亲"。这样的称呼总让人隐隐感觉舒乙先生好像不太尊重自己的父亲。

主持人提出自己的疑问后，舒乙先生回答说："我研究现代作家，包括老舍先生，而且研究老舍先生我有便利条件。但是作为一个研究对象，要拉开一点距离，要保持比较公允、客观的立场，如果一口一个我爸爸，我觉得这样不好。研究要有一种比较冷静的、脱离开直系感情的立场，要非常客观地去分析他。所以，我觉得从一个学者的角度，从研究的角度，这样比较容易被别人接受。相反，一口一个我爸、我父亲，会有炫耀的成分，这样势必影响我对老舍先生的评价，而我的研究成果也会让人持怀疑态度。"

原来，最好的尊重是"抛开父子关系"，站在别人的立场上客观、公正地评价自己作为名人的父亲。这样的尊重，真是更上一层境界。

(资料来源：王玉苓，徐春晖. 商务礼仪[M]. 北京：人民邮电出版社，2014.)

第二节 介绍礼仪

介绍是交往活动中相互了解的基本方式，是人们交往的第一座桥梁。通过介绍，可以缩短人与人之间的距离，为更好地交谈、了解、沟通迈出第一步。日常交往中的介绍主要有自我介绍、他人介绍和集体介绍三种方式。

一、自我介绍

自我介绍是指在社交场合把自己介绍给其他人，以使对方认识自己。自我介绍是推销自身形象和价值的一种方式。

（一）自我介绍的适用场合

(1) 应聘求职时或应试求学时。

(2) 在社交场合，与不相识者相处或打算介入陌生人组成的交际圈时。

(3) 交往对象记不清自己时。

(4) 有求于人，而对方对自己不甚了解时。

(5) 拜访熟人遇到不相识者挡驾，或是对方不在，需要请不相识者代为转告时。

(6) 在出差、旅行途中，与他人不期而遇，且有必要与之建立临时关系时。

(7) 前往陌生单位进行业务联系，或者需要在公共场合进行业务推广时。

(8) 有不相识者表现出对自己感兴趣或要求做自我介绍时。

（二）自我介绍的内容

自我介绍有三要素：本人的姓名、供职的单位，以及具体部门、担任的职务和所从事的具体工作。这几项要素，应在自我介绍时连续报出，这样既有助于给人以完整的印象，又可以不说废话，节省时间。介绍时应注意措辞和语气真实诚恳、实事求是，不可自吹自擂、夸大其词。但在实际运用中，常常要根据交往对象和场合的不同做一些变通，具体如下。

1. 应酬式的自我介绍

这种自我介绍一般只用道出本人姓名，适用于某些公共场合和一般性的社交场合，如途中邂逅、宴会现场、舞会、通电话时。

2. 工作式的自我介绍

这种自我介绍的各项要素都需完整，适用于工作场合。这种介绍包括本人姓名、供职的单位，以及具体的部门、职务或从事的工作等。

3. 交流式的自我介绍

这种自我介绍应根据交往对象的不同进行有重点的介绍，适用于社交活动中希望与交往对象进一步交流与沟通的情况。这种介绍大体应包括介绍者的姓名、工作、学历、兴趣，以及与交往对象相熟之人的关系。

4. 礼仪式的自我介绍

这种自我介绍常带有欢迎和致意，适用于讲座、报告、演出、庆典、仪式等一些正规而隆重的场合。

5. 问答式的自我介绍

这种自我介绍因问而答，适用于应试、应聘和公务交往。

(三) 自我介绍的关键

1. 巧解名字

名字是一个人的有声名片。在向他人介绍自己的名字时，想要让人印象深刻、恒久不忘，就需要巧解名字，把自己的名字介绍得顺耳入心。

| 礼仪故事 |

马三立的自我介绍

相声大师马三立有段著名的自我介绍："我叫马三立。就是马啊，剩三条腿还立着呢——马三立！三立，立起来，被人打倒；立起来，又被人打倒；最后，又立起来了。"

中国台湾著名节目主持人凌峰在一次晚会上这样介绍自己："在下凌峰。我是以长得难看出名的。两年多来，我在大江南北走了一趟，拍摄《八千里路云和月》，所到之处，观众给予了我们很多支持，尤其男观众对我印象特别好。因为我们认为本人的长相很中国——中国五千年的苦难和沧桑都写在我的脸上。一般来说，女观众对我的长相感觉就不太良好，有的女观众对我的长相已经达到忍无可忍的地步！她们认为，我是人比黄花瘦，脸比煤球黑……"

从自己的名字中寻找特点、亮点，与众不同、标新立异地予以介绍，想必会收到意料之外的效果。

(资料来源：王玉苓，徐春晖. 商务礼仪[M]. 北京：人民邮电出版社，2014.)

2. 分清对象

据说，著名画家丰子恺先生对一名商人介绍自己时说，"丰"是咸丰皇帝的"丰"。商人不懂，又说"丰"是五谷丰登的"丰"，商人还不懂。丰子恺只好把名字写出来，商人大悟，原来是汇丰银行的"丰"啊！后来，丰子恺向一名农民介绍自己说，"丰"是汇丰银行的"丰"。农民不懂，他又说"丰"是咸丰皇帝的"丰"。农民还不懂，他又写出来后，农民笑了，原来是五谷丰登的"丰"啊！从这里可看出，介绍自己时分清对象是多么重要。到什么山上唱什么歌，面对不同的交往对象，有针对性地予以介绍，才能达到让对方认识自己的目的。

3. 讲究态度

(1) 举止庄重大方，充满自信。自我介绍时可将右手放在自己的左胸上，不要慌慌张张、手足无措，切勿用大拇指指自己。

(2) 表情亲切、自然，眼睛看着对方或大家。要善于用眼神、微笑和自然亲切的面部表情来表达友谊之情，不要不知所措、面红耳赤，更不能摆出随随便便、满不在乎的样子。

(3) 语气自然，语速正常，语音清晰。力戒语气生硬冷淡，语速过快或过慢，语句含糊不清。

4. 把握时间

(1) 各种形式的自我介绍所用的时间长度不可等量齐观。但总的原则是自我介绍所用时间越短越好，以半分钟左右为佳，如无特殊情况，最好不要长于1分钟。

(2) 在适当的时间进行自我介绍。进行自我介绍的适当时间是指对方有兴趣时，对方有空闲时，对方情绪好时，对方干扰少时，或者对方有要求时。而不适当的时间则指对方无兴趣、无要求、工作忙、干扰大、心情坏、休息、用餐或正忙于私人交往之时。

(四) 自我介绍的注意事项

自我介绍时，一般应注意以下几个事项。

(1) 不要在不适当的时机打断别人谈话，硬插话。

(2) 不要在自我介绍中长篇大论，洋洋洒洒。要实事求是，真实可信。也不要过分谦虚，一味地贬低自己、讨好别人，更不要自吹自擂、夸大其词，这些都是不可取的。

(3) 不要在自我介绍中躲躲闪闪、唯唯诺诺，似乎怕别人摸清自己的底细一般。但也不能虚张声势，轻浮夸张。

(4) 自我评价不宜用"很""第一"等表示极端的赞颂词，但也不必有意贬低，掌握分寸是关键。

二、他人介绍

他人介绍又称第三者介绍，是经第三者为彼此不相识的双方引见、介绍的一种介绍方式，如介绍客人与本单位的领导及员工认识。在他人介绍中，为他人进行介绍的第三者是介绍者，而被介绍者所介绍的双方则是被介绍者。

他人的介绍通常是双向的，即对被介绍的双方均进行一番介绍。有时，也可进行单向的他人介绍，即只将被介绍者中的一方介绍给另一方，但这样做的前提是其中一方对另一方有所了解。

(一) 介绍的顺序

介绍他人时，介绍的顺序是一个极其重要的礼仪问题，其要领是以"尊者优先了解情况"为规则，即介绍他人前先确定双方地位的尊卑，然后先介绍位卑者，后介绍位尊者。

根据这个规则，介绍他人的商务礼仪顺序有以下几种。

(1) 介绍上级与下级认识时，先介绍下级，后介绍上级。

(2) 介绍长辈与晚辈认识时，先介绍晚辈，后介绍长辈。

(3) 介绍女士与男士认识时，先介绍男士，后介绍女士。

(4) 介绍公司同事与客户认识时，先介绍同事，后介绍客户。

(5) 介绍已婚者与未婚者认识时，先介绍未婚者，后介绍已婚者。

(6) 介绍同事、朋友与家人认识时，先介绍家人，后介绍同事、朋友。

(7) 介绍来宾与主人认识时，先介绍主人，后介绍来宾。

(8) 介绍与会先到者与后来者认识时，先介绍后来者，后介绍先到者。

(二) 介绍者的礼仪

在商务交往中，介绍他人的人一般为社交活动中的东道主、社交场合中的长者、家庭聚会中的女主人、公务交往中的公关或秘书人员。

为他人进行介绍之前，一定要先征求被介绍双方的意见，切勿直接开口介绍，否则会显得很唐突，让被介绍者感到措手不及。

在做具体介绍时，手势动作应文雅，仪态应端庄，表情应自然。无论介绍哪一位，都应有礼貌地平举右手掌示意，并且眼神要随手势指向被介绍者，并向对方点头微笑。

(三) 被介绍者的礼仪

被介绍的双方一经介绍，都应起身站立，面带微笑，目视对方，举止端正得体。通常后被介绍者应主动伸出手来，与对方握手。握手后，双方应寒暄几句，如随身带有名片，可以互换名片。年长的老人或已在宴会桌前就座的女士，可以不起立。需要注意的是，先被介绍给他人的人，不可先伸手，以免对方不愿与你握手造成尴尬的局面，但可以先点头微笑向对方致意。

三、集体介绍

集体介绍是他人介绍的一种特殊形式，通常被介绍者一方或双方不止一人，大体可分为两种情况：一种是一人为多人进行介绍；另一种是多人为多人进行介绍。

（一）集体介绍的场合

(1) 规模较大的社交聚会。

(2) 大型的公务活动。

(3) 涉外交往活动。

(4) 正式的大型宴会。

(5) 演讲、报告、比赛。

(6) 会见、会谈。

(7) 婚礼、庆典、生日晚会。

(8) 举行会议。

(9) 接待参观、访问者。

（二）集体介绍的顺序

集体介绍的顺序可参照他人介绍的顺序，其基本规则是：介绍双方时，先卑后尊；在介绍其中各自一方时，则应当先尊后卑。

1. 少数服从多数

当被介绍者双方的地位、身份大致相似时，应先介绍人数较少的一方。

2. 被介绍者都是集体

此时应强调地位、身份，一般把地位低的一方先介绍给地位高的一方。地位低的一方一般是东道主，地位高的一方一般是客人。若被介绍者双方的地位、身份存在差异，即使地位高的一方人数较少或只有一人，也应将其放在最后加以介绍。

3. 单向介绍

在演讲、报告、比赛、会议、会见时，往往只需要将主角介绍给广大参加者。

4. 介绍人数多的一方

若一方人数较多，可采取笼统的方式进行介绍。如"这是我的家人""这是我的同学"等。

5. 介绍人数较多各方

若被介绍的对象不止两方，则需要对被介绍的各方进行位次排列。排列的基本规则是：以其负责人身份为准；以其单位规模为准；以单位名称的英文字母顺序为准；以抵达时间的先后顺序为准；以座次顺序为准；以距离介绍者的远近为准。

第三节 握手与致意礼仪

一、握手礼仪

握手是当今世界最通用的，表示友好、祝贺、感谢、慰问的日常交往礼节。握手最早发生在人类刀耕火种的年代，那时，人们在狩猎和战争时手上经常拿着石块或棍棒等武器。他们遇见陌生人时，如果大家都无恶意，就放下手中的东西，并伸开手掌，让对方抚摸手掌心，表示手中没有藏武器。这种习惯逐渐演变成今天的握手礼。也有一种很普遍的说法是中世纪战争期间，骑士们都穿盔甲，除两只眼睛外，全身都包裹在铁甲里，随时准备冲向敌人。如果表示友好，骑士们互相走近时就脱去右手的甲胄，伸出右手，表示没有武器，互相握手言好。后来，这种友好的表示方式流传到民间，就成了握手礼。

(一) 握手礼的使用场合

握手是社会交往中常见的礼节，一般在初次见面、久别重逢、告别或表示祝贺、鼓励、感谢、理解、慰问等时都可行握手礼。在某些特殊场合，如果双方交谈时找到了令人满意的共同点，原先的矛盾出现转机或完全解决，也习惯使用握手礼。

(二) 握手的方法

1. 握手的姿势

双方保持一步左右的距离，各自伸出右手；手掌略向前下方伸直，四指并拢，大拇指叉开，指向对方；手掌与地面垂直，两人手掌平行相握。同时，还要注意上身稍向前倾、头略低，面带微笑，注视对方，并伴有问候性语言。如图7-1所示。

图 7-1　握手的姿势

2. 握手的时间

握手的时间一般以三五秒为宜。如果是初次见面，握手时间不宜过长。如果是老朋友意外相见，握手时间可适当加长，以表示不期而遇的喜悦，甚至可以一边握手一边寒暄，但一般也不要超过20秒。男士与女士握手，时间不宜过长，拉住对方的手不放是很不礼貌的行为。

3. 握手的力度

握手要用力均匀，不要死握住对方不放，让人有痛感，尤其对方是女性时；也不要松松垮垮，绵软无力，尤其对方是男性时。握手如果无力，只轻轻碰一下，会被认为毫无诚意或拒人于千里之外。对于女性而言，握手时可以松软些，不必太用力。男人同女人握手时，一般只用轻握对方的手指部分，握姿要沉稳、热情、真诚。所谓轻重适宜，是指握手时的力度能传递自己的热情，但又不至于粗鲁。

(三) 握手的次序

在正式商务场合，握手的次序要依据双方所处的社会地位、身份、职位而定；而在社交和休闲场合，则主要依据年龄、性别、婚否等条件确定。握手的次序一般遵循"尊者决定"的原则，即握手的主动权掌握在"尊者"手里。

(1) 长者先伸手的原则。只有年长者先伸出手，年幼者才可以伸手相握。

(2) 女士优先的原则。只有女士先伸出手，男士才可以伸手相握。

(3) 职位高者优先的原则。只有职位高的人先伸出手，职位低的人才可以伸手相握。

(4) 在主客场合，客人来访时主人应先伸手，以表示热烈欢迎和等候多时之意；告辞时应待客人伸手后，主人再伸手与之相握，这样才合乎礼仪。

(四) 握手的形式

握手能够体现待人接物的态度和礼貌修养。商务人员在人际交往中应根据不同的场合、对象，自觉地运用不同的握手方式。

1. 对等式

对等式是标准式握手，握手时双方伸出的手心都朝向自己左方。一般双方社会地位相当、达成共识，或者单纯表示礼节性的问候时可采用这种方式。如图7-1所示。

2. 控制式

控制式是指用掌心向下或向左下的姿势握住对方的手。一般在双方社会地位较悬殊时，由地位高的一方采用，以显示自己的优势、主动和支配地位。如图7-2所示。

3. 谦恭式

谦恭式是指用掌心向上或向左上的手势与对方握手。采用这种握手方式有两种情况：

一是自身处于地位劣势，对对方畏惧，愿意受对方支配；二是对对方表示尊敬、敬仰，愿意采纳对方的意见。

图 7-2 控制式握手

4. 双握式

双握式是指用右手紧握对方右手时，同时用左手加握对方的手背、前臂、上臂或肩部，以表示热情友好的态度。政要们经常采用这种握手方式。

5. 死鱼式

死鱼式是指握手时手无任何力度、质感，不显示任何好恶信息，给人以冷漠、消极的感觉。

6. 抓指尖式

抓指尖式是指握手时有意或无意地只握住对方的几个手指或手指尖。当人们为了表达对女士或地位高的人的尊重时，常采用这种方式。但地位相仿或性别相同的人之间采用这种握手方式，体现的则是冷淡和生疏。

7. 拉臂式

拉臂式是指将对方的手拉到自己身边相握，且相握的时间较长。采用这种握手方式的情况有两种：一是一方已经伸手，但对方无回应，为避免尴尬，主动将对方的手拉过来问候；二是非常喜欢对方，以示亲密。

8. 抠手心式

抠手心式是指两人两手相握后不是很快松开，而是双手掌相互缓缓滑离，在对方的手心适当停留。这种方式适用于恋人、好朋友之间，商务场合慎用。

(五) 握手的禁忌

1. 忌坐着或躺着握手

在正常情况下，坐着或躺着与人握手是不礼貌的，是不尊重对方的表现。

2. 忌用左手握手

在与阿拉伯人、印度人打交道时，切勿用左手握手，因为他们认为左手是不干净的。

3. 忌用脏手与人握手

与他人握手时，手应该是干净的，否则会给对方不舒服、不愉快的感觉。

4. 忌戴手套和帽子与人握手

男士戴帽子和手套同他人握手是不礼貌的，握手前一定要摘下帽子和手套。若女士身着礼服，戴礼帽、手套，与他人握手时则可以不摘下手套。军人与他人握手时也不必摘下军帽，应先行军礼再握手。

5. 忌四手交叉相握

多人握手时，切忌交叉握手。当自己伸手时发现别人已伸手，应主动收回，并致以歉意，待别人握完后再伸手相握。特别要注意的是，与基督教信徒交往时，要避免两人握手时与另外两人相握的手形成交叉状，这种形状类似十字架，在基督教信徒眼中是很不吉利的。同样的道理，他们也忌讳在门槛处与他人握手。

6. 忌握手前后擦手

在握手之前擦手会给对方留下自己过分紧张的印象，不利于继续交往。在握手之后擦手则是对对方的不尊重，可能会导致双方关系紧张。

二、致意礼仪

致意是指用语言或行为向别人问好，表示自己的问候之意。致意是商务活动中最简单、最常用的礼仪，主要包括注目、问好、点头、微笑、举手、欠身、脱帽等。已经相识的友人在相距较远或不宜多谈的场合，需要用无声的动作相互表示友好与尊重时，常采用致意礼仪。

(一) 致意的方式

1. 举手致意

举手致意是指右手臂向前上方伸出，手上举约至头的位置，掌心朝向对方，轻轻摆手或挥手。需要注意的是，不必反复摇动，幅度不宜过大。此方式适用于公共场合远距离遇到相识的人。

2. 点头致意

点头致意是指头轻轻向下动，要注意幅度不宜过大，也不必一直点头。点头致意适用于同一场合多次见面或仅有一面之交的人，在会谈或会场上偶遇但不便交谈的人，以及日常工作或上下班时见到的同事。

3. 欠身致意

欠身致意是指致意者站着或坐着，上身前倾，含笑目视被致意者，向对方表示敬意。欠身致意的适用范围很广，常与点头致意相配合，适用于不相识者的初次见面、主人向您献茶水、与老朋友见面等。

4. 起立致意

起立致意适用于领导、来宾到场时，坐着的晚辈、下级见到长辈、上级到来或离开时，以及坐着的男子看到站立的女子时。起立致意的站立时间一般不长，只要对方示意坐下即可入座。

5. 微笑致意

微笑致意是指与不相识者初次见面时用微笑致意，适用于在同一场合反复见面的"新老朋友"。

6. 脱帽致意

脱帽礼是男士所行之礼。脱帽致意是指男士摘帽向对方点头致意，摘帽的同时要略为欠身。脱帽致意时，对于有帽檐的帽子，要用右手拇指和食指捏住帽檐中间脱帽；对于礼帽，要用右手三个手指捏住帽顶中间部位，将其置于与肩平行的位置，同时与对方交换目光，对方离开后脱帽者才能带上礼帽；如果是无檐帽，则可以不脱帽。如果是北方寒冷季节，在室外与熟人相遇时，则只要用手轻掀帽子即可。男士向女士行脱帽礼后，女士一定要以其他方式向对方答礼，但女士是不行脱帽礼的。

(二) 致意的基本规则

以上介绍的几种致意方式，一般在同一时间、对同一对象可以只用一种，但特殊情况下也可以几种并用，可以依据双方的关系和自己想向对方表达友善和恭敬的程度而定。致意的基本规则如下。

(1) 男士先向女士致意。

(2) 晚辈先向长辈致意。

(3) 职位低者先向职位高者致意。

(4) 未婚者先向已婚者致意。

(5) 收到别人的致意后，被致意者应马上采用相应的致意方式回礼。

(6) 致意时应诚心诚意、和蔼可亲。

(7) 施致意礼的同时，可配以简洁的问候语。

(8) 施致意礼时，举止要文雅。

三、其他会面礼仪

(一) 鞠躬礼

鞠躬起源于中国。商代有一种称为"鞠祭"的祭天仪式，是指不将祭品牛、羊等切成块，而将其整体弯卷成圆状的鞠形，再摆到祭处奉祭，以此来表达祭祀者的恭敬与虔诚。这种习俗在一些地方传承了下来，人们沿用这种形式来表达自己对地位崇高者或长辈的崇敬。

鞠躬的方法是：脚后跟对齐站好，男士双手贴放于两腿外侧的裤缝处，脚尖分开30度至45度，女士两手相握自然下垂置于身前，脚尖分开15度至30度，保持上身、颈部、头部挺直，以胯为轴前倾身体(前倾角度根据情况有所不同)。身体前倾的同时，目光移至前方地面约1.5米处略做停顿，之后仍然保持上身、颈部、头部挺直，以胯为轴使身体恢复原位，同时目光亦恢复原位。在行15度鞠躬礼时，目光可以一直看着对方，但要注意保持微笑。如图7-3所示。

图 7-3　15 度、45 度、90 度鞠躬礼

(二) 拱手礼

1. 拱手礼

拱手礼是从中国古代沿用至今的礼节。《礼记·曲礼》载："遭先生于道，趋而进，正立拱手。"至于拱手的姿势，最初是双手抱拳前举，模仿前面戴手枷的奴隶，这可以从

古甲骨文中寻出端倪。《甲骨文编》中收有"拱"字有32个，尽管写法各异，但都由手枷和人的象形文字组成。如果将枷打开，将人的两腕置入手枷中，然后用绳将两端绑紧，就构成了甲骨文中"拱"字的字形。这恰似戴手枷的奴隶跪坐或站立时的形象，拱手时人的姿势和这一字形是一致的。

拱手礼主要用于春节团拜、感谢、祝贺等场合。拱手礼的行礼方法是：行礼时双腿站直，上身直立或微俯，双手互握合于胸前。拱手礼最容易让人姿势挺拔，昂首向上。行拱手礼时往往目光相对，很容易流露和表达真情。一般情况下行拱手礼时男子应右手握拳在内，左手在外，女子则正好相反；若为丧事行拱手礼，则男子为左手握拳在内，右手在外，女子则正好相反。如图7-4所示。拱手礼在古代多为男子见面使用之礼，女子见面行礼时姿势与拱手类似，叫万福，也叫压手。

图 7-4　拱手礼

2. 揖礼

根据双方的地位和关系，作揖有天揖、时揖、土揖、长揖、特揖、旅揖和旁三揖之分。

1) 天揖

天揖即上揖，揖礼手位于高者，是标准揖礼。在正式礼仪场合，如祭礼、冠礼等礼仪场合中，对尊长及同族中人行此礼。行礼时身体肃立，双手合抱，左手在上，手心向内。俯身推手时，双手缓缓高举齐额，略高过眉心，俯身约60度。起身时，恢复立容。

2) 时揖

时揖即中揖，揖礼手位于平者，又叫拱手、推手、抱拳。同辈日常见面时行此礼辞别。行礼时身体肃立，双手抱拳，左手在上，手心向下，从胸前向外平推，俯身约30度，起身时自然垂手或袖手。

3) 土揖

土揖即下揖，揖礼手位于下者，又叫下手。此礼用于长辈或上司还礼。行礼时身体肃立，双手合抱，左手在上，手心向内，俯身约30度，推手稍向下，然后缓缓起身，恢复立容。

4) 长揖

长揖即拱手高举，自上而下向人行礼。行此揖礼虽然恭敬，但有时也表示倨傲。

5) 特揖

特揖指一个一个地作揖。

6) 旅揖

旅揖指按等级分别作揖。

7) 旁三揖

旁三揖指对众人一次揖三下。

(三) 拥抱礼

拥抱礼起源于古埃及。同起初的握手一样，互相拥抱也是向对方表示所穿衣物内没有暗藏武器。

正式的拥抱礼是：两个人面对面站立，各自举起右臂，把右手搭在对方左肩后面，左肩下垂，左手扶住对方右腰后侧。多数地区的人会先向自己的左侧拥抱，即按照各自的方位，先向各自的左侧倾斜身体拥抱，再向各自的右侧倾斜身体拥抱，最后向各自的左侧倾斜身体拥抱，拥抱三次后礼毕。

在非正式场合，可以比较随意，不必拥抱三次。只需握住对方的右手，用自己的左臂环抱对方肩膀，然后把上身倾向对方。要注意转动头部，嘴不要碰触对方的面颊或领口；双方都不要碰触对方骨盆，手不可位于对方腰部以下。持续2～3秒钟后，放开对方，示以微笑，往后一步，稍微停顿，然后开始谈话。

(四) 亲吻礼

据记载，公元前的罗马与印度已流行亲吻礼，人们常用此礼来表达爱意、尊敬或爱护。

亲吻礼往往与一定程度的拥抱相结合。不同身份的人，相互亲吻的部位有所不同。一般而言，夫妻、恋人之间，宜吻唇；长辈与晚辈之间，宜吻脸或额；平辈之间，宜贴面。在公开场合，关系亲密的女子之间可吻脸；男女之间可贴面；晚辈对尊长可吻额；男子对尊贵的女子可吻其手指或手背。

行吻手礼时，需要女士主动伸出手来，男士贸然去拉女士的手亲吻是不礼貌的行为。吻手礼通常以已婚妇女为对象，行礼前男士一般会立正、致意，待女士伸出手之后，男士才能用自己的右手(或双手)轻轻托起女士的手，以微闭的嘴唇亲吻女士的手背或手指背面，切记不可吻手腕以上的部位。女士的身份地位较高时，男士有时还会略微屈膝，或做半跪状。

（五）抚胸礼

抚胸礼又叫按胸礼，具体的做法是：左手自然下垂；右手按在左胸前，手掌掌心向内，指尖朝向左上方；眼睛注视交往对象或目视正前方；头部端正或微微抬起；上身微微向前躬。

抚胸礼用来表示从内心敬重对方或衷心祝愿，在升国旗、奏国歌等隆重场合较为常见。

抚胸礼常与其他礼节同时使用或依次进行，例如，在鞠躬的同时行抚胸礼；先握手再行抚胸礼；先行抚胸礼再与对方握手等。

第四节　名片使用礼仪

名片是当今社会私人交往和公务交往中一种较为经济实用的介绍性媒介，它不仅承载并传播商务人士的业务信息，也代表着商务人士的形象。在竞争激烈的市场中，从名片设计、制作的规格到内容，再从名片的递送到接收，都能符合名片礼仪规范的要求是商务人士立足商界的一个重要因素。

知识拓展

名片的起源与发展

名片起源于社交，并随着文明时代的到来而到来，因为名片离不开文字。原始社会没有发明出文字，部落内部采用结绳记事的办法，人与人的交流不多，那时还没有产生名片。到了奴隶社会，虽然出现了文字，但只有奴隶主有机会学习，人与人的交流也不频繁，不构成名片产生的条件。

据史书记载，名片最早起源于封建社会。以孔子为代表的儒家与其他流派构成百家争鸣的景象，各个诸侯国开始致力于扩张领土，传播本国文化。秦始皇统一中国后，统一了文字，分封了诸侯王。诸侯王为了拉近与朝廷当权者的联系，发明了"谒"。所谓"谒"，即拜会者把名字和其他推荐文字写在竹片或木片上，作为拜谒者的身份象征。

随着造纸术的发展，名片的材料也由原来的竹片变成了纸张。至唐代，名片多以纸张为主要材料。唐代长安新科进士以红笺名纸互换，以便沟通。到了元代，名片称作"拜帖"；到明清时，名片又称"名帖""片子"。名片的内容也有改进，除自报姓名、籍贯外，还增添了官职。清朝才正式有"名片"这一称呼。随着资本主义入侵，国内与外界接触频繁，名片也得到普及。清朝的名片，开始向小型化进展，尤其是在官场，官薄利用较大的名片以示谦卑，官大利用较小的名片以示地位。

（资料来源：根据网络资料改编）

一、名片的用途

(一) 自我介绍

在会客交友时递出一张名片，自己的基本情况跃然纸上，使人一目了然，便于沟通和增进了解。

(二) 保持联系

名片可以保留对方的基本信息，便于在需要联系时查找。

(三) 显示个性

在名片的设计、制作、使用时突出个性特征，既便于给对方留下深刻印象，又便于沟通、寻觅知己。

(四) 经营、宣传和业务往来

名片还可以替代便函，用于表示祝贺、祝福，或用作介绍信、请柬、通报求见、留言，以及通知变更情况等。

二、名片的内容与分类

名片的基本内容一般有姓名、工作单位、职务、职称、通信地址等，也有把爱好、特长等情况写在上面的情况。选择在名片上写哪些内容，由需要而定，但无论繁简，都要求信息新颖，形象定位独树一帜。一般情况下，名片可分为以下两类。

(一) 交际类名片

除基本内容外，名片上还可以印有组织的徽标，或可在中文下面用英文标注，或在背面用英文标注，便于与外国人交往。

(二) 公关类名片

公关类名片可在正面介绍自己，背面介绍组织或宣传经营范围。公关类的名片有广告效应，有助于让组织收到更大的社会效益和经济效益。

三、名片的设计

商务名片的设计要求如下。

(1) 规格：9cm×5.4cm。

(2) 纸张：白板纸或布纹纸。

(3) 图案：最好有单位徽标。

(4) 内容：①名片主人的归属，其单位全称；②名片主人的称谓，包括姓名、职务、职称等；③名片主人的联络方式，包括地址、邮编、电话或手机号码、E-mail等。

(5) 设计与制作：①尺寸要规范；②不随意涂改；③不提供私宅电话；④不提供两个以上头衔。

(6) 语言：一般以简明清晰、实事求是为主要原则，用以传递个人的基本情况。

四、名片交换礼仪

(一) 名片的放置

一般说来，应把自己的名片放在便于拿出的地方，不要将它与杂物混在一起，以免要用时手忙脚乱，甚至拿不出来。若穿西装，宜将名片置于左上方口袋；若有手提包，可放于包内伸手可得的部位。不要把名片放在皮夹、工作证内，甚至裤袋内，这是一种很失礼的行为。另外，也不要把别人的名片与自己的名片放在一起，否则容易在慌乱中误将他人的名片当作自己的名片送给对方，这是非常不好的。

(二) 出示名片的礼节

1. 出示名片的顺序

名片的递送先后虽然没有太严格的礼仪讲究，但也是有一定顺序的。一般是地位低的人先向地位高的人递名片，男性先向女性递名片。当对方不止一人时，应先将名片递给职务较高或年龄较大者；或者由近处向远处递，依次进行，切勿跳跃式进行，以免对方误认为有厚此薄彼之感。

2. 出示名片的礼节

向对方递送名片时，应面带微笑，稍欠身，注视对方，将名片正对着对方，用双手的拇指和食指分别持握名片上端的两角送给对方。如果是坐着的，应当起立或欠身递送，递送时可以说"我是××，这是我的名片，请笑纳""这是我的名片，请您收下""这是我的名片，请多关照"之类的客气话。在递名片时，切忌目光游移或漫不经心。另外，出示名片还应把握好时机。若初次相识，自我介绍或别人为你介绍时可出示名片；若双方谈得较融洽，表示愿意建立联系时应出示名片；当双方告辞时，可顺手取出自己的名片递给对方，以示愿结识对方并希望能再次相见，这样可加深对方对你的印象。

(三) 接受名片的礼节

接受他人递过来的名片时,应尽快起身或欠身,面带微笑,用双手的拇指和食指接住名片的下方两角,态度要毕恭毕敬,使对方感到你对他的名片很感兴趣。接到名片时要认真地看一下,可以说"谢谢""能得到您的名片,真是十分荣幸"之类的客气话,然后郑重地将名片放入自己的口袋、名片夹或其他稳妥的地方。切忌接过对方的名片一眼不看就随手放在一边,也不要在手中随意玩弄或随便拎在手上,不要拿在手中搓来搓去,否则会伤害对方的自尊,影响彼此的交往。

(四) 名片交换的注意点

(1) 当对方递给你名片后,如果自己没有名片或没带名片,应当首先向对方表示歉意,再如实说明理由,如"很抱歉,我没有名片""对不起,今天我带的名片用完了,过几天我会亲自寄一张给您"。

(2) 向他人索要名片最好不要直来直去,可委婉索要。具体方法如下。

方法一,"积极进取"。可主动提议"某先生,我们交换一下名片吧",而不是直接索要。

方法二,"投石问路"。即先将自己的名片递给对方,以求得其予以"呼应"。

方法三,虚心请教。如说"今后怎样向您求教",以暗示对方拿出自己的名片进行交换。

方法四,呼吁"合作"。例如,可以说"以后如何与您联系",这也是希望对方留下名片的表达。

(3) 如果对方向你索要名片时,你实在是不想给,也不应直言相告,应表达得委婉一点。通常可以说"对不起,我忘了带名片"或是"不好意思,我的名片用完了"。

第五节 馈赠礼仪

《礼记·曲礼》记载:"礼尚往来。往而不来,非礼也;来而不往,亦非礼也。"馈赠是友好的表示,礼品是友好的象征,礼品贵在适时、适宜,贵在真诚。

现代社会,企业之间、企业与其他社会组织之间、企业与个人之间,迎来送往的活动增加,免不了相互馈赠礼物。礼物可以表达一份情感,传递一种感情,从而加深双方的理解,促进双方的友谊。因此,不论是国际交往还是国内交往,不论是因公交往还是因私交往,人们都会经常遇到与礼品相关的问题,或是送人以礼,或是受人以礼。对此,我们必须慎重对待,三思而行,既要使自己的好意被他人接受,或接受他人的一片心意,又要注意自己的身份与形象。只有遵循礼品礼仪送出的礼品,其效用才能发挥出来,如果违反相关的礼品礼仪,则不仅不会收到预期的效果,而且还可能弄巧成拙、妨碍工作。

一、馈赠礼品的礼仪

(一) 礼品的选择

1. 突出礼物特点

我国地域辽阔，民族众多，物产极其丰富，如东北的人参、鹿茸，江浙的丝绸用品，江西景德镇的瓷器，西南少数民族地区的扎染等。选取具有地域特色、民族特色，且有象征意义的礼物，会得到对方的格外喜欢和珍爱，也会更加体现出礼物的情意价值。商务交往中，最好选择与本公司相关，并且具有地域特色、文化色彩的小巧产品作为礼品，这或许能达到更好的效果。

2. 注重礼物情意

礼物并不是越贵重越好，赠送礼物重在情意，情意与贵重并不是对等的，礼物过于贵重有时反而不妥。与外商交往时还要注意，不少西方发达国家对受礼有明确的法律规定，宜选择既能表达情意又不失礼法的礼物。例如，某人长期为某出版社进行文字校对，新年之时，他收到了社长签名的新年贺卡，十分感动，每次见到熟悉的人便夸赞出版社的这份心意。由此可见，"礼轻情意重"。礼物不在于贵重，而在于礼物所表达的真诚实意。

礼仪故事

"千里送鹅毛，礼轻情意重"的由来

唐朝时，云南土官缅氏为表示对唐王朝的拥戴，派特使缅伯高向唐太宗进献天鹅。路过沔阳湖时，好心的缅伯高把天鹅从笼子里放出来，想给它洗个澡。不料，天鹅展翅飞向高空。缅伯高急忙伸手去捉，但天鹅还是飞走了，他只扯得几根鹅毛。缅伯高急得顿足捶胸，号啕大哭。随从们劝他说天鹅已经飞走了，哭也没有用，还是想想补救的办法吧。缅伯高一想，也只能如此了。到了长安，缅伯高拜见唐太宗，并献上礼物，唐太宗见是一个精致的绸缎小包，便令人打开，一看是几根鹅毛和一首小诗，诗曰："将鹅贡唐朝，山高路遥遥。沔阳湖失去，倒地哭号号。上复唐天子，可饶缅伯高，礼轻情意重，千里送鹅毛。"唐太宗一时觉得莫名其妙，缅伯高随即讲出事情原委。过后，唐太宗不但没有怪罪缅伯高，反而认为他忠厚老实。

(资料来源：通过网络资料整理)

3. 明确送礼对象

选送礼物，要充分了解赠送对象的性格特征、兴趣爱好、修养品位，投其所好，若所送礼物能够得到对方的喜爱，可能会达到事半功倍的馈赠效果。只有充分考虑了受礼者的喜好，才能送出令其满意的礼物。

(二) 赠送时间

赠送礼物不是任何时间都适合的，选择适合的时间，可以突出表现赠礼人的心意，更能达到赠送礼物的效果。一般情况下，赠送礼物的时间可以选择开业庆典祝贺之时、与客户初次交往之时、特殊事件慰问或纪念之时、升职或获奖道喜之时等，这些都是适合赠送礼物的时间。

(三) 赠送地点

赠送礼物不分地点可能会给自己和对方造成麻烦，选择赠送地点要注意公私有别。一般而言，公务交往所赠送的礼物应在公务场合赠送；在会议谈判之余、正式商务活动之外或私人交往中赠送的礼物，则应在私人居所赠送。

(四) 赠送方式

赠送礼物要讲究方式，一般来说，有以下几种赠送方式。

1. 当面赠送

当面赠送是最常见的一种赠送方式。公务赠送最好由公司领导亲自赠送，且应赠予对方职务相当的人。如领导有特殊情况，应由身份地位相当的人出面赠送，并向对方解释清楚缘由。

2. 委托赠送

可以委托第三人转送，但一定要解释清楚自己不能亲自赠送的缘由。另外，最好应附上卡片或名片，写明自己送礼的原因。

3. 邮寄赠送

身处异地的双方，需通过礼物来表达情意、保持良好关系时，宜用邮寄的方式。邮寄赠送礼物时应附上卡片或名片，写明自己送礼的原因。

二、接受礼品的礼仪

(一) 受赠的礼仪

如同我们在赠送礼物时的精心和慎重，当收到别人赠送的礼物时，我们也应当注意自己的行为，不能失礼于人。

1. 从容接受礼物

在接受对方赠送的礼物时，我们要落落大方地接受。接受礼物时要注意礼貌，但不要过于推辞，中国人大多喜欢说"受之有愧"之类的自谦话，但若在涉外场合，这样说会被认为是无礼的行为，会使送礼者不愉快甚至难堪。正确的做法是用双手接过礼品，并向对方致谢。

2. 区别处置礼物

如果是欧美客人赠送的礼物，可以当面将礼品包装拆开，以示对对方的尊重和对礼品的重视。打开包装后，要通过适当的动作和语言，表示对礼品的欣赏。如果是受中国传统文化影响较深的人士(包括东亚、东南亚等国家和地区的人)，接受其礼物时则不宜当面打开，最好只是当面表示感谢。接受礼物后要注意放在显著位置或妥善保存，切勿随手放置一边。

3. 及时写感谢信

收到礼物后，除口头致谢外，还可通过打电话的方式感谢对方。但有时候为了表达我们对对方的高度重视和感谢之情，尤其是在涉外场合，我们也可以选择以书面的形式给对方写感谢信表示感谢。

(二) 回赠的注意事项

收到礼品后，受礼人一般要回赠礼品，从而加强联系，增进友谊。在回赠礼品时，我们应该注意以下方面。

1. 注意回礼的时机

回礼的时机与赠送礼品的时机大体一致，回礼与送礼的时间间隔要适中，如果回礼过早，容易被别人误认为"等价交换"；如果回礼太晚，则效果不佳。但在一些特殊情况下，则不受此约束。如在节日庆典时期，可以在客人走时立即回礼；而在生日、婚庆、升迁等时间接受的礼品，则应在对方有类似的情形或适当时候再回礼。

2. 回赠礼品的技巧

还礼时应选择得体的还礼形式，如果还礼的形式不当，则不如"不还"。

以下几种还礼形式可以借鉴。

(1) 回赠的礼品切忌重复，一般要价值相当，也可以根据自己的情况而定，但也不必逢礼必回。

(2) 一般人在选择礼物时，无意间会选择自己喜欢的物品。因此，回赠对方时，不妨参考一下对方赠送的礼物。

（三）回绝赠品的技巧

一般来说，拒绝收礼是不礼貌的，但有时又有必要拒收礼品。若因故拒绝，态度应委婉而坚决，通常我们可以采用以下几种方法礼貌地拒绝礼物。

1. 先收后退

如果当着很多人的面拒绝别人的礼物，无疑会让对方觉得难堪，所以建议这时先将礼物收下，然后单独将礼物原封不动地退还给送礼人。要注意收下的礼物不能拆封，更不能使用，要争取在24小时内送还，否则容易让人误解为你乐意收下。

2. 委婉拒绝

可以在对方准备送礼物时，委婉暗示对方自己可能无法接受礼物。

3. 开宗明义

开宗明义指直接说明回绝的原因。

4. 直接回绝

在涉及公务方面的往来中，如果遇到别人赠送贵重礼物时，可以采取直接告知对方不能接受礼品的方式。

▌ 本 章 小 结 ▌

1. 称呼也称称谓，是人们交谈中所使用的用以表示彼此身份与关系的名称。在商务交往中，选择正确、恰当的称呼，既体现了自身的良好教养，又表达了对对方的尊敬，同时还反映出了双方关系发展的程度及一定的社会风尚。

2. 介绍是交往活动中相互了解的基本方式，日常交往中的介绍主要有自我介绍、他人介绍和集体介绍三种方式。

3. 在商务场合中，通常会在见面时以不同的方式相互问候。常见的见面礼仪有握手礼、致意礼、鞠躬礼、拱手礼、拥抱礼和亲吻礼等。

4. 名片是当今社会私人交往和公务交往中一种较为经济实用的介绍性媒介，能够自觉地遵守名片礼仪规范是商务人士立足于商界不可忽视的一个重要因素。

5. 现代社会，企业之间、企业与其他社会组织之间、企业与个人之间，迎来送往的活动增加，免不了相互赠送礼物。礼物可以表达一份情感，传递一种感情，从而加深双方的理解，促进双方的友谊。

▮ 知识判断 ▮

1. 我们见到任何人时，都应当主动握手。　　　　　　　　　　　　( )

2. 握手时应与对方有目光交流。　　　　　　　　　　　　　　　　( )

3. 在一家以"顾客是上帝"为宗旨的公司里，应当先把客户介绍给自己公司的同事，然后再把同事介绍给客户。　　　　　　　　　　　　　( )

4. 接过对方递过来的名片以后，应当立即放到裤子口袋里。　　　　( )

5. 印刷名片是件小事，顺手就能做了。　　　　　　　　　　　　　( )

▮ 礼仪训练 ▮

1. 找几位同伴练习握手礼。

2. 分别用一句话介绍你自己、用1分钟介绍你自己，以及用5分钟介绍你自己。

3. 精心为自己设计一张名片。

▮ 案例评析 ▮

玫琳凯·艾施(1918—2001年)最初是一名推销员，她在一次会议结束后，想和经理握手，但由于和经理寒暄的人太多，她排队等候了三个小时。后来，终于轮到她了，可经理在握手时却瞧都不瞧她一眼，而是用眼睛去看她身后的队伍还有多长。善良的玫琳凯很伤心，虽然她知道经理一定很累，可自己也等了三个小时，同样也很累呀！她的自尊心受到了伤害。于是，玫琳凯暗下决心：如果有那么一天，有人排队等着同自己握手，自己一定要把注意力全都集中在对方身上——不管自己有多累！

1963年，玫琳凯自己创办了一家公司。之后，她曾多次站在队伍的尽头同数百人握手，每次都要持续好几个小时。可无论多累，她都牢记当年自己受到的冷遇，总是设法在握手时同对方说句话——哪怕只有一句，如"我喜欢你的发型"或"你穿的衣服很好看"。她在同每一个人握手时，总是全神贯注，不允许任何事情分散自己的注意力。玫琳凯让与她握手的人都觉得自己是世界上最重要的人。于是，玫琳凯的公司很快就发展壮大，成为世界著名的公司——玫琳凯化妆品公司。

(资料来源：王玉苓. 商务礼仪案例与实践[M]. 北京：人民邮电出版社，2020.)

问题：

1. 从商务礼仪的角度评析玫琳凯与其上司的握手。

2. 评析玫琳凯的握手为何充满"魅力"，请阐述理由。

3. 玫琳凯化妆品公司的成功与玫琳凯的握手方式是否有关系，请说明理由。

4. 评析玫琳凯的握手经历，并说出你从中有哪些感悟？

第八章

商务接待礼仪

古人座次的尊卑和堂室制度

京剧里常常有这样的场面：皇帝或者国君面南背北地端坐在龙案后，大臣们按尊卑次序出场，面朝北一字排开，遥向君主施礼，之后才"文东武西"于两旁侍立。

大臣们北面朝君，一定是以东为上，即按官位高低从东往西站定，这样一来，便会官位较高的在右，较低的在左，在右也就是在上了。所以《史记·廉颇蔺相如列传》里会有蔺相如当了上卿，"位在廉颇之右"，为此，廉颇很不服气。这种形式人们都比较熟悉，所以看到古书里写的"北面称臣"一类的文字，也容易理解。可是看到《史记·项羽本纪》写的鸿门宴的座次："项王、项伯东向坐，亚父南向坐，沛公北向坐，张良西向侍。"就不太好懂了。这是怎么回事呢？范增面南背北地坐，难道他的座位最尊吗？刘邦朝北而坐，好像还不如张良呢。总之，这跟人们从戏里和从故宫金銮殿上得来的印象，对不上号。

清初著名学者顾炎武在他的名著《日知录》里通过对不少史料的梳、阐释，归纳出了一个结论：古人之坐，以东向为尊。根据顾炎武的说法，我们大致明白了鸿门宴座次的意思。项王东向而坐，以尊者自居，让刘邦北向坐，不把他看成与自己地位匹敌的宾客。司马迁之所以不惜笔墨，一一写出每个人的座次，就是通过项羽对座次的安排，突出表现项羽藐视刘邦，以长自居的骄傲心理。

不过，只理解到这个程度，问题还是没有完全解决，因为戏台上和故宫金銮殿上表示的是面南背北为尊，这里怎么又说"古人之坐，以东向为尊"呢？到底是南面为尊，还是东面为尊？要想把座次尊卑弄清楚，完全解决上面提出的问题，首先应该对古代的堂室制度有粗略的了解。

阅读《仪礼》可知，古代贵族(天子、诸侯、公卿、大夫、士)不论是住的寝，还是祭祀用的庙，一般都是堂室结构，即建筑大都有堂有室。堂和室同建在一个堂基上，堂基根据主人地位的尊卑，高低各不相同，从而台阶的多少也有差异。堂和室上面为同一个房顶所覆盖。堂在前，室在后，堂大于室。堂室之间，隔着一堵墙，墙外属堂上，墙里属室内。这堵墙，靠西边有窗(牖)，靠东边有户(室门)，所谓升堂入室，就是从户进去。堂东、北、西三面有墙，东墙叫东序，西墙叫西序，南边临庭(院落)大开，形式如同今天的戏台。堂的中间，一般有两个大明柱(楹)。荆轲行刺秦王，秦王绕柱逃避，就是绕的这种堂间大柱。堂上不住人，是贵族们议事、行礼、交际的地方。室为长方形，东西长而南北窄，面积也不小。寝室住人，庙室祭祖。一般平民百姓不但没有庙，连住室也不是堂室结构，因而他们接待宾客在寝室，祭祀也在寝室，所谓庶人祭于寝，就是指这种情况。

在堂室中举行礼节活动，大致有两种范围，一种是在室内，一种是在堂上。

在室内礼节性的座次，最尊的座位是在西墙前铺席，坐在席上面向东，即所谓东向坐。其次是在北墙前铺张席，面向南而坐。再次是在南墙前铺席，面向北而坐。最卑的位置是东边面朝西的席位。清代学者凌廷堪在他的礼学名著《礼经释例》中更为确切地提出了"室中以东向为尊"的说法。由此可以看出，鸿门宴座次的形式，就属于这种室内礼节活动的形式。项羽、项伯朝东而坐，最尊(项伯是项羽的叔父，项羽不能让叔父坐在低于自己的位置上)；范增朝南而坐，仅次于项氏叔侄的位置；刘邦朝北而坐，又卑于范增；张良面朝西的位置，是在场人中最卑的。

这种"室中以东向为尊"的方式，在贵族的祭祀活动中表现得尤为明显。

东汉学者郑玄的《鲁礼禘祫志》上记载简述如下。天子祭祖活动是在太祖庙的太室中举行的。神主的位次是太祖，东向，最尊；第二代神主位于太祖东北即左前方，南向；第三代神主位于太祖东南，即右前方，北向，与第二代神主相对；第四代神主位于第二代之东，南向；第五代神主位于第三代之东，北向，与第四代神主相对；第六代神位在第四代神主之东，北向；第七代神主在第五代之东，南向，与第六代神主相对。主人在东边面向西跪拜。诸侯五庙，祭祖时神主的排法同上。太祖居中，太祖左边这列叫昭，右边这列叫穆，这就是所谓的昭穆之制。知道了这种昭穆制度，有助于我们理解鸿门宴上座次的尊卑。

(资料来源：根据网络资料整理)

随着商务活动的增加，对外交往面的扩大，商务接待工作的重要性越来越明显。要想从任何形式的商务接待中获得真正的价值，就必须把商务接待当作非常重要的商务会议来看待。商务接待的对象有生产厂家、供货单位，也有本企业的顾客及相关领域的企业。如果细分，可以分成业务往来接待、顾客投诉接待、视察指导接待、参观学习接待等。

商务接待是增进情感，促进商务活动顺利展开和达到目的的重要之举，它需要掌握并遵循商务礼仪的惯例与规范。

第一节 商务接待流程

商务接待是指商务活动中的迎来送往，是企业必不可少的日常事务之一。在商务接待中，恰到好处地施以接待规格和礼仪，不仅会给来访的客户留下良好印象，而且有助于商务交往的顺利进行，甚至能得到意想不到的收获。

一、接待准备

从接到来客通知后，商务接待就开始进入准备工作阶段。这是整个商务接待工作的重要环节，一般应从以下几个方面来准备。

(一) 了解客人的基本情况

接到来客通知时，首先要了解客人的单位、姓名、性别、民族、职业、级别、人数等。其次要掌握客人的意图，了解客人的目的和要求，以及在住宿和日程安排上的打算。再次要了解客人到达的日期、所乘车次或航班，以及到达时间，然后将上述情况及时向主管人员汇报，并通知有关部门和人员做好接待的各项准备工作。

(二) 确定迎送规格

应按照身份对等的原则，安排接待人员。对较重要的客人，应安排身份相当、专业对口的人士出面迎接；亦可根据特殊需要或关系程度，安排比客人身份高的人士破格接待。对于一般客人，可由公关部门派遣有礼貌、言谈流利的人员接待。

(三) 布置接待环境

良好的接待环境是对来宾的尊重，接待室的环境应明亮、安静、整洁、幽雅。室内应适当点缀一些花卉盆景、字画，增加雅致的气氛，还可放置几份报刊和有关本单位或公司的宣传材料，供客人翻阅。

(四) 做好迎客安排

要与行政或公关部门联系，按时安排迎客车辆，并预先为客人准备好客房及膳食。若对所迎接的客人不熟悉，需准备一块迎客牌，写上"欢迎×××先生(女士)"及本单位的名称；若有需要，还可准备鲜花等。

二、接待实施中的礼仪

(一) 安排住宿

主人应提前为外地客人安排住宿。客人到达后，要协助客人办理入住手续，引导客人进入客房。同时，还要与客人协商好活动日程。

(二) 组织活动

根据日程安排和活动内容，要精心组织好各项活动，如合同洽谈、参观游览等。在组织活动中，对活动的场所、陪同人员、交通工具、茶水点心等都要进行预先准备。此外，活动的时间把握和控制也很重要。

(三) 安排返程

应根据客人的要求，为其安排返程，如订购返程车(飞机、船)票，并及时送到客人手中，安排交通工具送客人到车站(机场、码头)。

(四) 送客

送客是接待的最后一个环节，处理不好会影响整个接待工作的效果，因此，要特别注意送客礼仪的细节。要根据接待规格，安排对等的送别，应事先安排好交通工具，准时到达。如果客人来访时带有礼品，接待方也应回赠礼品，并且要注意告辞语的使用。

三、接待的注意事项

(一) 注意身份对等

身份对等是商务礼仪的基本原则之一。其基本含义是指我方作为主人，在接待客户、客商时，要根据对方的身份，同时兼顾对方来访的性质及双方之间的关系，安排接待的规格，以使来宾得到与其身份相称的礼遇，从而促进双方关系的稳定、融洽与发展。这项原则要求我们在接待工作中，应把对方的身份置于首要位置，一切具体的接待事务均应依此来确定。

根据身份对等的原则，我方出面迎送来宾的主要人员应与来宾的身份大体相当。若我方与来宾身份对等的人员忙于他事难以脱身或不在本地，而不能亲自出面迎送来宾，应委派其副手或与其身份相近的人员出面接待，并在适当的时刻向来宾做出令人信服的说明和解释，以表示我方的诚意。

同样，我方人员在与来宾进行礼节性会晤或举行正式谈判时，也必须使我方到场的人数与来宾的人数基本上相等。另外，我方在为来宾安排宴请活动，或为其准备食宿时，亦应尽量使之在档次、规格各方面与来宾的身份相称，并符合客人的生活习惯，体现东道主对客人的关心与照顾。在接待外商时，更应注意这一点。

(二) 讲究礼宾秩序

礼宾秩序所要解决的是多边商务活动中的位次和顺序排列问题。在正式的商务活动中，礼宾秩序可参考下列四种方法。

1. 按照来宾身份与职务的高低排列

如同时接待几个代表团时，确定礼宾秩序的主要依据是各代表团团长职务的高低。

2. 按照来宾的姓氏笔画排列

在国内的商务活动中，如果双方或多方关系是对等的，可按参与者的姓名或所在单位名称的汉字笔画多少排列。其具体排法是按个人姓名或组织名称第一个字的笔画多少，由少到多排列。

3. 按照英文字母的先后顺序排列

在涉外活动中，一般应将参加者的组织或个人按英文或其他语言的字母顺序进行排列。具体方法如下：先按第一个字母进行排列；当第一个字母相同时，则依第二个字母的先后顺序排列；当第二个字母相同时，则依第三个字母的先后顺序排列，以此类推。但每次只能选一个语种的字母顺序排列。

4. 按照其他先后顺序排列

还可以按照有关各方正式告知东道主决定参加此项活动的先后顺序，或者正式抵达活动地点的时间先后顺序排列。

第二节　引导礼仪

引导是礼宾的基本工作。引导主人、客人出席仪式、赴宴、会谈、会见、就席、就位等，都少不了礼宾忙碌的身影。不设专职礼宾人员的部门，通常由办公室人员、秘书或负责公关的人充任此项工作。

一、引导者的礼仪

(一) 引导者的礼仪要求

1. 穿戴整洁

服饰色彩宜中庸，不能过分艳丽。男引导者服装以深色西装为主调，可根据活动内容，适当调节领带颜色。女引导者宜穿西装套裙或裙装，但不可花枝招展、奇装异服。

2. 礼待宾客

在客人面前，要不卑不亢、落落大方，不可点头哈腰、低三下四。应态度和蔼，行动敏捷，答问简洁、准确，服务周到、细致。若懂一些通用外语，交流会更方便；如不懂，靠眼神、手势也能解决问题。

(二) 引导的要领

1. 报家门

见到贵宾，要自报家门。如"大使先生阁下，您好。我是外交部礼宾司工作人员。会见在××厅""请随我来""请注意台阶"等。

2. 手势

引导时，可适当使用手势指示方向，但不可反复频频使用手势招呼人，或高声喊叫让客人跟自己走。

3. 距离

引导者应在被引导者左前方约一两步的距离，带路前引。不可距离贵宾身体太近，以免让客人感觉有压迫感；也不可距离太远，如超过7～8步，会让人觉得引导者并非专门为他们服务；切忌出现与贵宾"并驾齐驱"状况。引导者步伐不可太快，在拐弯处、楼梯口可稍慢些，以免有人掉队。

4. 主宾

应以照顾好主宾为主，适当顾及其他陪同人员。如果贵宾不主动握手，引导者也只需点头招呼即可，不必握手。

5. 提醒

遇到路面不平，如地毯接缝等，要提醒客人注意安全。

6. 搀扶

我国的习惯是，搀扶老年宾客是对其尊敬的表现。但对外国老年客人，特别是西方人士，不可盲目搀扶，只在其明确需要时，才可搀扶。因为在西方，忌讳别人把自己当成老人。

二、基本引导礼仪

(一) 行进的礼仪

商务人士与客人在道路上行走时，一定要遵守交通法规及行进礼仪。

(1) 行走时，应当在人行道内行走，没有人行道时要紧靠道路右侧行走。行人不得进入机动车或非机动车行车道，也不得进入高速公路、高架道路等封闭式机动车专用道路。

(2) 行人横过车行道路时，如果道路上设有行人过街天桥或者地下通道等过街设施，行人首先应当从过街设施内通过；没有过街设施的，才能从人行横道线内通过；没有人行横道线的，则要在确认安全的情况下直行通过。行人横过车行道路时，要注意观察来往车辆的情况，不可在车辆临近时突然加速横穿，也不可在中途倒退、折返。

(3) 行人通过有交通信号灯的人行横道时，应当遵守人行横道交通信号灯的规定；未设置人行横道交通信号灯的路口，应当遵守机动车交通信号灯的规定。绿灯亮时，准许通行；红灯或黄灯亮时，禁止通行。但是已进入人行横道的，可以继续通过。如果机动车遇绿灯放行已经临近时，行人不应当再前行，可以在道路中心线的地方等候通行。

(4) 不要跨越、倚坐道路隔离设施，不得扒车、强行拦车或者实施妨碍道路交通安全的其他行为。

(5) 通过铁路道口时，应当按照交通信号或者管理人员的指挥通行；没有交通信号和管理人员时，应当在确认无火车驶临后，迅速通过。

(6) 与尊者一起在道路上行走时，应请尊者走在远离快车道的安全一侧。多人行走时，尊者通常居中或居前；两人行走时，尊者通常居右。遇到尊者不认识路需要引领时，引领者可居于前侧方，一边走一边略侧身为尊者指示方向。

(7) 与工作交往对象一起行走时，要注意保持自身形象。两人并排行走时不要携手、挽臂、搭肩、搂抱；多人行走时，应列纵队前行，不要阻塞道路妨碍他人行走。

(8) 路遇熟人时应与对方打招呼，若需交谈则应靠边站立，不要挡住他人的去路。行走时若遇到他人站立谈话，应绕路而行，不要从谈话人之间穿过。

(9) 通过门厅或狭窄的路段时要礼让他人，请尊者先行。

(10) 行走时仪态应端庄稳重，表情应自然。不要目中无人或盯着别人看，也不要尾随其他人身后，甚至对其窥视、围观或指指点点。

(11) 行走时不要在他人的居所或单位附近进行观望，不要擅自进入他人的草坪、花园等处。

(12) 行走时不要吃、喝或吸烟。

(13) 行走受阻时，应说"对不起，请让我过去"等礼貌用语。不小心碰到别人或踩到别人的脚时，应立刻道歉。

(14) 在人多拥挤的地方应动作稳重，与他人行走速度一致，不要嬉笑、打闹、逗留或大声喧哗。

(二) 上下楼梯的礼仪

(1) 无论上楼梯还是下楼梯，都应尽量单行、右行，这样可以避免在楼梯转弯等处与他人碰撞。

(2) 上下楼梯时应稳重慢行、礼让他人。迎面遇到尊者上下楼梯时，应在距离尊者约3个台阶的地方停住并靠边站立。同时，应面向对方微笑致意，待尊者走过之后自己再继续行进。

(3) 与尊者同行时，从安全的角度考虑，上楼梯时应请尊者先行，下楼梯时应请尊者走在自己身后。与女士同行时，可请女士处于楼梯居下的位置。

(4) 上下楼梯时不要拥挤抢行。

(5) 不要在楼梯上坐卧停留。

(三) 乘自动扶梯的礼仪

(1) 乘自动扶梯时，应靠右侧站立，将左侧的通道让出来，以便有急事的人可顺着左侧通道在扶梯上更快地前行。

(2) 出于"方便保护尊者安全"的目的，应请尊者居于比自己靠上一个台阶的位置。与女士同行时，可请女士处于居下的位置。

(3) 自己有急事需要在扶梯上行走时，应靠左侧通行。需要别人让路时应说"对不起"或"劳驾，让我过去可以吗"。

(4) 不可坐于自动扶梯之上。

(5) 不可将重物置于扶梯的扶手带上。

(6) 乘自动扶梯时不能拥挤、打闹。

(7) 不要站在台阶边缘处，也不要触摸扶梯间隙处，以免发生危险。

(四) 乘电梯的礼仪

电梯是高层建筑中必不可少的公共服务设施，也是很多商务人士每天必搭乘的工具。电梯是一个公共场所，所以搭乘电梯的商务人士要特别注意遵守乘电梯的礼仪，否则轻者会对自身形象和单位形象产生不良影响，重者会妨碍他人的乘梯安全。

(1) 等待电梯时，应靠电梯门的两侧站立，自觉排队，礼让尊者。与尊者同行时，应主动按下目标方向的电梯按钮，如果电梯按钮指示灯已亮，则不要再反复按下或敲打按钮。等待电梯时要尽量保持安静，不要旁若无人地大声喧哗。

(2) 入电梯时要按次序行进，不要拥挤抢行。与尊者同行时，如果电梯里已经有人在操控电梯，则应请尊者先行进入电梯。为保证电梯门不会关闭夹住尊者，可以在自己进入之前按住电梯门外与电梯行进方向相符的按钮。入无人操控的电梯时，陪同尊者的人员当中应有一位先进去操控电梯，其他人按照"尊者先行"的原则依次进入。操控电梯的方法是，一只手按住开门钮，另一只手挡住门，防止电梯关门的时候夹住其他人。

电梯到达某层时，应主动按住"开"的按钮，提示大家所到楼层。所有人员出入完毕时，应询问刚入电梯者要到几层，然后帮其按下数字钮。电梯到达自己要去的楼层时，应一手按住开门钮，另一只手挡住门，待其他人走出电梯后，自己随后出来。

(3) 出电梯时要请尊者先出。遇到人多拥挤的特殊情况时，站在最靠近门的人应先出去按住门外与电梯行进方向相符的按钮，这样可以为尊者让出通道，并且能够控制住电梯门，保证电梯门不会自动关闭夹住尊者。

(4) 如果刚进入电梯就听到电梯满员的提示音响起，应立即主动下来，不要长时间不动等待他人离开。

(5) 进入电梯后应寻找合适的站立位置，不要妨碍后面的人进入电梯。有其他人要出电梯时应主动礼让。

(6) 乘电梯遇到陌生人时也要保持礼貌，表情、目光要温和有礼。别人为自己按楼层按钮、让路时，要立即道谢。人多拥挤时，在下电梯之前要提前换好位置。上电梯后自己无法按楼层按钮时，应当请靠近按钮的乘客帮助自己并道谢。非不得已情况下，尽量不要碰触他人。无意中碰触他人或踩到别人的脚时，要立刻道歉。公事和私事都不宜在电梯里与他人讨论。

(7) 发生火灾、地震等危险情况时禁止乘坐电梯。

(五) 引见的礼仪

进入大楼后，如有需要，可先带客人到衣帽间。到达会客室门口时，应介绍这是什么地方，然后为外宾开门，让客人先进入。见到主人后，应将客人引见给主人，即先介绍客人，后介绍主人。宾主见面、寒暄后，应引导主宾就座于右侧座位上，其他客人会在主宾右侧依次而坐，不必一一引领。待所有人员落座后，如无必要留下，引导者可退场。

(六) 送客的礼仪

在客厅外应掌握宾主谈话进程，一旦完毕，应马上出现在客厅。待宾主告别时，要及时引导客人离开。引导者一般应送客至停车处，再与客人握手告别，待客人汽车启动，挥手、目送客人离去。

第三节　乘车礼仪

一、乘车的座次

在比较正规的场合，乘坐轿车时一定要分清座次的尊卑，并在自己合适之处就座。而在非正式场合，则不必过分拘礼。座次礼仪规则可概括为"四个为尊，三个为上"。"四个为尊"是客人为尊、长者为尊、领导为尊、女士为尊，此四类人应为上座；"三个为上"是方便为上、安全为上、尊重为上，以这三个原则安排座次，其中"尊重为上"原则最重要。

轿车上座次的尊卑，从礼仪上讲，主要取决于下述四个因素。

(一) 轿车的驾驶者

驾驶轿车的司机一般有两种人：一种是轿车主人，另一种是专职司机。国内目前所见的轿车多为双排座，车上座次尊卑的差异如下。

1. 主人亲自驾车时

当主人或领导亲自驾车时，一般称之为社交用车，上座为副驾驶座。这种情况下，一般前排座为上，后排座为下；以右为尊，以左为卑。这种坐法体现出"尊重为上"的原则，体现出客人对开车者的尊重，表示平起平坐，亲密友善。座次的位次顺序是：副驾驶座→后排右座→后排左座→后排中座。如图8-2所示。

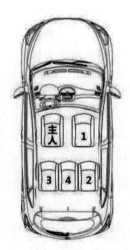

图 8-2　轿车位次安排(1)

乘坐主人驾驶的轿车时，最重要的是不能冷落主人，也就是不能令前排座位"虚位以待"，一定要有人坐在那里，以示相伴。由男士驾驶自己的轿车时，若夫人或女友在场，她一般应坐在副驾驶座上。

❖ **礼仪提示：**

由主人驾车送其友人夫妇回家时，其友人之中的男士，一定要坐在副驾驶座上，与主人相伴，而不宜形影不离地与自己的夫人坐在后排，那将是失礼之至。若同坐多人，中途坐前座的客人下车后，在后面坐的客人应改坐前座，此项礼节最易疏忽。

2. 专职司机驾车时

由于右侧上下车更方便，因此要以右尊左卑为原则，同时后排为上，前排为下。此时座次的位次顺序是：后排右座→后排左座→后排中座→副驾驶座。如图8-3所示。

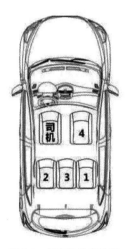

图 8-3　轿车位次安排(2)

❖ **礼仪提示：**

在轿车上，女性不宜坐于异性中间。

(二) 轿车的类型

上述方法，主要适用于双排座轿车，对其他一些特殊类型的轿车并不适用。其他接待车辆的位次顺序如下。

1. 吉普车

吉普车简称吉普，它是一种轻型越野轿车，大都是四座车。吉普车底盘高，功率大，主要功能是越野，减震及悬挂太硬，坐在后排颠簸得厉害。不管由谁驾驶，吉普车上座次由尊到卑均依次是：副驾驶座，后排右座，后排左座。如图8-4所示。

图 8-4　吉普车位次安排

2. 巴士

巴士指的是四排及四排以上座次的大中型轿车。其不论由何人驾驶，均以前排为上，以后排为下；以右为尊，以左为卑；并以距离前门的远近，来确定其具体座次的尊卑。如图8-4所示。

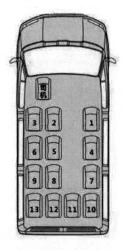

图 8-5　巴士位次安排

（三）轿车内座次的安全系数

随着汽车越来越快地走进人们的生活，安全也成为人们最关心的话题，不少人会有这样的疑问：轿车中的哪个座位是最安全的呢？据悉，美国交通管理部门曾做过调查，得出的结论是：如果将汽车驾驶员座位的危险系数设定为100，则副驾驶位置的危险系数是101，而驾驶员后排座位的危险系数是73.4，后排另一侧座位的危险系数是74.2，后排中间位置的危险系数是62.2。一些专家还惊奇地发现，后排中间位置的危险系数62.2，与被人们称为"黄金系数"的0.618最相接近。如果将0.618扩大100倍，为61.8，与最安全座位的62.2相差无几，因此有人把后排中间座位称为轿车的"黄金座位"。虽然有人认为副驾驶座视野更好，但视野与安全是两码事。如图8-6所示。

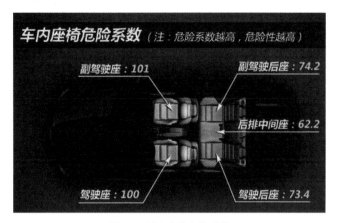

图 8-6 轿车座椅危险系数

（四）轿车内宾客的本人意愿

通常，在正式场合乘坐轿车时，应请尊长、女士、来宾就座于上座，这是给予对方的一种礼遇。然而，更为重要的是，与此同时，不要忘了尊重宾客本人的意愿和选择，并应将这一条放在最重要的位置。应当认识到，必须尊重宾客本人对轿车座次的选择，宾客坐在哪里，哪里就是上座。即便宾客不明白座次，坐错了地方，轻易也不要对其指出或纠正。这时，务必要讲"主随客便"。

二、乘车的顺序

一般情况下，出于尊重，我们应当让尊者先上后下，即要请尊者先上车，坐到上座，位卑者要先下车，为尊者打开车门。男女同车时，男士应主动为女士开车门，出席商务场合时，如果男士的职务高于女士，则不必讲究。但是，在具体的场合中，还需要我们根据实际情况应变。

例如，陪同领导外出办事时，同去的人较多，对方热情相送，这时我们应主动向对方道谢后先行上车等候，因为送别仪式的中心环节应在双方的主要领导人之间进行。若所有的人都等领导上车后再与主人道别上车，就会冲淡双方领导之间道别的气氛，而上车时也会显得混乱无序。再如，如果到达时接待方已经准备了隆重的欢迎仪式，则应当等领导下车后陪同人员再下车。

三、乘车的姿态

（一）上车的姿态

上车时，要采用背入式，即将身子背向车厢入座，坐定后随即将双腿同时缩入车厢。

(二) 下车的姿态

准备下车时，应采用正出式，即应将身体尽量移近车门，车门打开后，先将双腿踏出车外，然后将身体重心移至双脚，头部先出，再把整个身体移出车外。基本原则就是"先脚后头"。

四、乘车的规则

乘车时，不要随意动车内设施；要自觉保持车厢整洁，不要将垃圾留在车厢内；不要随便脱掉外套，要保持得体的仪表。

乘坐主人驾驶的轿车时，不要让副驾驶座位空着，遇到前排客人中途下车的情况，后座的客人应当主动补充副驾驶座位。

有领导一同乘车的情况下，如果领导没有休息，其他人也不要在车上睡觉。

第四节　商务会议礼仪

商务会议是企业开展商务活动的重要构成部分。对于企业而言，在企业内部，部署工作、落实任务、商讨议事、制定决策等业务，常常是通过会议来处理解决的。不仅如此，企业与其他组织交流信息、沟通业务、实现合作等，往往也是通过会议来处理解决的。一次圆满的商务会议，离不开会议主办方、与会者对会议礼仪的共同遵守，商务会议不仅需要礼仪也需要技巧；不仅需要尊重规则也需要注重艺术。

一、组织会议的礼仪

对于主办方来说，组织一次圆满成功的商务会议，既需要细致充分地做好会议前的准备工作，又需要认真做好会议中的工作，还需要完善会议结束后的工作。这些都是会议取得成功所不可或缺的环节，是会议取得成功的关键所在。

(一) 会议前的准备工作

按照常规，作为主办方组织会议，会议前应做好"4W"准备工作，具体如下。

(1) When——会议时间。一是要确定好会议开始、持续、结束的时间，二是要制定好会议的议程时间表。

(2) Where——会议地点。要选定好会议地点，本单位的会议室、多功能厅等均可选用。会议室的面积要符合会议规模，室内空气要畅通，温度要适宜；设备设施要齐备，环境布置要体现会议主题内容，并且要备好与会者的茶水、饮料等。

(3) Who——会议出席者。要确定好会议出席人员，对所出席的会议人员提前发出会议通知或邀请，并且要予以确认；要做好出席者的食宿、交通等接待工作。

(4) What——会议议题。要明确整个会议宗旨，并认真拟好整个会议的议题、议程及要解决的具体问题。

(二) 会议结束后的工作

合议结束后的工作要安排好，虎头蛇尾式的会议有违礼仪规范。通常，会议结束后的工作有以下几项。

(1) 及时形成会议纪要。

(2) 安排与会人员参观，如参观企业、车间或厂房等。

(3) 与会人员最好能合影留念，编印好与会人员通讯录。

二、出席会议的礼仪

出席会议人员自觉地遵守会议礼仪，既是对他人的尊重又是自我修养的体现，无论其身份职位的高低，在时间观念、着装戴帽、举止言谈等方面都应自觉遵守会议礼仪。

(一) 准时出席会议

会议出席人员必须准时到达会议现场。作为贵宾或嘉宾被邀参加会议时，要按名签或主办方规定的座位就座；台下鼓掌欢迎时，要点头或招手示意；如需要讲话，则简明扼要地即席讲话；当其他人发言时，要聚精会神地倾听；遇有精彩之处应鼓掌时，应带头鼓掌。贵宾最好不要中途离席，确有必要离退时，要在会议中间休息时离场。一般身份出席者，应在指定区域就座。就座时，要尽量先坐满前排，依顺序往后排就座。列席人员应格外注意个人身份，如遇表决议程的会议，列席人员是没有表决权的，切勿举手表决。

(二) 着装举止得体得当

出席会议人员宜着正装，色彩、图案应素雅简洁。坐姿要端正，专心听他人发言，不要随意走动、说话，手机要关闭或调至静音。

(三) 客随主便听从安排

出席会议人员一切要听从主办方的安排，按照会议要求，积极参加会议的一切活动，并尽可能利用各种机会与其他代表交流信息，联络感情，增进友谊，拓宽人脉。

三、座次礼仪规则

商务会议上座位次序的安排是否妥当，会影响到议事的庄重性及发言的次序性，甚至会影响到参会人员的心情和会议的质量与效果。

（一）判断座次尊卑的基本原则

按照国际惯例，"以右为尊"是普遍适用的次序原则。在我国，从古至今，"尊左"还是"尊右"不是一成不变的，有年代和地域的区别，至今仍存在争议。

《史记·廉颇蔺相如列传》记载："以相如功大，拜为上卿，位在廉颇之右。"秦国的爵制分为二十等，其中第十等是左庶长，第十一等是右庶长，第十二等是左更，第十四等是右更，第二十等是彻侯，爵位最高。可见秦、赵以右为尊。

《左传·桓公八年》记载："楚人上左。"《信陵君窃符救赵》记载："公子从车骑，虚左，自迎夷门侯生。"因此成语有"虚左以待"，表示对某人的尊敬。可见楚、魏以左为尊。

由此可见，即使同处春秋战国时代，不同的地域"尊左"和"尊右"的习惯也是不同的。

到了汉朝，以右为尊。《史记·田叔列传》记载："上尽召见，与语，汉廷臣毋能出其右者。"此为成语"无出其右"的出处。

唐、宋、元、明、清各朝代"尊左"或"尊右"也不尽相同，处于不断变化之中。

因此，在安排座次时，不能简单地"尊左"或"尊右"，要看活动的性质。目前的惯例是：在召开内部大型政务会议时，一般仍然遵守"以左为尊"的原则；其他商务、社交、涉外活动一般遵循"以右为尊"的国际惯例。

（二）会议座次安排

1. 大型会议主席台座次

大型会议主席台座次排列常见以下几种排序方法。

(1) 按照中国传统惯例，"居中为上，左高右低"，座次排列如图8-7、图8-8所示。

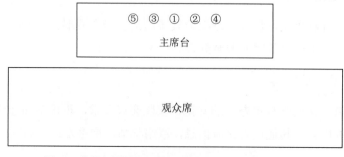

图 8-7　按照中国惯例，领导人数为单数时主席台座次排列

⑥ ④ ② ① ③ ⑤
主席台
观众席

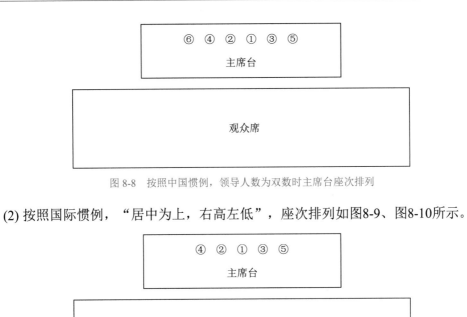

图 8-8 按照中国惯例，领导人数为双数时主席台座次排列

(2) 按照国际惯例，“居中为上，右高左低”，座次排列如图8-9、图8-10所示。

④ ② ① ③ ⑤
主席台
观众席

图 8-9 按照国际惯例，领导人数为单数时主席台座次排列

⑤ ③ ① ② ④ ⑥
主席台
观众席

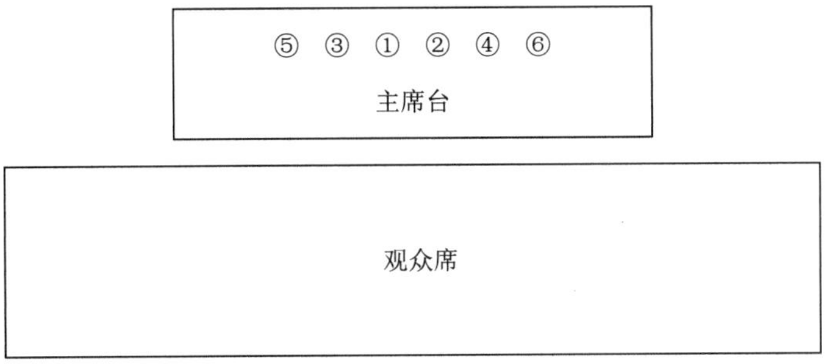

图 8-10 按照国际惯例，领导人数为双数时主席台座次排列

(3) 参考中国传统“左高右低”的原则，再考虑到领导之间的相对位置，采用“左膀右臂”法，座次排列如图8-11、图8-12所示。

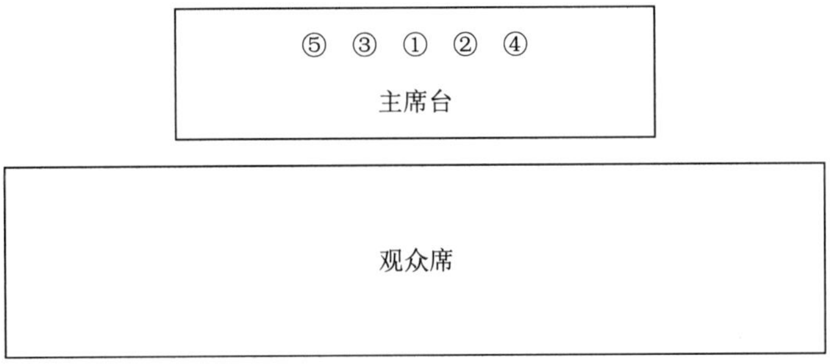

⑤ ③ ① ② ④
主席台
观众席

图 8-11 采用“左膀右臂”法领导人数为单数时主席台座次排列

图 8-12 采用"左膀右臂"法领导人数为双数时主席台座次排列

完全按照"右为上"或"左为上"的原则排序，在主席台人数为单数或双数时，2号领导会分别位于1号领导的右、左或左、右。采用"左膀右臂"排序法时，无论领导人数是单数还是双数，2号领导始终位于1号领导的左边(左膀)，3号领导始终位于1号领导的右边(右臂)。

主席台座位为两排以上时，遵循"前排高于后排、中央高于两侧"的原则。群众席的座次排列，以面对主席台为准，前排高于后排。

2. 小型会议、商务会谈的座次

小型会议及商务会谈的座次排序，一般遵循以下原则。

(1) 面门为上，即面对门的座位，排序高于背对门的座位。

(2) 居中为上，即居于中央的座位，排序高于两侧的座位。

(3) 遵循中国传统惯例以左为上，即以居中座位面门的方向为准，左侧座位的排序高于右侧座位的排序。有外宾参加的会议，通常遵循国际惯例以右为上，即以居中座位面门的方向为准，右侧座位的排序高于左侧座位的排序。无外宾参加的会议，也可按照"左膀右臂"法排列，即2号领导始终在1号领导的左手边。

(4) 远门为上，即距离门远的座位，排序高于距离门近的座位。

(5) 依景或观景为上，即背依会议室内的字画、装饰墙的座位为上座，或面对优美风景、讲台、屏幕等重要景致的座位为上座。

具体安排座位时，还需要根据场地的具体情况做综合考虑。

本章小结

1. 商务接待是指商务活动中的迎来送往，是企业必不可少的日常事务之一。恰到好处地施以接待规格和礼仪，有助于商务交往的顺利进行。

2. 引导是礼宾的基本工作。基本的引导礼仪包括行进礼仪、上下楼梯礼仪、乘自动扶梯礼仪、乘电梯礼仪、引见礼仪、送客礼仪等。

3. 轿车上座次的尊卑，主要取决于四个因素：轿车的驾驶者、轿车的类型、轿车内座次的安全系数、轿车内宾客的本人意愿。

4. 大型会议主席台座次排序方法包括："左高右低"法(按照中国传统惯例)、"右高左低"法(按照国际惯例)、左膀右臂法。

5. 小型会议及商务会谈的座次排序，一般遵循以下原则：面门为上、居中为上、以左为上(有外宾参加的会议，通常遵循国际惯例，以右为上)、远门为上、依景或观景为上。

▌知识判断▌

1. 下楼梯时应请尊者先行。 （　　）
2. 国际体育比赛的颁奖仪式中，亚军站在冠军的左边。 （　　）
3. 商务会议的座次规则为主次分明，合理有序，各得其所，各有其位。 （　　）
4. 出入无人操作的电梯时，陪同人员应该先进后出。 （　　）
5. 由主人驾车送友人回家时，若同坐多人，中途坐前座的客人下车后，在后面坐的客人应改坐前座。 （　　）

▌礼仪训练▌

1. 三人模拟练习出入电梯的礼仪，其中一人扮演客人，两人扮演接待人员。

2. 假设本部门的三位工作人员(部长、副部长和秘书)将接待两位重要客人(某部门的部长及其秘书)，请为接待者和客人提前安排好座位。

3. 女士练习穿裙装上下轿车的动作。

▌案例评析▌

某集团公司汪总经理的日程表上清晰地写着："12月23日接待英国的威廉姆斯先生。"22日下午，汪总经理在着手安排具体接待工作时，案头的电话铃响了，打电话的正是威廉姆斯先生，他说因在某市的业务遇到了麻烦，要推迟到25日才能抵达贵公司，问汪总经理是否可以，并再三因改期表示歉意。尽管汪总经理25日需到省城参加一个会议，时间已经做了安排，但他还是很干脆地答复对方，25日一定安排专人接待，26日同威廉姆斯会面。因为汪总经理知道，威廉姆斯先生拥有众多的国外客户，同他合作，有望使本公司的商品打入更多的国外市场。于是，总经理把接待威廉姆斯的任务交给了公关部经理焦小姐。

接受任务后，毕业于文秘专业的焦小姐立即着手收集有关资料，并制定了详尽的接待方案。

25日下午4时，威廉姆斯乘坐的班机准时降落，当威廉姆斯走出出口后，焦小姐便热情地迎了上去，并用一口纯熟的英语做了自我介绍，使正在茫然四顾的威廉姆斯先生立即有了一种踏实的感觉。

焦小姐陪同威廉姆斯先生乘轿车离开机场向城市中心的宾馆驶去。一路上，焦小姐不时向威廉姆斯介绍沿途的风光及特色建筑，威廉姆斯对焦小姐的介绍很感兴趣。

天色渐暗，华灯初上，望着窗外的景色，威廉姆斯富有感情地说："在我们国家，今天是个非常快乐的日子，亲人团聚，尽情享受生活的乐趣。"话语中透着几分自傲，又似乎有几分遗憾，焦小姐认真地倾听并不断地点头。

车子抵达宾馆，由服务人员将威廉姆斯先生引入房间稍作休息后，焦小姐请威廉姆斯先生一同共进晚餐。走入餐厅，威廉姆斯先生被眼前的景色惊呆了：圣诞树被五彩缤纷的灯饰装饰得格外绚丽，圣诞老人在异国慈祥地注视着远方的游子。餐桌上布满了丰盛的圣诞食品。威廉姆斯先生非常兴奋。进餐中，服务人员手捧鲜花和生日贺卡走进来呈给他，威廉姆斯先生更是激动不已。原来，这天正是威廉姆斯先生的55岁生日。焦小姐举起手中的酒杯，对他说："我代表我们公司及汪总经理，祝您圣诞节欢乐、生日快乐！"威廉姆斯兴奋地说道："谢谢你们为我举行这么隆重的圣诞晚宴及生日宴会，你们珍贵的友情和良好的祝愿，我将终生难忘。"

26日汪总经理由省城返回，双方有关合作业务洽谈得非常顺利。客人回国时，再三向焦小姐及公司对他的接待表示感谢。

(资料来源：扬眉. 现代商务礼仪[M]. 大连：东北财经大学出版社，2000.)

问题：

1. 焦小姐组织的这次接待工作为什么取得了良好的效果？

2. 通过分析此案例，你认为这家集团公司在商务接待工作方面做得怎样？

第九章
商务宴会礼仪

导入案例

宴请宾客不是一件容易的事情

唐宋是保险公司的一名推销员。这一年，他签下了很多保单，取得了很好的销售成绩。为了感谢客户的支持、同事的帮助和上司的指点，他决定举办一场宴会，宴请所有帮助他取得成功的人。好友知道了他的决定后，建议他好好筹划一下。但唐宋不置可否地笑说："瞧你，那么紧张干什么？不就是请人吃饭吗？有钱付账不就行了！"好友听了他的话只好默不作声。到了宴会那天，宾客们按时来到了宴会地点。看到唐宋，宾客们无一例外地叹了一口气，因为这个餐厅地处偏僻，交通不便，经过多番打听才找到。还有一些宾客则通知唐宋，因为他们找不到举办宴会的餐厅，所以不能前来，请唐宋见谅。唐宋引导客人入座时，又发现了另一个问题，因为他不懂得位次的排列礼仪，事先又没有安排好，所以此时他也不知道应让每位客人坐在哪里，只好硬着头皮让大家随便坐。宴会进行中问题层出不穷，不是菜不合客人口味，就是服务生的服务不到位。宾客们怨声载道，唐宋则忙得焦头烂额。送走宾客之后，唐宋回顾宴会整个过程才意识到，宴请宾客真的并非易事！

(资料来源：严军. 商务礼仪与职业形象[M]. 北京：对外经济贸易大学出版社，2009.)

商务宴请是商务人士为了工作需要而设立的以餐饮为主要方式的正式聚会。商务人士普遍认为餐桌是商务活动的重要舞台，是非常具有潜力的商业工具。越来越多的商务人士相信，餐桌是一个绝佳的会谈地点，一场饭局可能会影响一个人的职场生涯，一次商务宴请也可能会改变一个人的一生，这在越来越注重商务礼仪的今天时有发生。因此，掌握必要的商务宴请礼仪已经成为职场的重要职业技能之一。

第一节　宴请的基本礼仪

一、宴请的形式

商务宴请的种类众多，按规格划分，有国宴、正式宴会、便宴和家宴；按餐别划分，有中餐宴会、西餐宴会和中西合餐宴会；按时间划分，有早宴、午宴和晚宴；按礼仪划分，有欢迎宴会、答谢宴会和送别宴会。采取何种宴请，一般要根据活动的目的、邀请对象及经费开支等因素来决定，且每种类型的宴请均有与之匹配的特定规格及要求。目前，国际上通用的宴请形式有四种：宴会、招待会、茶会和工作餐。

（一）宴会

宴会是较为隆重的正餐，宾客坐下进食，由招待员顺次上菜。宴会有国宴、正式宴会、便宴和家宴之分。按举行的时间，又有早宴、午宴和晚宴之分。一般来说，晚上举行的宴会比白天举行的宴会更为隆重。

1. 国宴

国宴是国家元首或政府首脑为国家的庆典或者为外国元首、外国政府首脑来访而举行的正式宴会。宴会厅内悬挂国旗，安排乐队演奏国歌及席间乐，菜单和席卡上印有国徽，席间致辞或祝酒。宴会的规格最高，礼仪最为隆重。

2. 正式宴会

正式宴会是一种隆重而正规的宴请，除不挂国旗、不奏国歌及出席规格不同外，其余安排大体与国宴相同。宾主均按身份排位就座，对餐具、酒水、菜肴、陈设及服务员的装束、仪态都有严格要求。

3. 便宴

便宴属于非正式宴会，是指同事或朋友之间举办的宴请。便宴与正式宴会相比，更加随意、简化，注重的是宴请宾客间的交流与沟通。这类宴会形式简便，不要求着正装，只要穿戴整齐即可。便宴可以不排席位，不做正式讲话，菜肴数量也可酌减。便宴的气氛更为亲切友好，不会让宾客感到过于拘束。

4. 家宴

家宴即在家中设便宴招待客人，西方人喜欢采用这种形式，以示亲切友好。家宴往往由女主人亲自下厨烹调，家人共同招待。

(二) 招待会

招待会是指各种不备正餐、较为灵活的宴请形式，一般备有食品、酒水饮料，通常不排席位，可以自由活动。常见的有冷餐会和酒会两种。

1. 冷餐会(自助餐)

冷餐会的宴请形式是不排席位，菜肴以冷食为主，也可用热菜，连同餐具摆放在餐桌上，供客人自取。客人可自由活动，可以多次取食。酒水可摆放在桌上，也可由招待员端送。冷餐会可在室内、院子里或花园里举行，可设小桌、椅子，宾客自由入座，也可以不设座椅，站立进餐。根据主、客双方的身份，招待会规格的隆重程度可高可低，举办时间一般在中午12点至下午2点或下午5点至下午7点左右。这种形式常用于官方正式活动，以宴请人数众多的宾客。

我国国内举行的大型冷餐招待会往往用大圆桌，设座椅，主宾席排座位，其余各席不固定座位。食品与饮料均事先摆放在桌上，招待会开始后，宾客自行进餐。

2. 酒会(又称鸡尾酒会)

酒会的宴请形式较活泼。一般不设座椅，仅置小桌(或茶几)，以便客人随意走动，广泛接触交谈，酒会的招待品以酒水为主，略备小吃。酒会的举行时间也较为灵活，中午、下午、晚上均可，请柬上往往注明整个活动持续的时间，客人可在其间任何时候到达和退席。

鸡尾酒是用多种酒配成的混合酒水，酒会上不一定都用鸡尾酒，常用的酒水品种较多，并配以各种果汁，一般不用或少用烈性酒。酒会的食品多为三明治、面包、小香肠、炸春卷等各种小吃，以牙签取食。酒水和食品由招待员用托盘端送或部分摆放在小桌上。

近年来，国际上举办大型活动采用酒会用以招待的现象越来越普遍，庆祝各种节日、欢迎代表团访问，以及各种开幕、闭幕典礼，文艺、体育招待演出前后往往举行酒会。自1980年起，我国国庆招待会也改用酒会形式。

(三) 茶会

茶会是一种简便的招待形式，举行时间一般在下午4点左右(也有的在上午10点举行)。茶会通常设在客厅，厅内设茶几、座椅，不排席位，但如是为某贵宾举行的活动，入座时会有意地将主宾同主人安排坐在一起，其他人随意就座。

茶会顾名思义是请客人品茶，因此，茶叶、茶具的选择要有所讲究，或者应具有地方特色。招待外国宾客一般用红茶，略备点心和地方风味小吃，也有不用茶而用咖啡者，其组织安排与茶会相同。

(四) 工作餐

工作餐按用餐时间可分为工作早餐(working breakfast)、工作午餐(working lunch)和工作晚餐(working dinner)，是现代国际交往中经常采用的一种非正式宴请形式(有时由参加者自行付费)，一般会利用进餐时间边吃边谈问题。在代表团访问中，往往因日程安排不开而采用这种形式。此类活动一般只请与工作有关的人员，不请配偶。双边工作餐往往排席位，为便于谈话通常用长桌，如用长桌，其座位排法与会谈桌席位安排相似。

二、宴请的原则

商务宴请礼仪是指商务人士以食物、饮料款待他人时，以及自己在宴请活动中，必须认真遵守的行为规范。一般来说，商务宴请的礼仪有以下两条基本原则。

(一) 适量原则

宴请的适量原则是指在商务宴请活动中，对于宴请的规模、参与的人数、用餐的档次及宴请的具体数量，都要量力而行。务必要从实际需要和实际能力出发，进行力所能及的安排，切忌虚荣好强、炫耀攀比，甚至铺张浪费。

特别需要提出的是，商务人士务必力戒利用公款大吃大喝的做法。因为这种做法不但对个人身体无益，而且还会有假公济私、败坏社会风气之嫌。仅为自己的口腹之欲而毁坏名节，是商务人士绝对不应该做的。从根本上讲，宴请的适量原则所提倡的，是厉行节约、反腐倡廉的风气，是做人务实、不图虚荣的境界。

(二) 4M原则

宴请的4M原则是在世界各国广泛受到重视的一条礼仪原则，其中的4M指的是4个以m开头的单词，分别是：

menu——精美的菜单；

mood——迷人的气氛；

music——动人的音乐；

manners——优雅的礼节。

这些都是人们在安排或参与宴请活动时，应当注意的重点问题。4M原则的主要含义，就是要求在安排或者参加宴请活动时，必须优先对菜单、气氛、音乐、礼节等四个方面的问题加以高度重视，并应力求使自己在这些方面的所作所为符合律己、敬人的行为规范。

商务宴请的类型和原则其实都是为了更好地辅助商务宴会的进行。不同类型的商务宴会有不同的风格和要求，但是所有的宴请都要遵循4M原则。

三、宴请的组织准备

宴会可以创造亲切、融洽的交际气氛，是商务活动中常见的聚会形式，尤其在饮食文化历史悠久的中国，它是沟通人的情感，密切人与人之间商业合作关系的重要手段。为使宴请活动取得圆满成功，宴会前要做好如下准备工作。

(一) 宴会形式的选择

(1) 确定举办宴会的目的。宴会的目的多种多样，或者为某个人举行，又或者为某件事举行。例如，庆祝节日、纪念日，迎送外宾，展会开幕、闭幕等。举办宴会的目的一定要明确，毫无目的地举办宴会可能会给宴会和活动的举办者带来不好的影响。

(2) 确定宴会以谁的名义邀请和被邀请的对象。确定邀请者与被邀请者的主要依据是主宾双方的身份。在外国人眼中，以谁的名义举办宴会关系着宴会的档次，身份过低会使对方感到怠慢，身份过高亦无必要。对外举办宴会，如邀请主宾偕夫人出席，主人应以夫妇的名义发出邀请。国内的宴会，可以主办宴会单位最高负责人的名义或主办单位的名义发出邀请。

(3) 确定宴请的形式。宴会形式的选择必须符合宴席的目的和名义。接待的嘉宾，如果是官方性质或商务性质的，则采用正式宴会、招待会、茶会等形式；如果是私人关系的，则选择便宴、家宴比较合适。我国的宴会基本采用中餐宴会。

(二) 宴会时间、地点的选择

(1) 宴会的时间应对主、宾双方都合适，尤其要照顾来宾。按国际惯例，晚宴被认为规格最高。安排宴会的时间要注意避开重要的节假日、重要的活动日或者双方或一方的禁忌日，如西方客人忌"十三"和星期五，伊斯兰教徒在斋戒日太阳落山前禁止进食，港澳同胞忌"四"。宴请活动时间要与主宾商议，征求客人的意见，待主宾同意后，再确定时间，约请其他宾客。

(2) 宴请的地点要根据活动的性质、规模、宴请的形式、主人的意愿及实际可行性而定。越是隆重的活动，越要讲究环境和条件，因为它体现了对对方的礼遇。官方的正式宴会，应安排在政府、议会大厦或高级宾馆内；非官方的宴请可以安排在酒店、宾馆，也可以安排在有独特风味的餐馆。

(3) 向客人发出邀请的形式有很多种，如请柬、邀请信、电话等。各种宴请活动，一般均应向客人发请柬。请柬上一般应注明宴请的主题、形式、时间、地点、主人的姓名、对服饰的要求、回复等内容。请柬的信封上必须清楚地写明客人的姓名、职务，信封角上还要写有席次号(Table No.××)。请柬行文不用标点符号，其中的人名、单位名、节日名应尽量采用全称。请柬印刷或书写均可，书写时要求字迹清晰美观。

除了宴请临时来访人员，时间紧促的情况外，宴会请柬一般应在二三周前发出，或者应至少提前一周发出，以便客人可以安排好时间，做好出席的准备。口头约定的活动，仍应补送请柬，并在请柬右上方或左上方注上"备忘(to remind)"字样。

需要排座次的宴会，为了便于事先确切掌握和安排座位，可要求被邀请者在收到请柬后给予答复，可在请柬下方注明"请答复"字样。如仅要求不能出席者给予答复，则可注上"不能出席者请答复"并附上电话号码，以备联系。另外，请柬发出后，必须及时落实嘉宾出席情况，并准确记录，以便安排并调整席位。

(三) 宴会菜单的确定

要想组织好宴会，菜单的确定至关重要。确定菜单的关键是要了解客人尤其是主宾不能吃什么，要排除个人禁忌、民族禁忌与宗教禁忌，而不是问其爱吃什么。安排菜单时，既要照顾客人的口味，又要体现特色与文化，具体注意事项如下。

(1) 拟定菜单时要注意宴请对象的喜好和禁忌。不要以主人的喜好为准，不能让客人"客随主便"。不要以为中国人喜欢的或是名贵的菜肴也都适合外国人，如海参、动物内脏等就有许多欧洲人不喜欢。

(2) 应考虑开支的标准，做到丰俭得当。

(3) 宴席的菜单，应安排有冷有热，有荤有素，有主有次。

(4) 菜单以营养丰富、味道多样为原则。

(5) 应略备家常菜，以调节客人口味。

(6) 晚宴比午宴、早宴隆重，所以菜的种类应丰富一些。

(7) 在征求饭店同意的情况下，可以自己设计菜单，以更加适应客人的口味和宴会的需要。

(四) 宴席座位的安排

正式宴会一般应事先排好座次，以便宴会参加者入席时井然有序，同时，这也是对客人的尊重。非正式的小型便宴，有时也可不必排座次。安排座位时，应考虑以下几点。

(1) 以主人的座位为中心。如女主人参加，则以男主人和女主人为基准，以靠近者为上，依次排列。

(2) 要把主宾和主宾夫人安排在最尊贵显眼的位置。通常的做法是以右为上，即主人的右手是最主要的位置。其余主客人员，按礼宾次序就座。

(3) 在遵照礼宾次序的前提下，尽可能使相邻就座者便于交谈。例如，在身份大体相同时，把使用同一语种的人排在邻近位置。

(4) 主人方面的陪客，应尽可能插在客人之间坐，以便同客人接触、交谈，避免自己人坐在一起。

(5) 夫妇一般不相邻而坐。根据西方习惯，女主人可坐在男主人对面，男女依次相间而坐；女主人面向上菜的门。我国和其他一些国家，不受此限。

(6) 译员可安排在主宾的右侧，以便翻译。有些国家习惯不给译员安排席次，译员坐在主人和主宾背后工作，另行安排用餐。

(7) 在多边活动场合，对于关系紧张、相互敌视国家的人员，应尽量避免将其座次排在一起。

在具体实行时，还应根据当地的习惯和主客双方的实际情况，妥善安排。例如，主宾偕夫人出席宴会，而主人的夫人因故不能出席，通常可安排其他身份相当的女主人在主宾夫人的邻近就座，以便招呼攀谈。有时还要根据客人临时因故不能来等情况，在入席前对现场座次进行调整。

为了保证全体赴宴者有序入座，应在请柬上注明桌次。也可以在宴会现场悬挂桌次图，在每张餐桌上放置桌次牌、座次牌或姓名牌。还可以宾客入场时，安排领台员引导客人入座。

(五) 宴会现场的布置

宴会成功与否，不仅仅取决于菜品质量的好坏，环境和气氛的好坏也是至关重要的。如果环境不好，往往会直接降低宴会的档次，败坏宾客的食欲，影响主宾之间的交流，宴会的效果也会大打折扣。

宴会现场的布置取决于活动的性质和形式。官方的正式宴会应布置得严肃、庄重、大方，可以少量点缀鲜花、刻花等，不要用色彩艳丽的霓虹灯进行装饰。如果是年轻人居多的酒会，可在会场多放置些鲜花及炫目的装饰物，尽量使整个气氛轻松浪漫。总之宴会环境要高雅、有文化气息，同时要整洁卫生，注意宴会厅色彩的运用和灯光的调节。如果有席间音乐，乐声宜轻，以便身心得以调节和放松。

四、赴宴礼仪

(一) 尽早回复

宾客在接到宴会邀请后，应尽早答复主人，以便主人做出安排。在接受邀请后，尽量不要随意改动。万一遇到不得已的特殊情况不能出席，应尽早向主人解释、道歉，甚至亲自登门表示歉意。要核实宴会举办的时间、地点，是否邀请配偶，主人对服装的要求等情况。

(二) 适度修饰

出席宴会前，宾客最好稍做梳洗打扮，穿上一套合时令的干净衣服，男士要修整须发，女士应化妆。此外，皮鞋和袜子也要协调、干净，因为这些部位常常被他人所关注。最忌穿着工作服，带着倦容赴宴，这会使主人感觉没有受到尊重。

案例链接

这样的修饰真的是对客人的尊重吗？

一位客户经理为了挽救公司业绩，开设了两场宴会。第一场宴会中，客户经理从客人的左手边拿起酒杯，倒了满满的一杯酒。第二场宴会中，客户经理在开席前几分钟，向女同事借来了发胶和梳子，把头发整理了一番，还夸夸其谈地说："这样才能表现我对客人的尊重！"可是两场宴会过后，公司业绩不仅没有提高，还出现了走下坡的现象。

(资料来源：严军. 商务礼仪与职业形象[M]. 北京：对外经济贸易大学出版社，2009.)

(三) 按时出席

按时出席宴请是一种礼貌，因为客人抵达时间的早晚，逗留时间的长短，在一定程度上反映了对主人的尊重。因此，宾客在参加宴会时，要准确地掌握时间。否则，太早提前到达常常会令人尴尬，难于应付；迟到太久，又会给人没礼貌或有意冷落的印象，并且给主人的安排带来麻烦。身份高的人可略晚到达，一般客人宜略早到达，或按主人要求的时间到达。

(四) 适当交际

进入宴会厅之前，宾客应先了解自己的桌次和座位，如邻座是年长者或女士，应主动为其拉开座椅，协助其坐下。入座后应自由地与其他客人交谈，交谈面可宽泛一些，不要只找熟人或一两人说话，应热情有礼地与同桌人交谈，如互相不认识，可先做自我介绍。

(五) 文雅进餐

宾客应待主人招呼后，才开始进餐。吃东西要文雅，闭嘴咀嚼，不发出声响。食物太热时，等稍凉后再吃，切勿用嘴吹。鱼刺、骨头、菜渣不要直接外吐，可用餐巾掩嘴，用手或筷子取出，放在骨碟中。嘴内有食物时，切勿说话。剔牙时，要用手或餐巾遮口。

(六) 致谢

一般是吃完水果后，主人起身，表示宴席即将结束，主宾离席。客人应在女主人起身之后再起身，然后离席。客人应向主人致谢，称赞宴会组织得好，菜肴丰盛精美。参加宴会后的两三天内，客人应致感谢卡或打电话向主人致谢。

第二节　中餐礼仪

中华饮食文化，源远流长。在讲究民以食为天的礼仪之邦，饮食礼仪自然成为饮食文化的重要组成部分。中国的饮食礼仪始于周公，经过千百年的演进，形成了如今人们普遍接受的一套饮食礼仪。饮食礼仪因宴席的性质不同，目的也有所不同。在不同的地区，饮食礼仪也是千差万别。

一、中餐宴请桌次座位的次序

礼仪故事

《红楼梦》中的礼仪细节

《红楼梦》中描述贾府的一次中秋赏月宴饮活动写道："凡桌椅皆是圆的，特取团圆之意。上面居中，贾母坐下。左边是贾赦、贾珍、贾琏、贾蓉，右边是贾政、宝玉、贾环、贾兰，团圆围住。"由此可见，此次宴会在圆桌上进行，座次排位依据"尊卑有序，长幼有序"。贾母是"老祖宗"，贾赦是大房，所以在左；贾政是二房，所以居右。这是中国古代的座位安排。随着中国与国际接轨，在宴请的座位安排上我们遵循国际惯例，按照以右为尊的标准进行座位安排。

一般中餐宴会使用的桌子以圆桌为主，席次有双桌、三桌、四桌等不同的安排方式，但排列时的基本原则不变。排列时主要以面对正门中间的为首席，之后则以右为尊，按照由右至左的原则来排列，如图9-1、图9-2、图9-3所示。在安排席次时，除主桌可以略大之外，其他餐桌的大小、形状应大体相仿，不宜差别过大。

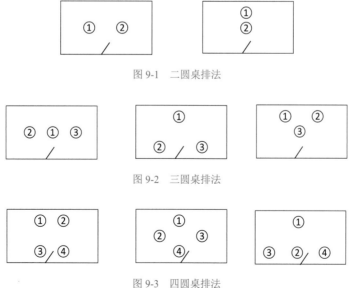

图 9-1　二圆桌排法

图 9-2　三圆桌排法

图 9-3　四圆桌排法

宴会的主人应坐在主桌，面对正门就座。如果有副主人、主宾及副主宾之分时，则副主人坐在主人的正对面，主宾坐在主人的右侧，副主宾坐在副主人的右侧。对于其他宾客则没有严格的规定。每张餐桌上，安排就餐的人数应限制在10人之内，并且为双数，人数过多的话，可能会照顾不周。由于座位的安排通常以宾客身份地位的高低作为排序的依据，因此，如果是大型宴会、贵宾人数较多时，应事先将座位的安排绘制成图，张贴在宴会的入口处，并安排专人负责带位。

二、中餐点菜礼仪

中国的饮食礼仪拥有几千年的历史底蕴，随着社会发展，各种饮食礼仪也在不断变化。时至今日，一顿标准的中式大餐，通常会先上冷盘，接下来是热炒，随后是主菜，然后上点心和汤，如果感觉有点腻，可以上一些餐后甜品，最后上果盘。在点菜中要顾及各个程序的菜式，要做到"三优四忌"。

(一) 三优

三优是指优先考虑的菜肴有三类。

1. 有中餐特色的菜肴

宴请外宾的时候，这一条要格外重视。如炸春卷、煮元宵、蒸饺子、狮子头、宫保鸡丁等具有鲜明的中国特色，可以优先考虑。

2. 有本地特色的菜肴

如西安的羊肉泡馍、湖南的毛氏红烧肉、上海的红烧狮子头、北京的涮羊肉等，都是具有地方特色的菜肴，在当地宴请外地客人时，可以优先考虑这些菜肴。

3. 本餐馆的特色菜

很多餐馆都有自己的特色菜，点一些本餐馆的特色菜，能说明主人的细心和对被宴请者的尊重。

(二) 四忌

四忌是指安排菜单时，必须考虑来宾的饮食禁忌。饮食方面的禁忌主要有以下四点。

1. 宗教的饮食禁忌

例如，佛教徒不吃荤腥食品，它不仅指肉类食物，还包括葱、蒜、韭菜、芥末等气味刺鼻的食物，另外，一些信奉观音的人还禁吃牛肉。

2. 个人健康禁忌

例如，心脏病、脑血管、肝硬化、高血压和中风后遗症患者，忌吃狗肉；肝炎患者忌吃羊肉和甲鱼；胃肠炎、胃溃疡等消化系统疾病患者也不合适吃甲鱼；高血压、高胆固醇患者，要少喝鸡汤等。

3. 不同地区的饮食偏好

例如，湖南人普遍喜欢吃辛辣食物，较少吃甜食；英美国家的人通常不吃动物内脏、动物的头部和脚爪。另外，宴请外宾时，应尽量少点生硬、需啃食的菜肴，因为外宾在用餐中不太会将咬到嘴中的食物再吐出来。

4. 不同职业的特殊禁忌

例如，教师、歌手、主持人等职业对嗓子的要求较高，应少吃或不吃过冷过热、辛辣燥热、油腻和刺激性的食物；驾驶员在工作期间不能喝酒。

(三) 中餐的饮酒礼仪

在较为正式的场合，饮用酒水颇为讲究具体的程序。在常见的饮酒程式中，斟酒、敬酒、干杯应用得最多。

1. 斟酒

通常情况下，酒水应当在饮用前斟入酒杯。有时，主人为了表示对来宾的敬重、友好，会亲自为其斟酒。在侍者斟酒时，宾客应勿忘道谢，但不必拿起酒杯；在主人亲自斟酒时，宾客则必须端起酒杯致谢，必要时还需起身站立或欠身点头。

主人为来宾所斟的酒，应是本次宴会上最好的酒，并应当场启封。斟酒时要注意三点：①要做到面面俱到、一视同仁，切忌有挑有拣，只为个别宾客斟酒；②要注意斟酒顺序，可以依顺时针方向，从自己所坐之处开始酌酒，也可以先为尊长、嘉宾斟酒；③斟酒需要适量，白酒与啤酒可以斟满，而洋酒则无此讲究，要是斟得过满使之溢出，反而显得不合适。除主人与侍者外，其他宾客一般不宜自行为他人斟酒。

2. 敬酒

敬酒也称祝酒，是指在正式宴会上由主人向来宾提议，为了某种事由而饮酒。在敬酒时，通常要讲一些表示祝愿、祝福的话语。在正式宴会上，主人与主宾还会郑重其事地发表一篇专门的祝酒词。因此，敬酒往往是宴会上必不可少的一项程序。敬酒可以随时在饮酒的过程中进行，频频举杯祝酒会使现场氛围热烈而欢快。不过，在致正式的祝酒词时，应在特定的时间内进行，并以不影响来宾用餐为首要考虑因素。不管是正式祝酒词，还是普通情况下的祝酒词，内容均应越短越好，千万不要长篇大论、喋喋不休，让他人等候太久。通常情况下，致祝酒词最适合在主宾入席后、用餐前开始，有时也可以在吃过主菜之后、上甜品之前进行。在他人敬酒或致辞时，其他在场者应一律停止用餐或饮酒，并坐在自己座位上，面向对方倾听，不可小声议论或者公开表示反感。

3. 干杯

干杯是指喝干杯中之酒。有时干杯者相互之间还会碰一下酒杯，所以又称碰杯。干杯需要有人率先提议，提议干杯者，可以是致祝酒词的主人、主宾，也可以是其他任何在场饮酒的宾客。提议干杯时，应起身站立，右手端起酒杯，或者用右手拿起酒杯后，再以左手托扶杯底，面含笑意地目视他人，尤其是要向自己的祝酒对象口诵祝酒词，如祝对方身体健康、生活幸福、节日快乐、工作顺利及事业成功等。

在主人或他人提议干杯后，应当手持酒杯起身站立，即便滴酒不沾，也要举起酒杯助兴。在干杯时，应手举酒杯至双眼高度，将酒一饮而尽或饮去一半，或者饮去适当的量。然后，还需手持酒杯与提议干杯者对视，这样干杯过程方告结束。

三、中餐餐具使用礼仪

(一) 筷子

中餐最主要的餐具是筷子，筷子必须成双使用。中餐用餐礼仪中，用筷子取菜时，需注意下面几个问题。

(1) 筷子是用来夹取食物的，若用来挠痒、剔牙或夹取食物之外的东西，皆为失礼。

(2) 与人交谈时，要暂时放下筷子，不能一边说话，一边动筷子。

(3) 不论筷子上是否残留食物，都不要去舔。

(4) 不能把筷子竖插在食物上。

知识拓展

用筷十忌

1. 忌仙人指路。仙人指路是指拿筷子时用大拇指和中指、无名指和小指握住筷子而食指伸出。这在某些地区是不礼貌的行为。

2. 忌颠倒乾坤。颠倒乾坤是指用餐时将筷子颠倒使用，这种做法是会被人看不起的。

3. 忌三长两短。三长两短是指在用餐前或用餐过程当中，将筷子长短不齐地放在桌子上。

4. 忌交叉十字。交叉十字是指在用餐时将筷子随意交叉放在桌上。这被认为是对同桌其他人的全盘否定。

5. 忌品箸留声。品箸留声是指将筷子的一端含在嘴里，用嘴来回嘬并发出声响。这种做法一般会被认为是缺少家教的行为。

6. 忌泪箸遗珠。泪箸遗珠是指用筷子往自己盘子里夹菜时，将菜汤流落到其他菜里或桌子上。这种做法往往会被视为严重失礼。

7. 忌落地惊神。落地惊神是指不慎失手将筷子掉落在地上，这是严重失礼的一种表现。

8. 忌寻觅刨物。寻觅刨物是指用筷子来回在菜盘里寻找，或是用筷子在菜盘里不停地扒拉，此种行为是典型的缺乏修养的表现。

9. 忌插筷。因故离开餐桌时，要把筷子轻轻地搁在桌子上或餐碟边，千万不要插在食物、菜肴上。

10. 忌用自己的筷子为客人夹菜。

(二) 勺子

中餐里勺子的主要作用是舀取食物，在用筷子取食时有时会使用勺子进行辅助，但是尽量不要单独使用勺子去舀菜。同时，在用勺子舀取食物时，不要舀取过满，以免溢出弄脏餐桌或衣服。在取食物后，可在原处暂停片刻，等食物汤汁不会继续往下流再盛过来享用。

用餐期间，暂时不用勺子时，应把勺子放在自己身前的碟子上，切勿直接把勺子放在餐桌上，或者让勺子插在食物中。用勺子取完食物后，要立即食用或把食物放在自己的碟子里，不能再把食物倒回原处。若取用的食物太烫，不可用勺子舀来舀去，也不要用嘴对着勺子吹，应把食物先放到自己碗里等凉了再吃。注意不要把勺子塞到嘴里，或者反复舔食吮吸。

(三) 碗

中餐的碗可以用来盛饭、盛汤，进餐时，可以手捧饭碗就餐。拿碗时，用左手的四个手指支撑碗的底部，拇指放在碗端。吃饭时，饭碗的高度大致和下巴保持一致。

(四) 盘子

中餐的盘子有很多种，稍小点的盘子称为碟子，主要用于盛放食物，使用方法和碗大致相同。用餐时，盘子在餐桌上一般要求保持原位，不要堆在一起。

需要重点介绍的是一种用途比较特殊的盘子——食碟。食碟在中餐里的主要作用是暂放从公用的菜盘中取出的菜肴。使用食碟时，一般不要取过多的菜肴放在食碟里。不吃的食物残渣、骨头、鱼刺不要吐在饭桌上，应轻轻取放在食碟的前端，取放时不要直接吐到食碟上，而要使用筷子夹放到碟子前端。如果食碟放满了，可示意让服务员更换食碟。

(五) 汤盅

汤盅是用来盛放汤类食物的。使用汤盅时需注意，如果将汤勺取出放在垫盘上，并把盅盖翻转盖在汤盅上，就表示汤已经喝完了。

(六) 水杯

中餐的水杯主要用于盛放清水、果汁、汽水等软饮料。注意不要用水杯盛酒，也不要倒扣水杯。另外需注意，喝进嘴里的东西不能再吐回水杯，否则是十分不雅的。

(七) 牙签

牙签也是中餐餐桌上的必备之物，它有两个作用：一是用于扎取食物；二是用于剔牙。用餐时尽量不要当众剔牙，非剔不可时，要用另一只手掩住口部。剔出来的食物，不要示众或再次入口，更不要随手乱弹、随口乱吐。剔牙后，不要叼着牙签，更不要用其来扎取食物。

(八) 餐巾

中餐用餐前，一般会为每位用餐者准备一块湿毛巾，这块湿毛巾的作用是擦手。擦手后，应把它放回盘子里，待服务员拿走。宴会结束前，服务员会再递上一块湿毛巾，和前者不同的是，这块湿毛巾是用来擦嘴的，不能用其擦脸或擦汗。

四、中餐用餐礼仪

上菜后，不要立即动手取食，应待主人示意开始后，再开始进餐。如果酒量尚可，主人敬的第一杯酒应喝干。同席的客人可以相互劝酒，但不可以任何方式强迫对方喝酒，否则是失礼。

夹菜要文明，应等菜肴转到自己面前再动筷，不要抢在邻座前面夹菜。一次夹菜不宜过多，而且不要专夹自己喜欢吃的菜。夹菜时不要碰到邻座，更不要把盘里的菜拨到桌上。正在夹的菜若不小心掉在桌上，不可把它重放于原碟，应放于盛置残渣的碟中。

用餐动作要文雅。进餐时不要一边吃东西，一边和人聊天。吃菜、喝汤不要狼吞虎咽，也不要发出不必要的声音。如果菜、汤太热，可待稍凉后再吃，切勿用嘴吹。嘴里的骨头和鱼刺不要吐在桌子上，可用餐巾掩口，用筷子取出放在碟子里。剔牙时要用牙签，还应用手或餐巾掩住嘴。不要玩弄碗筷，使餐具发出任何声响，尤其不要用筷子指向别人。女士还应注意口红不要沾在杯、吸管或碗上，以免不雅。进食时应尽可能不咳嗽、打喷嚏、打呵欠、擤鼻涕，万一不能克制，要用手帕、餐巾纸遮挡口鼻，转身，脸侧向一方，低头，并尽量压低声音。

如果不小心打翻酒水溅到邻座的客人身上，应表示歉意并帮助其擦干。如对方是异性，则应把干净的餐巾递过去，由其自己擦。用餐过程中为表示友好、热情，彼此之间可以让菜，劝对方品尝，但不要为他人布菜。尤其对外国客人，不要反复劝菜，因为国外没有劝菜的习惯，应由其本人决定吃不吃。

参加宴会最好不要中途离去。万不得已时应向同桌的人说声抱歉，同时还要郑重地向主人道歉，说明原委。若中途需要离席一会儿，可把餐巾放在座椅上，若放在桌边上，会被人认为餐毕离去。吃完之后，应该等大家都放下筷子，主人示意可以散席后，再离座。用餐后，不要随便带走餐桌上的物品，除了主人特别示意作为纪念品的东西外，其余的招待用品(包括糖果、水果、香烟等)都不能带走。宴会完毕，可以走到主人面前，握手并表示感谢，向主人告辞，但不要拉着主人的手长谈，以免妨碍主人送其他客人。

礼仪故事

你认为用餐礼仪重要吗？

小田是一家公司的业务经理，今天要宴请重要客户徐总。席间，小田抖起了二郎腿，斜叼着烟吞云吐雾，偶尔夹点菜吃还发出"吧唧吧唧"的声音。徐总见状，借口有急事离开了饭局。此后，小田便无法联系上徐总。

(资料来源：根据网络资料整理)

第三节 西餐礼仪

为了在初尝西餐时举止更加娴熟，熟悉一下进餐礼仪是很有必要的。

一、西餐宴请桌次席位的排序

(一) 席位排列的规则

1. 女士优先

在西餐礼仪里，往往体现女士优先的原则。排列用餐席位时，一般女主人为第一主人，在主位就座，而男主人为第二主人。

2. 距离定位

西餐桌上席位的尊卑，是根据其距离主位的远近体现的。距主位近的位置其地位要高于距主位远的位置。

3. 以右为尊

就某一具体位置而言，根据礼仪规范，其右侧的地位要高于左侧。在西餐排位时，男主宾要排在女主人的右侧，女主宾则排在男主人的右侧，其余宾客按此原则，依次排列。

4. 面门为上

根据礼仪规范的要求，面对餐厅正门的座位其地位要高于背对餐厅正门的座位。

5. 交叉排列

西餐排列席位时，讲究交叉排列的原则，即男女应当交叉排列，熟人和生人也应当交叉排列。在西方人看来，宴会场合要拓展人际关系，交叉排列可以让人们多和周围的客人聊天，达到社交目的。

（二）就座

西餐的位置排法与中餐的排法有一定区别，西餐以长桌为主，其位置排法主要有以下两种方式。

1. 法式就座方式

主人位置在中间，男女主人对坐；女主人右边是男主宾，左边是男次宾；男主人右边是女主宾，左边是女次宾；陪客则尽量往旁边坐。如图9-4所示。

图 9-4　法式就座方式

2. 英美式就座方式

桌子两端为男女主人；若夫妇一起受邀，则男士坐在女主人的右手边，女士坐在男主人的右手边；左边是次客的位置，如果是陪同客则尽量往中间坐。如图9-5所示。

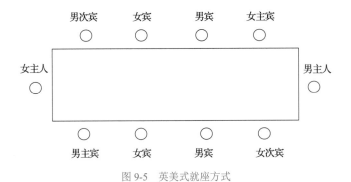

图 9-5　英美式就座方式

在隆重场合，如果餐桌安排在一个单独的房间里，在女主人请你入座之前，不能擅自进入设有餐桌的房间。如果大家都是朋友，可以自由入座；如果不是，客人应按女主人的要求入座。客人要服从主人的安排，礼貌的做法是在女主人和其他女士坐下之后再入座。一般说来，宴会应由女主人主持，女主人说开始之后才可以用餐。如果女主人还没有发话就开始用餐，是非常不礼貌的。

二、西餐上菜顺序

西餐是西方欧美各国菜肴的总称，包括法餐、美餐、英餐、俄餐、意大利餐等，其中以法国菜和意大利菜为主流。

(一) 上菜顺序

西餐正餐的上菜顺序既复杂多样，又非常讲究，一般由"一主六配"构成，或者配七八道菜肴。按上菜的顺序，吃什么菜配什么餐具，喝什么酒配什么酒杯，一顿程式完整的正餐，一般要吃上一两个小时。

1. 头盘

西餐的第一道菜是头盘，也称开胃品。开胃品的内容一般有冷头盘和热头盘之分，常见的品种有鱼子酱、鹅肝酱、熏鲑鱼、奶油鸡酥盒、焗蜗牛等。开胃品一般有特色风味，味道以咸和酸为主，数量较少，但质量较高。

2. 汤

和中餐不同的是，西餐的第二道菜就是汤。西餐的汤大致可分为清汤、奶油汤、蔬菜汤和冷汤四类。品种有牛尾清汤、各式奶油汤、海鲜汤、美式蛤蜊汤、意式蔬菜汤、俄式罗宋汤、法式焗葱头汤等。冷汤的品种较少，有德式冷汤、俄式冷汤等。

3. 副菜

水产类菜肴一般作为西餐的第三道菜，也称副菜。水产类包括各种淡水鱼类、海鱼类、贝类及软体动物类等，通常水产类菜肴与蛋类、面包类、酥盒菜称为副菜。因为鱼类等菜肴的肉质鲜嫩，比较容易消化，所以放在肉类菜肴的前面。

4. 主菜

肉、禽类菜肴是西餐的第四道菜，也称主菜。肉类菜肴的原料取自牛、羊、猪等各个部位，其中最有代表性的是牛肉或牛排。牛排按其部位又可分为沙朗牛排(也称西冷牛排)、菲力牛排、T型牛排、薄牛排等，其烹调方法常用烤、煎、铁扒等。禽类菜肴的原料取自鸡、鸭、鹅，通常将兔肉和鹿肉等野味也归入禽类菜肴。禽类菜肴品种最多的是鸡，主要有山鸡、火鸡、竹鸡等，可煮、炸、烤、焖等。

5. 蔬菜

蔬菜类菜肴可以安排在肉类菜肴之后，也可以和肉类菜肴同时上，所以，蔬菜类菜肴可以算为一道菜或称为一种配菜。蔬菜类菜肴在西餐中称为沙拉，和主菜同时上的沙拉，称为生蔬菜沙拉，一般用生菜、西红柿、黄瓜、芦笋等制作。沙拉的主要调味汁有油醋汁、法国汁、千岛汁、奶酪沙拉汁等。沙拉除了用生蔬菜之外，还可用鱼、肉、蛋类制作，这类沙拉一般不加味汁，在进餐顺序上可以作为头盘。另外，还有一些蔬菜是熟的，如花椰菜、煮菠菜、炸土豆条等。熟食的蔬菜通常和主菜的肉食类菜肴一同摆放在餐盘中上桌，称为配菜。

6. 甜品

西餐的甜品是在主菜后食用的，可以算作第六道菜。从真正意义上讲，它包括所有主菜后的食物，如布丁、煎饼、冰淇淋、奶酪、水果等。

7. 咖啡、茶

西餐的最后一道是饮料、咖啡或茶。喝咖啡一般加糖和淡奶油，喝茶一般加香桃片和糖。

(二) 西餐的酒水搭配

西餐宴会所用的酒水可以分为餐前酒、佐餐酒和餐后酒三种。

餐前酒又叫开胃酒，在用餐之前饮用，或在吃开胃菜时饮用。通常作为开胃酒的有鸡尾酒、威士忌和香槟酒。

佐餐酒是在正式用餐期间饮用的酒水。西餐的佐餐酒均为葡萄酒，选择佐餐酒的一条重要原则是"红配红，白配白"，即红葡萄酒配红肉，白葡萄酒配白肉。红肉指的是猪肉、牛肉、羊肉；白肉指的是鱼肉、海鲜。

餐后酒是在用餐之后，用来助消化的酒水。常用的有利口酒、白兰地酒。

三、西餐餐具使用礼仪

(一) 餐具排法

吃西餐的餐具有刀、叉、匙、盘、碟、杯等。一般来说，吃不同的菜要用不同的刀叉，饮不同的酒也要用不同的酒杯。西餐餐具的摆法为：正面放主菜盘，左手边放叉，右手边放刀，主菜盘上方放匙，右上方放酒杯；餐巾放在主菜碟上或插在水杯里，有时也放在餐盘的左边；面包、奶油盘放在左上方。如图9-6所示。

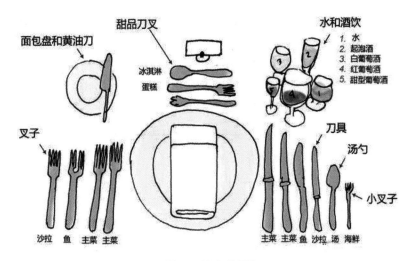

图 9-4 西餐餐具摆法

(二) 餐具的使用方法

1. 刀

宴席上最正确的拿刀姿势是：右手拿刀，手握住刀柄，拇指按着柄侧，食指则压在柄背上。注意不要把食指伸到刀背上，除了用大力才能切断的菜肴，或刀太钝之外，食指都不能伸到刀背上。另外，不要伸直小指拿刀，这种姿势是错误的。还需注意的是，刀是用来切割食物的，不能用刀挑起食物往嘴里送。

如果用餐时，有三种不同规格的刀同时出现，一般正确的用法是：用带小锯齿的刀切肉制食品；用中等大小的刀将大片的蔬菜切成小片；用小巧的、刀尖是圆头的、顶部有些上翘的小刀切开小面包，然后用它挑些果酱、奶油涂在面包上。切割食物时应双肘下沉，前臂略靠桌沿，否则正在切割的食物可能会飞出去。

2. 叉

叉子的拿法有背侧朝上及内侧朝上两种，要视情况而定。背侧朝上的拿法和拿刀子一样，以食指压住柄背，其余四指握柄，食指尖端大致在柄的根部。食指尖端若太往前，外观不好看；若太往后，又不太能使劲，不容易叉进硬的食物。叉子内侧朝上时，则如同铅笔的拿法，将拇指、食指按在柄上，其余三指支撑柄的下方。拇指和食指要按在柄的中间位置，如果太靠前，会显得笨手笨脚。应左手拿叉，齿朝下，叉起食物往嘴里送。如果是吃面条类的软质食品或豌豆，叉齿可朝上。注意动作要轻，取适量食物一次性放入口中，不要取一大块咬一口再放下，这样会不雅观。叉子叉起食物入嘴时，牙齿应只碰到食物，不能咬叉，也不要让刀叉在齿上或盘中发出声响。吃体积较大的蔬菜时，可用刀叉来折叠、分切。比较不规则的食物可放在叉子平面上，用刀子整理。

使用刀叉要注意：不要动作过大，影响他人；切割食物时，不要弄出声响；切下的食物要刚好一口吃下，不要叉起来一口一口咬着吃；不要挥动刀叉讲话，也不要用刀叉指人；掉落到地上的刀叉不可捡起再用，应请服务员换一副。如果在就餐中，需暂时离开或与人交谈，应放下手中的刀叉，刀放右、叉放左，刀口向内、叉齿向下，呈"八"字形状放在餐盘上，表示尚未用毕。但要注意的是，不可将其交叉放置呈"十"字形状。如果吃完了或者不想再吃了，可以刀口向内，叉齿向上，刀放右、叉放左，并排放在餐盘上，这表示用餐完毕，服务员可以连刀叉带餐盘一起收走。

3. 餐匙

在正式场合下，餐匙有多种，小的用于喝咖啡和吃甜点；扁平的用于涂黄油和分食蛋糕；比较大的用于喝汤或盛碎小食物；最大的公匙用于分食，常见于自助餐。汤匙和点心匙只能用于喝汤、吃甜品，不能用其直接舀取其他主食和菜品。进餐时不可将整个餐匙全部放入口中，应以其前端入口。餐匙使用后，不能再放回原处，也不要将其插入菜肴或"直立"于餐具中。

4. 餐巾

一般说来，餐巾放在餐盘的正中间位置或叉子的旁边。待大家坐下后，可以将餐巾平铺到自己并拢的大腿上。如果是正方形的餐巾，应将它折成等腰三角形，直角朝向膝盖方向；如果是长方形餐巾，应将其对折，然后折口向外平铺在腿上。餐巾的打开、折放应在桌下悄然进行，不能影响他人。

餐巾有保洁作用，可以防止菜肴、汁汤落下来弄脏衣服；也可以用内侧来擦嘴，但不能用其擦脸、擦汗、擦餐具；还可以用来遮掩口部，在需要剔牙或吐出嘴中的东西时用其遮掩。如果餐巾掉在地上，应另要一块，并将地上的餐巾拾起。若有事暂时离席，餐巾应放在本人所坐的椅背上，而不是桌子上，因为放在桌上表示用餐完毕。

四、西餐用餐礼仪

(1) 就座时，身体要端正，手肘不要放在桌面上，不可跷足，与餐桌的距离以方便使用餐具为佳。餐台上已摆好的餐具不要随意摆弄，应将餐巾轻轻放在腿上。

(2) 使用刀叉进餐时，应从外侧往内侧取用刀叉，要左手持叉，右手持刀；切东西的左手拿叉按住食物，右手执刀将其锯切成小块，然后用叉子送入口中。使用刀时，刀刃不可向外。每吃完一道菜，应将刀叉并拢放在盘中。如果在谈话，可以拿着刀叉，无须放下。不用刀时，也可以用右手持叉，但若需要做手势时，则应放下刀叉，千万不可手执刀叉在空中挥舞摇晃，也不要一手拿刀或叉，而另一只手拿餐巾擦嘴；更不可一手拿酒杯，另一只手拿叉取菜。要记住，任何时候都不可将刀叉的一端放在盘上，另一端放在桌上。

(3) 每次送入口中的食物不宜过多，在咀嚼时不要说话。

(4) 喝汤时不要啜，吃东西时要闭嘴咀嚼，不要舔嘴唇或咂嘴发出声音。如汤菜过热，可待稍凉后再吃，不要用嘴吹。喝汤时，应用汤勺从里向外舀，汤盘中的汤快喝完时，应用左手将汤盘的外侧稍稍翘起，用汤勺舀净。吃完汤菜时，应将汤匙留在汤盘(碗)中，将匙把朝向自己。

(5) 吃鱼、肉等带刺或骨的菜肴时，不要直接往外吐，可用餐巾捂嘴轻轻吐在叉上，再放入盘内。若盘内剩余少量菜肴，不要用叉子刮盘底，更不要用手指相助食用，应以小块面包或叉子相助食用。吃面条时要用叉子先将面条卷起，然后送入口中。

(6) 面包一般掰成小块送入口中，不要拿着整块面包咬食。抹黄油和果酱时也要先将面包掰成小块再抹。

(7) 吃鸡肉时，欧美人多以吃鸡胸脯肉为主。吃鸡腿时应先将骨去掉，不要直接用手拿着吃。吃鱼时不要将鱼翻身，要在吃完上层后，用刀叉将鱼骨剔掉再吃下层。吃肉时，要切一块吃一块，块不能切得过大，或一次将肉都切成块。

(8) 不可在餐桌边化妆，也不能用餐巾擦鼻涕。用餐时打嗝是最大的禁忌，万一发生此种情况，应立即向周围的人表示歉意。取食时不要起身，坐着拿不到的食物应请别人帮忙传递。

(9) 就餐时不可狼吞虎咽。自己不愿吃的食物也应要一点放在盘中，以示礼貌。

(10) 不可在进餐时中途退席。如有事确需离开，应向左右的客人小声打招呼。饮酒干杯时，即使不喝，也应该将杯口在唇上碰一碰，以示敬意。当别人为你斟酒时，如不要，可简单地说一声"不，谢谢！"或以手稍盖酒杯，表示谢绝。

(11) 喝咖啡时如愿意添加牛奶或糖，添加后要用小勺搅拌均匀，再将小勺放在咖啡的垫碟上。喝时应右手拿杯把，左手端垫碟，直接用嘴喝，不要用小勺舀着喝。吃水果时，不要拿着水果整个咬下去，应先用水果刀切成小瓣，再用刀去掉皮、核，然后用叉子叉着吃。

(12) 进餐过程中，不要解开纽扣或脱衣服。如主人请客人宽衣，男客人可将外衣脱下搭在椅背上，不要将外衣或随身携带的物品放在餐台上。

▌本 章 小 结 ▌

1. 商务宴请的种类众多，按规格划分，有国宴、正式宴会、便宴和家宴；按餐别划分，有中餐宴会、西餐宴会和中西合餐宴会；按时间划分，有早宴、午宴和晚宴；按礼仪划分，有欢迎宴会、答谢宴会和送别宴会。

2. 一般来说，商务宴请的礼仪有两条基本原则，即适量原则和4M原则。

3. 中餐宴请礼仪中要注意座位安排、点菜礼仪、中餐餐具使用礼仪和中餐用餐礼仪等内容。

4. 西餐宴请礼仪中要注意桌次席位的排序、西餐上菜顺序、西餐餐具使用礼仪和西餐用餐礼仪等。

▌知 识 判 断 ▌

1. 用餐点菜时，没有必要征求主宾的意见。 （ ）

2. 在安排西餐座次时，应安排男主宾坐在女主人右侧。 （ ）

3. 标准的中餐大餐，其上菜次序是：首先是冷盘，然后是热炒，随后是主菜，最后是水果。 （ ）

4. 宴请时，餐桌上的具体位次有主次尊卑之分。各餐桌上位次的尊卑可以根据其距离该桌主人的远近体现出来，一般以近为上，以远为下。 （ ）

5. 女士出席宴会、舞会之类的场合，妆可以化得浓一些。 （ ）

6. 餐巾主要用于防止弄脏衣服，兼用来擦嘴及手上的油渍，可摊开后放在大腿上，也可挂在领口，以防弄脏衣物。 （ ）

▌礼 仪 训 练 ▌

1. A公司要接待一批来自相关公司接洽业务的客户，A公司总经理陈先生决定用中餐招待客户。假如你是陈先生，你应注意哪些用餐礼仪？

根据模拟活动情景把全班同学分组，确定模拟活动情景的角色。

(1) A公司总经理——陈先生；

(2) 甲公司总经理——年长的汪先生；

(3) 乙公司副总经理——年长的王女士；

(4) 丙公司营销部经理——年轻的黄小姐；

(5) 丁公司市场部经理——中年的杨先生；

(6) 华安公司营销部经理——何先生；

(7) A公司业务员——小赵。

模拟过程应注意中餐位次的排列、桌次的排列、上菜顺序、餐具的使用、用餐举止等方面的规则和技巧。

2. M公司刚完成一项重要的工作，公司总裁张先生委托办公室小任组织相关人员到西餐厅用餐，以表庆贺。假如你是其中一员，你应注意哪些西餐礼仪？

根据模拟活动情景把全班同学分组，确定模拟活动情景的角色。

(1) M公司总裁——张先生；

(2) 公司副总经理——唐先生；

(3) 公司企划部经理——年长的王女士；

(4) 公司营销部经理——年轻的黄小姐；

(5) 公司市场部经理——中年的杨先生；

(6) 公司财务部经理——何先生；

(7) 公司业务主管——孙小姐、胡小姐。

模拟过程应注意西餐位次的排列、桌次的排列、上菜顺序、餐具的使用、用餐举止等方面的规则和技巧。

▌案例评析▌

某男士参加宴会，在宴会开始后，他为了吃得畅快，在座位上先是脱掉了西装外衣，后来又摘下了领带。在用餐过程中，他一边嚼东西一边与左右的人说话，手中的筷子还在空中不断挥舞，时不时地劝周围客人喝酒。在就餐马上结束时，他可能吃东西塞牙了，便直接用手抠牙齿，手上沾满了口水，之后竟然用抠过牙的手直接抓水果吃。

(资料来源：徐克茹. 商务礼仪标准培训[M]. 3版. 北京：中国纺织出版社，2015.)

问题：

请找出这位男士就餐时6处不当的地方。

第十章

商务通信礼仪

导入案例

接听电话的礼物

林女士大学毕业以后，来到一家管理公司上班。有一天，某公司的王董事长打来电话抱怨说："你们公司到底怎么搞的，有一案子交给你们办，怎么人总是不来？"客户非常生气，于是每个员工都将其视为烫手山芋，到处转接电话进行推托。

最后，这个烫手山芋推到了林女士的手中，她接通电话后，问清楚了王董事长公司的位置，便搭车前去。下车之后，她抱着整整一摞的资料走了足足半个多小时，汗流浃背地到了王董事长那里，帮这位客户妥善解决了问题。

由于林女士与客户关系维护得很好，王董事长对此非常感谢，在过节时特意给林女士送来了一份礼物。

由此可见，只要尽心尽力地为客户服务，客户的埋怨和问题是可以得到圆满、妥善的解决的。始终以客户为尊，尽一切可能去满足客户的各种合理要求，帮助他们彻底解决问题，是完全能够得到客户的理解和感激的。

现代社会是一个信息社会，对于广大商务人士而言，信息就是资源，信息就是财富，信息就是生命，所以大家不约而同地对信息重视有加。目前，多种多样的现代化通信工具层出不穷，它们的出现为商务人士获取信息、传递信息、利用信息，提供了越来越多的选择。

在日常生活中，商务人士接触最多的通信手段主要有电话、传真、电子邮件等。商务通信礼仪通常指在利用上述各种通信手段时，应遵守的商务礼仪规范。

第一节 办公室固定电话礼仪

在所有电子通信手段中，固定电话出现的时间最早，迄今为止，它也是使用范围最广的电子通信手段。因此，固定电话礼仪是商务人士所要掌握的重点。对商务人士来说，固定电话不仅仅是一种传递信息、获取信息、保持联络的工具，还是商务人士所在单位或个人形象的一个载体。

在商务交往中，普普通通的接打电话实际上是在为通话者所在的单位，为通话者本人塑造一种给人以深刻印象的电话形象。电话形象是指人们在通电话的整个过程中语音、声调、内容、表情、态度、时间感等的集合。电话形象在现代社会中无处不在，商务交往又与电话"难解难分"，凡是重视维护自身形象的单位，无不对电话的使用给予高度重视。

一、打电话的礼仪

工作中打电话给别人的人称为发话人，当准备打电话时应注意以下问题。

(一) 电话该不该打

需要通报信息、祝贺问候、联系约会、表示感谢等时，有必要向对方拨打电话，而毫无意义和内容的"没话找话"式电话，最好不要打。更不要在单位打私人电话，煲电话粥。

(二) 电话应该何时去打

公务电话最好在上班时间打，不要占用他人的私人时间，尤其是节假日时间；不要在他人的休息时间打电话。每日上午7点之前、晚上10点以后、午休时间和用餐时间，都不宜打电话。若因紧急事情打电话给对方，应在通话之初为此说声抱歉。双方约定的通话时间，不要轻易变动。如果是与外商通电话，应先了解一下时差，以免打扰他人。

(三) 通话内容有何要求

通话时讲究三分钟原则，即发话人应当自觉地、有意识地将通话时间控制在3分钟之内，尽量不超过3分钟。最好事先做好准备，把对方的姓名、电话号码、通话要点等内容列出清单，以免说话无条理、无重点或遗漏内容。

电话接通后，应先问候对方，随后自报单位、职务、姓名。请人接转电话时，要向对方致谢。通话时最忌讳吞吞吐吐、含糊不清，应做到思路清晰，把握重点。

自报家门后，应用非常简洁的语言说明打电话的意图，不要漫无目的地寒暄。通话时语速应适中，语气要亲切热情。应通过清晰而愉快的语调，显示出说话人的职业风度和可亲性格，切勿在打电话时带上自己的情绪。通话时，嘴部和话筒之间应保持3厘米左右的距离，以避免对方感觉声音过高或过低。

当内容说完后，一般应该由通话双方中位高者终止通话。挂机前要向对方告别，但不要反复重复，再三絮叨。

(四) 打电话时应注意哪些举止

不要用笔或其他工具代替手去拨号，也不要把话筒夹在脖子下面；不要趴着、仰着、坐在桌子上，更不要把双腿高架在桌子上；不可边走边打电话，通话时音量也不要过高或过低。挂电话时应轻放话筒，不要用力摔，令对方起疑。

一旦拨错电话，切记要对被打扰的对方道歉，并说明缘由。

礼仪故事

电话礼仪的影响

张华是中大集团有限公司市场部的一名职员，业务能力很突出，得到了老板的信任和欣赏。但有一天，老板经过他的办公室时，他正在给一个经常往来的客户打电话联络感情。在打电话时，他一边用脖子夹着电话，一边将身子后仰靠着椅子，大声和对方谈起工作以外的事情。从那以后，老板对他的态度就大不一样了。

(资料来源：李月华，周一萍. 商务礼仪[M]. 武汉：华中科技大学出版社，2014.)

二、接电话的礼仪

商务人士在接听电话时虽然是被动的一方，但也须专心致志、彬彬有礼，时刻注意自己的态度和表情。

(一) 接听电话要及时

电话铃声响起后，应尽快接听。最好响铃两次后拿起话筒，以免响一声会让对方觉得突然，要给打电话的一方一个缓冲。如果铃响超过三声，需要向对方致歉，如说"抱歉，让您久等了"，一定要给对方留下一个好印象。如果是打给自己的电话，没有特殊情况，一般不要让别人代接。

(二) 态度应恭谦

在办公室接电话时，最好是走近电话，双手捧起电话，以站立的姿势，面带微笑地与对方友好通话。

(三) 应自报家门

如果是直拨电话，即你是第一个接起电话的人，应先问候对方，然后报出公司名称或所属部门名称，如"您好！××公司销售部"。

如果是前台转到你部门的电话，即话机是部门员工公用的，应先问候对方，报出所属部门名称和自己的名字，如"您好，销售部张一"。如果是前台转到自己的专用电话机上，可以直接报出自己的名字，如"您好！张一，您哪位"。

(四) 应注意自己的语言和语气

拿起电话后应自报家门并先向对方问好，说话时应聚精会神，语气应谦恭友好，不要拿腔拿调，戏弄嘲讽对方。通话终止时，要向对方道一声"再见"。

接到误拨进来的电话，应耐心告诉对方拨错了电话，不能冷言冷语或用力挂电话。通话因故暂时中断后，要耐心等对方再拨进来。

(五) 应注意分清主次

接电话时不要与其他人交谈，也不能边听电话边看文件、看电视、甚至吃东西。若在会晤重要客人或举行会议期间有人打来电话，可向其说明原因，表示歉意，并承诺稍后再联系。

接电话时，不可不理睬另一个打进来的电话，可对正在通话的一方说明原因，请其稍等片刻，在接通另一个电话后告知对方稍后或一会儿再打过来，然后继续先前的电话。

第二节　手机礼仪

手机已成为我们生活中的一部分，而且随着手机的功能越来越先进、智能手机越来越普及，不管是打电话、上网、打游戏还是看电视，我们都会用到手机。但是凡事有利就有弊，很多人已经把"手机礼仪"忘却脑后，无论是在社交场所还是工作场合，放肆地使用手机已成为礼仪的最大威胁之一。使用手机的人越多，手机礼仪应越受到关注。在国外，如澳大利亚的各通信营业厅就采取了向顾客提供"手机礼节"宣传册的方式，宣传手机礼仪。在商务活动中，手机的使用提高了工作效率，手机礼仪也越来越重要。

一、手机放置礼仪

礼仪故事

手机放哪儿有讲究

前不久，我和同事A一起去给客户汇报产品方案，汇报的地点选在对方的会议室。当天参加会议的人很多，还有不少领导，会议室里非常拥挤。同事可能是觉得有些热，就把外衣放在了一边，没想到这却出了问题。在我们汇报到一半的时候，手机突然响了，小A意识到是自己的手机。但屋里人太多，他的外衣却放在门口。手机一直响个不停，中间也隔着好多人，小A要过去拿的话大家都得起身才能让他过去，会场秩序一时间弄得很乱，也让对方的领导感到有些不满，让我们都很尴尬。

作为职场人员，同事A显然没有考虑过公共场合手机应该放在哪里才合适。

(资料来源：根据网络资料整理)

在一切公共场合，手机在没有使用时，应放在合乎礼仪的常规位置。不要在并没使用手机时，将其放在手里。放手机的常规位置如下。

(1) 放置在随身携带的公文包内。

(2) 可以放在上衣口袋，尤其是上衣内袋之内，但注意不要影响衣服的整体外观。也可以放在不起眼的地方，如手边、背后、手袋里，但不要放在桌子上，特别是不要对着对面正在聊天的客户。

(3) 在参加会议时，为了不误事又不妨碍他人，可将其暂交秘书、会务人员代管。与人坐在一起交谈时，可将其暂放在手边、身旁、背后等不起眼之处。

二、手机使用礼仪

使用手机接打电话的礼仪和办公室固定电话接打礼仪相似，但由于手机使用过程中特有的特点，还需要在使用时注意以下几个方面。

(一) 保证畅通

使用手机的主要目的是保证自己与外界的联络畅通无阻，所以商务人士需要采取一些行之有效的措施来保证自己的手机通信畅通。例如，要及时交费，防止与他人失去联络；告诉对方自己的手机号码时，务必力求准确无误；有必要时，除手机号码外，家里的电话号码也可告诉对方，有备无患；若自己的手机号码变更，应及时通知重要的交际对象，以保证彼此联络的顺畅。

(二) 遵守公德

商务人士在使用手机时，一定要讲究社会公德，保证自己的行为不会骚扰到其他人士。

商务礼仪规定，在公共场所活动时，商务人士应尽量不使用手机。需要与他人通话时，应寻找无人之处，切勿当众大声通话。在参加宴会、舞会、音乐会，前往法院、图书馆，或是参观各类展览时，须切记此点。职场人士不应使用怪异的手机铃声和彩铃。在办公室里，要调低手机铃声和听筒音量，尤其是在开会、会客、上课、谈判、签约及出席重要的仪式、活动时，应自觉地提前将手机调至静音。在必要时，可暂时将手机关机或交由他人代管。在工作过程中，如果有手机来电，最好到洗手间或者走廊接听。如果要在办公室接听，则应把接听的声音尽可能压低。

(三) 重视私密

通信属于个人私事和个人秘密，使用手机时，应对此予以重视。一般而言，自己的手机号码，不宜随便告之于人。同样，也不应当随便打探他人的手机号码，更不能不负责任地将别人的手机号码转告他人，或是对外界广而告之。在手机的隐私方面还要注意不要随意将本人的手机交给他人使用，或是前往不正规的维修点对其进行检修。同样，随意借用别人的手机也是不合乎礼仪要求的。另外，现在许多人的手机有拍照功能，要注意不可偷拍别人的照片。

(四) 注意安全

在驾驶车辆时，不能拿出手机通话。乘坐飞机时，必须自觉地按照航空公司的要求处置本人随身携带的手机。此外，在加油站也不可以随意接打手机，否则可能会引起火灾或爆炸。

知识拓展

使用手机的禁忌

1. 遵守公共秩序

不应在公共场合，尤其是楼梯、电梯、路口、人行道等人来人往之处，旁若无人地使用手机；不得在要求"保持安静"的公共场所大声通话，应将手机关机或调至静音状态；不允许在上班时间，尤其是办公室、车间里，因私人原因使用手机；在开会、会见等聚会场合，不能当众使用手机，以免给别人留下不好的印象。

2. 注意安全

驾驶汽车时，不能使用手机；不要在加油站、面粉厂、油库等地使用手机，以免引发火灾或爆炸；不要在病房内用手机；不要在飞机飞行期间使用手机通话；涉及商业机密、国家安全的事项最好不要在手机中谈论，以免出现信息外漏，产生不良事端。

3. 注意个性化铃声的使用

铃声不能含有不文明的内容；铃声不能给公众传导错误信息；铃声要和身份相匹配；铃声音量不应太大。

4. 不要用手机偷拍

偷拍他人是十分不礼貌的行为，切记不可。

三、短信礼仪

在信息传播高度发达的今天，手机的短信功能实现了信息的远距离点对点传播，突破了信息传播的时空限制。用手机短信进行交际具有价格低廉、发送快捷、收讯及时、联系隐蔽、打扰较少、信息完整、不易遗漏、便于保存等优点，已经成为商务日常工作中信息沟通的一个重要手段。特别是由于商务人士在工作中会结识到许多人，凡是遇到重大节日、对方生日等，手机短信符合中国人内敛、含蓄的文化特征，成为商务人士向交际对象表达问候和良好祝愿、表示慰问等的首选载体。如果在手机短信交际中不讲礼仪、随意发送，往往会适得其反，造成交际障碍。所以在使用手机短信时须注意以下方面。

(一) 称谓署名不能少

我们可能经常会接收到一些既无称谓又无署名的祝福短信，弄得自己莫名其妙。商务人士给别人发送短信时应认识到手机短信也是信函的一种，因此应符合普通书信的基本格式要求，应该先写对收信方的称谓、问候语，再写具体内容，最后加上敬语并署上自己的姓名。只有结构完整、语气谦恭的短信才能引起收信人的重视和好感，同时显示出对对方的尊重和重视。千万不要认为对方看到手机号就知道发短信者是谁，或者认为对方在手机中保存有自己的名字就无须落款，因为不署名是不尊重对方的表现。

(二) 发送回复讲时效

由于手机短信对对方的影响很小，所以发送时间没有太多讲究，主要根据工作和交际需要发送即可。但还是要注意工作短信除非必要，不要在对方的休息时间特别是晚上十点以后发送，以免给对方造成麻烦。另外，也不能频繁地给对方发送短信，因为手机短信的接收成功率很高，如果频繁发送，会有不信任对方之嫌。如果收到通知类短信，一定要及时回复，以使对方知道你已知晓信息。如果是祝福或问候类短信，原则上也应及时回复，因为中国人讲究礼尚往来，这样才能通过短信加深双方的感情。

(三) 短信内容要原创

很多人在用短信问候他人时都喜欢直接从网上下载已编辑好的短信模板进行发送，因为这些短信要么文辞优美、对偶工整，要么语言风趣、耐人寻味，省去了很多自己编辑的功夫，但是这在情感上难免会让对方产生一种被敷衍的感觉。所以商务人士在交际时应使用原创性短信，这样的短信虽然文辞普通笨拙，但往往情感真挚，能够有效地避免和别人的短信内容雷同，会使对方有一种亲切感。

(四) 群发转发少使用

随着通信技术的不断进步，现代手机普遍具备短信群发和转发功能，这确实给工作和交际带来了很大的便利，对于同质性信息，减少了信息输入和发送的时间。但我们对不同交际对象的节日问候、工作祝愿等最好少用此功能，因为人们往往希望自己收到的问候是独特的、唯一的，如果发现收到的问候跟别人的一样，心里肯定会不舒服。还有一些商务人士在使用转发功能时，连编辑修改都一并省了，结果对方连原始发信人的姓名都能看到，这样的短信一定会让对方感觉毫无真诚可言。

(五) 语言风格要庄重

短信的内容可以个性化，语言也可以适当调侃和幽默，但总体风格还是应以庄重为宜。不能为了搞笑就把庸俗不堪，甚至低级趣味的内容发给对方，这样只会降低自己的品位，引发交际障碍。文字工作也是商务人士的重要工作内容，手机短信写作应该体现其文字处理水平和文化修养。风格庄重、文辞优美、内容简明、情感真挚的短信，必将给交际对象留下深刻的印象，增加其对自己的好感。

(六) 附加功能慎使用

现代手机越来越商务化和智能化，即便在短信设置里也拥有了语音通话、图片视频传送、表情动画添加等多样化的功能，在给对方发送短信时，适当运用这些功能可以使沟通更加自然亲切，但在礼仪上还是应该根据交际对象的身份和性格特征谨慎选择使用这些功能。另外，还应保证短信整体风格的庄重性，不能因为某些功能的使用而喧宾夺主，影响沟通效果，因为最简单直接的沟通往往是最有效的。

无论信息时代前进的步伐多快，传统文化依然荡涤着我们的心灵。商务人士在使用手机发送短信时，应留心信息本身的礼仪和文化传承，这样人际交往会更加卓有成效。

(七) 其他事项要记牢

在办公场合，最好将手机短信接收设定为震动状态或调低提示音量；在接待来访和会议、谈判过程中，最好不要查看手机短信。编辑和发送的短信内容应当文明、得体，即不能用短信骚扰人，不能拿短信四处欺诈，不能制造弄虚作假的短信，不能利用短信宣扬低级趣味，不能利用短信传播反动、封建、犯罪的内容。

第三节　电子邮件礼仪

电子邮件又称电子函件或电子信函。它是利用电子计算机所组成的互联网络，向交际对象所发出的一种电子信件。使用电子邮件进行对外联络，不仅安全保密、节省时间、无篇幅限制、清晰度高，而且可以大大降低通信费用。当前，电子邮件已经在商务领域得到越来越广泛的使用。据统计，如今互联网每天传送的电子邮件达数百亿封，但有一半是垃圾邮件或不必要的邮件。在商务交往中要尊重一个人，首先就要懂得替他节省时间。电子邮件礼仪的一个重要方面就是节省他人时间，只把有价值的信息提供给需要的人。

商务中的电子邮件与私人信件有着很大区别，这主要涉及商务电子邮件的礼仪问题。作为发信人写每封电子邮件时，要想到收信人会怎样看这封电子邮件，想表达什么给对方，或者应站在对方立场考虑。同时，勿对别人的回答期望过高，当然更不应对别人的回答不屑一顾。

一、电子邮件收发礼仪

(一) 主题要明确

发送电子邮件时不能发送空白标题的邮件，标题要简短并反映邮件的内容和重要性，同时，标题归纳要得当，要让收件人见到它便能对整个邮件的内容有所了解。回复对方邮件时，可根据需要更改标题。标题要简短，不宜冗长，要能反映文章的内容和重要性，切忌使用含义不清的标题，如"王先生收"。一封电子邮件应尽可能只针对一个主题，不在一封电子邮件内谈及多件事情，以便日后整理。可适当用使用大写字母或特殊字符，如"*""！"等来突出标题，引起收件人注意，但使用时应适度，特别是不要随便用"紧急"之类的字眼。

(二) 格式要规范

虽然是电子邮件，但是写信的内容和格式应与平常书信一样，称呼、敬语不可少。电子邮件的开头要称呼收件人，这既显得礼貌，也可以明确提醒收件人，此邮件是专门写给他的，侧面提醒其给出必要的回应；如果是有多个收件人的情况，则可以称呼"大家"。如果对方有职务，应按职务尊称对方，如"××经理"；如果不清楚职务，则应按通常的

"××先生""××小姐"称呼，但要先把性别弄清楚。

如果对方收件人是英文名字，称呼其全名是不礼貌的。所以对不熟悉的人不宜直接称呼其英文名，对级别高于自己的人也不宜称呼其英文名。

电子邮件的结尾最好要有问候语，签名则以打字代替即可。

带有附件的电子邮件，应在正文里面提醒收件人查看附件。附件文件应按有意义的名字命名，不可用随意的字符代替文件名。当电子邮件带有多个附件时，正文中应对附件内容做简要说明。附件数目不宜超过4个，如果数目较多，应打包压缩成一个。如果附件是特殊格式文件，应在正文中说明打开方式，以免影响使用。如果附件过大(不宜超过2MB)，应分割成几个小文件分别发送。

(三) 内容要简洁

商务人士的时间极为宝贵，电子邮件的内容应简明扼要，越短越好。电子邮件的内容要交代完整，在一次邮件中把相关信息全部说清楚、说准确。最好不要过两分钟之后再发一封"补充"或者"更正"之类的邮件，这会让人很反感。

写完电子邮件后应检查有无拼写错误和不必要的话，尽可能避免拼写错误和错别字，要注意使用拼写检查，这是对别人的尊重，也是自己态度的体现。如果是英文电子邮件，最好把拼写检查功能打开；如果是中文电子邮件，则注意拼音输入法的同音别字。在邮件发送之前，务必自己仔细阅读一遍，检查行文是否通顺，拼写是否有误。

同时，还要审核所用字体和字号，太小的字号不仅让收件人看起来费力，也会显得粗心和不礼貌。但也不要动不动就用大写字母、粗体、斜体、颜色字体、加大字号等对一些信息进行提醒。合理的提醒是必要的，但过多的提醒则会让人抓不住重点，影响阅读。因为你的邮件很可能成为打印出来的正式文件，供对方研读或贴在公告牌上。

可在电子邮件正文中合理采用图片、表格等形式来辅助阐述。对于很多带有技术介绍或讨论性质的邮件，单纯以文字形式很难描述清楚，可配合图表加以阐述。

(四) 要注意安全和保密

发送电子邮件时，应对邮件进行杀毒处理，以免所发邮件携带计算机病毒感染对方的机器。还要注意网上的保密工作，不要将公司或个人的账号信息写在电脑里，否则会埋下安全隐患。

(五) 邮件发送

在电子邮件发送过程中，要正确使用发送、抄送、密送。所谓抄送，就是在给某人发送电子邮件的同时将这封信发送给其他更多人。密送和抄送的唯一区别是，密送能够让各个收件人无法查看到这封邮件同时还发送给了哪些人。密送是一个很实用的功能，因为这样既可以保护各个收件人的地址不被其他人轻易获得，又可以使收件人节省收取大量抄送的E-mail地址的时间。

同时，电子邮件还有群发单显的功能，即在用电子邮箱群发邮件时，采用一对一发送的方式，这样每个收件人看到的都是该邮件是单独发给自己的，不会有群发的感觉。例如，用户需要同时发送多个求职简历时，如果既希望节省时间，又不希望各个企业看到这封邮件是群发的，就可以使用"群发单显"功能。再如，逢年过节用户需要发送祝福邮件和贺卡时，若希望每个收件人都感觉到一对一的"专一度"，也可以使用"群发单显"功能。

在电子邮件发送过程中，要慎重转发邮件。在转发邮件之前，应首先确保所有收件人需要此消息。除此之外，转发敏感或者机密信息要小心谨慎，不要把内部消息转发给外部人员或者未经授权的接收人。

（六）要及时回复

收到邮件后要尽快回复，如果暂时没有时间，就先简短回复，告诉对方你已经收到邮件，过后会再详细说明。

二、电子邮箱维护礼仪

接收电子邮件时安全问题很重要，来历不明的信件必须谨慎处理，若不确定则最好删除。许多邮箱容量有限，要定期及时清理邮件收件箱、发件箱和回收箱，腾出邮箱容量空间，以免影响新邮件的接收。另外，要及时将一些有用的电子邮件地址记录下来或存入通信簿。

‖ 本 章 小 结 ‖

1. 工作中打电话的礼仪应注意以下问题：电话该不该打、电话应该何时去打、通话内容有何要求和打电话时应注意哪些举止。

2. 在工作中接电话的礼仪应注意以下问题：接听电话要及时、态度应恭谦、应自报家门、应注意自己的语言和语气、应注意分清主次。

3. 在工作中，还要注意手机的使用礼仪，手机应放置在合适的位置。使用手机应注意保证畅通、遵守公德、重视私密和注意安全。手机短信在使用过程中须注意以下方面：称谓署名不能少、发送回复讲时效、短信内容要原创、群发转发少使用、语言风格要庄重、附加功能慎使用等。

4. 电子邮件在使用时应注意使用方法正确，并定时进行电子邮箱维护。

知识判断

1. 如果是与上级、长辈、客户等通话，无论你是通话人还是发话人，都最好让对方先挂断。 （ ）

2. 每天都应查看自己的电子邮箱。 （ ）

3. 发电子邮件时可让正文栏为空白，只发送附件。 （ ）

4. 在观看演出时不要随意拨打或者接听电话。 （ ）

5. 在通话时，如果电话中断了，依照惯例，应由发话人立即再拨打一次。 （ ）

礼仪训练

模拟某办公室接电话的情景，学生以公关人员的身份模拟接电话，具体内容如下。

(1) 第一个电话：对方要找公关部王经理，公关告知王经理不在的对话情景。

(2) 第二个电话：对方打错电话，公关人员的应对。

(3) 第三个电话：对方询问公司新产品的情况及要转接的电话。

(4) 第四个电话：公关人员自己拨错电话时的应对。

(5) 第五个电话：顾客购买的产品在使用中出现了问题，反映情况的电话。

(6) 第六个电话：通知部门经理开会的电话。

(7) 第七个电话：对方咨询本公司产品情况时，公关人员需查资料让对方等候的电话。

(8) 第八个电话：公司和客户有一项已谈妥的合作，对方打电话来找公关人员。

案例评析

小洁是公司的新人，负责办公室的日常工作。这天，办公室主任要他给公司研发部门的员工发一封E-mail，通知大家下周例会时间变更。

小洁想想自己平时联络好友们群发邮件的情景，便胸有成竹地坐到办公桌前，开始撰写邮件。内容如下：

各位员工，这是一个时间变更通知。

下周的例会时间由周一上午变更为周二上午，时间仍按原定时间。

望相互转告。谢谢！

接下来，他在公司的信件系统中选了"群发"功能，将邮件发了出去。不一会儿，就有电话相继打到办公室，大家纷纷询问时间变更有没有自己的部门。原来，小洁一时大意，在群发时将邮件发给了公司的全体员工，且由于其信件中通知的对象不明确，给全体员工带来了困惑。事后，办公室主任严厉地批评了他。

(资料来源：根据网络资料整理)

问题：

小洁在使用E-mail时应注意哪些事宜？尝试帮助小洁对邮件的内容进行修改。

第十一章

仪式礼仪

国外名校如何"庆生"

校庆不仅仅是一个仪式，如今已俨然成为一种特殊的教育文化。校庆标志着一所学校的成长，点滴中更彰显出校方的办学理念与治学态度。当我们将视野拓展到全球，便会发现西方的诸多院校在迎接校庆时展现出了一种与东方世界截然不同的风格。其中既有文化差异的影响，也与各国国情、高等教育发展水平、大学在整个国家体系中的地位等因素息息相关。那么，国外名校又是怎么办校庆的呢？

牛津大学：从未办过像样的校庆

拥有800多年历史的牛津大学，培养了7个国家的11位国王、6位英国国王、47位诺贝尔奖获得者、53位总统和首相、12位圣人及86位大主教，影响着整个世界。但在牛津的官方宣传资料中，几乎看不到这些，这所英国最古老的大学甚至没有举办过像样的校庆。如果百度"牛津大学校庆"，查到的只有牛津大学校长在中国的大学校庆上的致辞。牛津大学副校长W. D. Macmillan教授在纪念西安交通大学建校110周年大会上的讲话时说："由于历史悠久，牛津大学的建校之日已不可考，因此牛津大学从未举办过校庆。"

哈佛大学：无意奉承总统的虚荣心

1986年，哈佛大学350周年大庆，6万多名哈佛大学的校友及嘉宾云集校园，隆重庆祝这一盛大纪念日。时任美国总统里根表示，他将十分愿意到哈佛大学校庆现场演讲，同时也希望哈佛大学能够授予他荣誉博士学位。然而，哈佛当时的校长博克却毫不客气地向媒体宣布，他无意奉承总统的虚荣心，因此并不会邀请美国总统参加校庆。拥有国家最高权力的总统阁下"惨遭"一所大学的拒绝，却丝毫没有办法。

剑桥大学：开展全英史上最大的大学募捐运动

2009年，为庆祝剑桥大学成立800周年，包括英国在内的许多英联邦国家举办了一系列隆重的庆祝活动，而校方则借此机会开展了英国有史以来规模最大的大学募捐运动。校方希望到2012年底，募捐的总数能达到10亿英镑。剑桥校友罗斯·爱德华兹和她的丈夫甚至不惜卖掉自己的软件公司，倾囊3000万英镑供剑桥大学投资教育。罗斯说："我们必须资助我们的大学，英国有许多拥有聪明才智的人，而剑桥则为他们提供了世界级的教育服务。"剑桥校长表示，在金融风暴的威胁下，校友们依然慷慨解囊，捐款结果远远超出了校方的期待。这些筹得的款项将被用于为学生提供奖/助学金、招揽顶尖教授、研究及发明，以及更好地保存校内古建筑和收藏品。

麻省理工学院：150周年校庆主题是"反思"

偌大的校园中，没有一点庆祝气氛，而且大楼确实如传说中所说外形粗笨，像个工厂。只有MIT的一幢"标志性"大楼，悬挂着两条条幅。从这所学校走出的诺贝尔奖获得者高达76位，比哈佛的40位还多。而这栋楼上镌刻的校名"麻省理工"，不要说校名中没有"大学"，连"学院"也没有。这次MIT的校庆主题，居然是反思：如何继续走近研究的前沿及世界面临的最紧迫问题。在这里展出的150件展品，全是MIT学生的发明，既有雷达、第一台实时计算机、第一个人造假肢、更好的天气追踪系统、晶体管、频闪摄影，又有各种毫无实用价值的怪异发明。这种展出风格，确实比较符合MIT的"书呆子"气质，校庆时竟然展出这么"荒谬"的"发明"。MIT的"书呆子"们知道，所谓伟大的发明，很可能就孕育在"荒谬"之中。MIT的校庆大会是在波士顿展览中心举行的，校庆大会开始，教授们身着博士服庄重地入场。令人吃惊的是，整个校庆活动，居然没有主持人，没有介绍出席这次校庆的重要来宾。在校长和教授们的发言中，关注的是未来100年MIT的发展。但从参加校庆的MIT学生中，能明显感受到他们对这种"气氛"的喜爱。说得简单一点，学生们处处感受到的是学校办学中完全以教师和学生为本。这样的一所大学，虽有傲人的办学成绩，却丝毫不张扬，而以反思为主题进行校庆；虽在科学技术领域领先全世界，但教授们的心思仍集中在培养学生上。

(资料来源：根据网络资料整理)

商业仪式是企业为了庆祝或纪念某个重要日子、重大事件而举行的气氛热烈而隆重的仪式。举办商业仪式，既可以表明企业对此项活动的重视，又可以借此扩大企业的社会影响，树立企业的良好形象。

▌ 第一节　开业庆典礼仪 ▌

开业庆典仪式是各类企业在成立或开张时，为达到宣传自己、扩大传播范围、塑造企业良好形象的目的，经过精心策划，按照一定的程序专门举行的一种庆祝仪式。举行开业仪式要遵循"热烈、隆重、节俭"的原则，并应遵守相关的礼仪规范。

一、典礼活动的类型

在商务活动中，商务人士参加典礼仪式的机会是很多的，既有可能为本单位组织典礼仪式，也有可能应邀出席外单位的典礼仪式。常见的典礼仪式有以下几种类型。

(一) 开业典礼

开业典礼是组织或企业在成立之际首次向社会展现自己，以引起社会与公众关注的活动。

(二) 周年纪念庆典

周年纪念庆典是社会组织或企业在成立的周年纪念日，为向外界宣传自己、扩大影响力而举办的活动。例如，美国可口可乐公司曾经举行可口可乐诞生一百周年庆典活动。

(三) 竣工典礼

竣工典礼是指在某项重大工程或重要任务完成之际，举行盛大的庆祝活动，以引起社会公众的关注，同时扩大自己在社会上的影响力。

(四) 剪彩仪式

开业典礼、奠基仪式、竣工仪式、开工典礼和展销会等活动都需要举行剪彩仪式。

(五) 荣获某项荣誉的庆典活动

企业在荣获某项荣誉称号或在国内外重大评选中获奖时，将举行庆典活动进行庆祝和宣传。

二、开业典礼的准备工作

对于企业来说，一场开业典礼就像一次大型的营销活动。在策划阶段，需要对庆典活动做出整体部署和对细节进行把握。成功的仪式意味着好的开端，因此，开业典礼的准备工作是极其重要的。因为它关系着开业典礼的成功，进而关系到企业业务的开展和企业的社会形象。通常开业典礼的前期准备工作包括以下内容。

(一) 前期宣传

开业典礼活动举办前，需要借助媒体多做报道、发布广告，也可派人在公众场合发宣传品，形成一定的声势，引起公众的广泛关注。公关活动及宣传广告等活动宜安排在开业典礼前三至五天进行，最多不超过一周，过早和过迟都难以收到良好效果。同时还应提前向媒体记者发出邀请，届时进行现场采访和报道，以便进一步扩大影响。

(二) 准备开幕词、致答词

开幕词和致答词应当言简意赅、热情庄重，起到密切感情、增加友谊的作用。同时要注意控制发言时间。

(三) 拟定典礼程序

典礼程序有着严格的先后顺序，事先应做好妥善安排。从总体上看，开业仪式大都由开场、过程、结尾三大基本程序构成。开场包括奏乐、邀请来宾就位、宣布仪式正式开始、介绍主要来宾等；过程为开业仪式的核心内容，通常包括本单位负责人讲话、来宾代表致辞、启动某项开业标志等；结尾包括开业典礼结束后，主办方和来宾一起进行现场座谈、参观、联欢等。

(四) 邀请来宾

开业典礼的成功在很大程度上与参加典礼的主要来宾的身份、职能部门的范围和参加仪式的人数有直接关系。参加开业仪式的人员除上述媒体记者外，还应包括：上级主管部门领导、地方职能管理部门领导，主要是表达企业对上级机关的感谢及希望能继续得到支持；社会知名人士，希望通过他们的名人效应，更好地提升企业的形象层次；同行业代表，希望能同舟共济、彼此合作、促进友谊、共谋发展；社区负责人及客户代表，希望处理好企业的社区公关，求得社区的共同繁荣。同时也应列出本企业参加开业仪式的领导、员工代表及服务人员名单。

(五) 发放请柬

出席开业典礼的人员一旦确定，应提前一周发出请柬，以便被邀者及早安排和准备。请柬的印制要精美、大方，形状和大小要根据请柬的内容来决定。请柬内容要完整，文字要简洁，措辞要热情，被邀者的姓名要书写整齐，不能潦草马虎。写好的请柬装入信封后可通过邮局邮寄，也可派人送达。重要人士或主要领导的请柬应直接派人送达，以表示诚恳和尊重。

知识拓展

开业典礼邀请函格式

尊敬的××先生：

您好！

首先感谢您在过去的时间对××公司的关注和支持！感谢您对我们所有工作的理解和肯定！在此，总经理××携公司全体员工为您送上最真挚的问候和最衷心的祝福！××公司是×××集团下属的一家子公司，并将于××××年××月××日(星期×)举行开业庆典，点火投产，诚挚邀请您的莅临。

时间：××××年××月××日××时××分

地点：××××

联系人：××××

联系电话：××××

手机：××××

具体到达时间、出席人数，请予以确认并回复，以便我方安排具体招待事宜。

(六) 布置场地

开业典礼的现场布置很重要，布置得好能够烘托现场气氛。所以，地点的选择、环境的美化、现场的大小及音响的准备等，都需要精心安排。开业典礼多在开业现场举行，其场地可以是正门之外的广场，也可以是正门之内的大厅。为了烘托热烈、隆重、喜庆的气氛，可在场地四周悬挂"×××商场开业典礼""×××公司隆重开业"的横幅，两侧可布置一些来宾赠送的花篮、牌匾，会场四周还可以悬挂标语。

(七) 馈赠礼品

举行开业典礼时赠予来宾的礼品，一般是带有宣传属性的传播媒介，若能选择得当，必定会产生良好的效果。作为馈赠来宾的礼品，应当与众不同，具有本企业的鲜明特色，令人过目难忘。要使之具有一定的纪念意义，才能使拥有者对其珍惜、重视。

(八) 物质准备和人员准备

物品方面的准备包括：来宾的签到簿、本企业的宣传资料、彩带、剪刀、托盘、待客用的饮料等。设备方面的准备包括：音响、录音录像、照明设备等，各种设备应提前调试好。人员准备方面，需要提前安排好接待人员，接待贵宾时，需由本企业负责人亲自迎接，其他来宾可由本企业礼仪人员接待；对于年事已高或非常重要的来宾，需要安排专门人员始终陪同。

三、开业典礼的程序

开业典礼的主要程序如下。

(一) 迎宾

接待人员在会场门口接待来宾,在来宾签到后引导来宾就位。

(二) 典礼开始

主持人宣布开业典礼正式开始,并宣读重要嘉宾名单。

(三) 致贺词

由上级领导和来宾代表致贺词,主要表达对开业企业的祝贺,并寄予厚望。由谁来致贺词要事先定好,以免当众推来推去。对于贺电、贺信等不必一一宣读,但对其署名的单位或个人应予以公布。

(四) 致答词

由本企业负责人致答词,其主要内容是向来宾及祝贺单位表示感谢,并简要介绍本企业的经营特色、内容及目标等。

(五) 揭幕

由本企业负责人和一位上级领导或嘉宾代表揭去盖在牌匾上的红布,宣告企业正式成立,参加典礼的全体人员应鼓掌祝贺。

(六) 参观

可引导来宾参观,介绍本企业的主要设施、特色项目及经营策略等。

(七) 迎接首批顾客

可采取让利销售或赠送纪念品的方式吸引顾客;也可以邀请一些有代表性的公众参加座谈,虚心听取公众的意见,拉近与公众的距离。

上述过程是开业典礼仪式的主要程序,可以根据具体情况进行调整。总之,开业典礼仪式程序并不复杂,时间也不长,但一定要办得热烈、隆重、有创意,给人留下深刻、美好的印象。

购物广场开业庆典当天活动流程及分工

7:00	全体工作人员在门口集合
	再次调试舞台电源、音响设备、麦克风
	摆放贵宾台、嘉宾台凳(含台布、鲜花、席卡、矿泉水、开业流程单);
	检查花篮、拱门、灯笼柱、灯笼、条幅、空飘、金狮等的摆放
7:30—8:00	准备暖场音乐
	准备商场内音乐
7:40—8:20	领导、嘉宾签到，醒狮队进行迎宾表演
	礼仪小姐引导领导到休息区休息
7:40—8:20	商场领导在现场欢迎来宾
8:25	礼仪小姐引导领导、嘉宾入席
8:40—8:55	主持人开场白
	宣布开业典礼正式开始
9:00—9:10	董事长致辞
9:10—9:20	超市董事长讲话
9:36	领导上台剪彩(嘉宾名单确认)
9:40—9:45	八狮点睛
9:45—10:00	舞八鼓
10:00—10:15	舞八狮
10:15—10:45	醒狮采青、瑞狮吐联
10:45—10:50	主持人介绍商场娱乐活动及开业促销活动，宣布典礼圆满结束
10:50—巡场结束	醒狮旺场，醒狮拜门(收银台、专柜、拜门出场)
10:50	礼仪小姐引导嘉宾到场内参观
12:00	活动结束

需要安排好的工作：1. 所有工作人员、嘉宾及表演人员的早餐

2. 狮队车辆的停放位置

3. 活动现场及城管的协调

4. 促销现场的安排

5. 主持环节的配合、把控及应变

第二节　签约仪式礼仪

签约仪式是指在签约过程中，为表示郑重和隆重而举行的仪式。签约仪式礼仪是仪式礼仪的重要内容，各方都应严格按照签约仪式礼仪的要求，表现出己方严谨、专业的态度。

一、签约仪式的准备工作

(一) 准备签字厅

对于重大的签字仪式，应该布置专用的签字厅。一般情况下，没有专用签字厅，也可以临时用会议厅、会客室来代替。签字厅内应铺满地毯，除了必要的签字用桌椅外，其他陈设都可不需要。

通用的签字桌是长形桌，桌子上一般铺深绿色台呢。签字桌应横放在室内，桌后可以放两把座椅，供签字人就座。签署多边合同时，一般仅放一把座椅，供各方签字人轮流签字时就座；也可以给每位签字人都提供一把座椅。签字人一般面对正门就座。

(二) 准备签字用具

需事先在签字桌上放好需要签署的合同文本、签字笔和吸墨器等签字用具。合同文本要用白纸印成，按大八开的规格装订成册，并用高档材料，如真皮、金属、软木等作为封面。

签字桌的正后方，最好挂上"×××签字仪式"字样的条幅或背景布，上面标明签字各方的名称。按照惯例，条幅应是红底白字或黄字，背景布一般以蓝底居多，有时也可以加上其他图案，如项目合作图。至于字的颜色，则用白色、黄色甚至红色都可以。

(三) 准备涉外合同

签涉外合同时要在签字桌上插放各方的国旗，各方的国旗应插在该方签字人座椅的正前方。如果安排致辞，则可以在签字桌的右侧放置发言席或者落地式话筒。

(四) 确定签字人员

举行签字仪式之前，各方应事先确定好参加仪式的人员，并向有关方面报告，尤其是客方，要将出席签字仪式的人数提前报给主办方，以便主办方做好安排。参加签字的各方，事先还要安排一名熟悉仪式程序的助签人员，负责签字时给文本翻页，并指明签字处，防止发生漏签。

(五) 签署合同文本的要求

依照商务领域的习惯，在正式签署合同之前，应由举行签字仪式的主办方负责准备待签合同的正式文本。签涉外合同时，应会同有关各方一道指定专人，共同负责合同文本的翻译、校对、定稿、印刷、装订、盖火漆印。按常规，应向合同文本上正式签字的有关各方，均提供一份待签的合同文本；必要时，还可再向各方提供一份副本。

二、签约仪式的座次安排

主办方要安排好双方签字人的位置，因为在正式签署合同时，各方代表对于礼遇均非常在意。因此，对于在签字仪式上最能体现礼遇高低的座次问题，应当认真对待。

(一) 双边签字座次安排

一般来讲，东道国或东道主签字人的位置应于签字桌的右侧，客方签字人的座位应位于签字桌的左侧，双方签字者面对房门而坐。注意按照国际惯例，排位方式以右为贵，主左客右。双方的助签人员分别站在各方签字人的外侧，其任务是帮助翻揭待签文本，向签字人指明签字处。双方其他参加签字仪式的人员应分别按一定的顺序排列于各方签字人之后，原则上，双方随行人数应大体上相近。同时应注意，中央高于两侧，也就是双方地位高的人站在中间，站在最外面的人地位相对较低。如果站立的签字参加人员有多排，一般还讲究前排高于后排，即站在第一排的人地位较高。我国的签字仪式多采用这种形式，如图11-1所示。

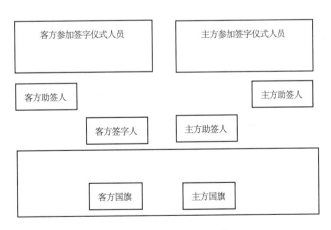

图 11-1 双边签字仪式位次

(二) 多边签字座次安排

多边签字时，只签1份正本。签字人员座次按国家英文名称开头字母顺序排列。排列最前的国家居中，再按顺序先右后左向两边排开。参加人员按身份高低从前向后就座，如

图11-2所示。

图 11-2　多边签字仪式位次

三、签约仪式的程序

签字仪式过程中要秩序规范、庄重而热烈。参加签字仪式的人员都应注意自己的仪表、仪态，穿着打扮要整洁得体，举止要大方自然。签字仪式的正式程序主要包括以下步骤。

(1) 签字仪式正式开始，各方人员进入签字厅。

(2) 签约者在签约台前入座，其他人员分主、客各站一边，按其身份地位自里向外依次由高到低排开，列队于各自签约者的座位之后。

(3) 双方助签人员分别站立在己方签约者的外侧。

(4) 签约仪式开始后，助签人员翻开文本，指明具体签字处，由签字人签上自己的姓名。通常的做法是首先签署己方保存好的合同文本，再签署他方保存的合同文本。商务礼仪规定，每个签字人在由己方保留的合同文本上签字时，按照惯例应当名列首位，这一做法在礼仪上称为"轮换制"。因此，每个签字人均应首先签署己方保存的合同文本，再交由他方签字人签字。

(5) 签字人正式交换已经由各方正式签署的合同文本，且保留本方首签的文本。此时，各方签字人应热烈握手，互致祝贺，并相互交换各自刚才使用过的签字笔留作纪念。全场人员应鼓掌，表示祝贺。

(6) 共饮香槟酒互相道贺。交换已签的合同文本后，礼宾人员用托盘端上香槟酒，有关人员，尤其是签字人应当场喝一杯香槟酒，这是国际上通行的用以增添喜庆色彩的做法。同时也可以接受新闻媒体的采访，并就签约事宜回答提问。

(7) 双方最高领导者及客方人员先退场，东道主后退场。

四、签约仪式的禁忌

签约是洽谈结出的硕果，签约仪式上，双方的气氛会较为轻松和谐，没有了洽谈时的警觉和自律，但签约仪式礼仪仍不可大意。

(1) 注意服饰整洁、挺括。参加签约仪式，应穿正式服装，庄重大方，切不可随意着装。这反映了签约方对签约的整体态度和对对方的尊重。

(2) 双方签约者的身份和职位应对等，过高或过低都会造成误会。其他人员在站立的位置和排序上也应有讲究，不可随意站位。在整个签约完成之前，参加仪式的双方人员都应平和地微笑直立站好，不宜互相走动谈话。

(3) 签字应遵守"轮换制"的国际惯例。即签字者应先在自己一方保存的文本左边首位处签字，然后交换文本，在对方保存的文本上签字，这样可使双方都有一次机会在首位签字。在对方文本上签字后，应亲自与对方签字者互换文本，而不是由助签者代办。

(4) 双方举杯共饮香槟酒时，不能大声喧哗、叫喊。碰杯要轻，而后高举示意，浅抿一口即可，举止要文雅、有风度。

第三节　剪彩仪式礼仪

剪彩仪式是指为了庆祝公司的成立、公司的周年庆典、企业的开工、宾馆的落成、商店的开张、银行的开业、大型建筑物的启用、道路或航道的开通、展销会或展览会的开幕等而举行的一项隆重的礼仪性程序。

一、剪彩仪式的准备工作

剪彩的准备必须一丝不苟，它涉及场地的布置、环境卫生、灯光与音响的准备、媒体邀请、人员培训等。在准备这些方面时，必须认真细致，精益求精。

剪彩仪式的准备工作一般与开业典礼的准备工作大同小异。仪式开始前用各种媒介进行宣传，引起社会关注，提高企业知名度。再者就是剪彩活动的具体执行方案要考虑周全。

(一) 布置场地

剪彩仪式的会场一般选在展销会、博览会等门口，如果是新建设施、新建工程竣工启用，会场一般安排在新建设施工或工程现场。会场标示可写"××商厦开业典礼"或"××大桥通车仪式"等字样，会场四周可适当张灯结彩、悬挂气球等。

(二) 准备剪彩用具

剪彩仪式上的一些必备用具，如红色绸带、新剪刀、白色薄纱手套、托盘及红色地毯等，要仔细地进行选择与准备。

1. 红色绸带

按照传统做法，应由一整块未曾使用过的红色绸缎，在中间结成数朵花团制成。红色绸带上所结的花团，不仅要生动、硕大、醒目，而且其具体数目往往同现场剪彩者的人数直接相关。有两类模式可选择，其一是花团的数目比现场剪彩的人数多一个；其二是花团的数目比现场剪彩的人数少一个。前者可使每位剪彩者总是处于两朵花团之间，尤显正式；后者则不同常规，亦有新意。

2. 新剪刀

必须保证现场每位剪彩者人手一把剪刀，而且必须是崭新、锋利且顺手的剪刀。正式剪彩之前应该对剪刀进行认真的检查。剪彩结束之后，主办方可将每位剪彩者使用过的剪刀在经过包装之后，送给对方以示纪念。

3. 白色薄纱手套

白色薄纱手套是专为剪彩者准备的。在正式剪彩时，最好每人戴上一副白色薄纱手套，以示郑重，有时也可不准备。

4. 托盘

在剪彩仪式上所使用的托盘，最好是崭新、洁净的，通常首选银色的不锈钢制品。为显正规，可在使用时铺上红布。就其数量而言，在剪彩时，可以一只托盘依次向各位剪彩者提供剪刀与手套，并同时盛放红色绸带；也可以为每一位剪彩者配置一只专为其服务的托盘，红色绸带也专由一只托盘盛放。

5. 红色地毯

红色地毯主要用于铺设在剪彩者正式剪彩时的站立处，其长度可视剪彩者人数的多少而定，宽度则应在一米或一米以上。在剪彩现场铺设红色地毯，主要是为了提升仪式的档次，营造喜庆的气氛。

（三）确定剪彩人员

1. 剪彩人员的组成

除主持人之外，剪彩人员主要由剪彩者与助剪者两部分人员组成。根据惯例，剪彩者可以是一个人，也可以是几个人，但一般不应多于五人。剪彩者多由上级领导、合作伙伴、社会名流、员工代表或客户代表担任。助剪者指的是在剪彩的一系列过程中从旁为剪彩人员提供帮助的人员。一般来说，助剪者多由东道主一方的女职员担任，具体而言又可以分为迎宾者、引导者、服务者、捧花者、托花者和托盘者。

2. 确定主剪彩人的位置

若剪彩者仅为一人，则其剪彩时居中而立即可；若剪彩者不止一人，则同时上场。剪彩时位次的尊卑就必须予以重视，一般的规矩是：中间高于两侧，右侧高于左侧，距离中间站立者越远地位越低，即主剪者应居于中间位置。

知识拓展

剪彩仪式的由来

剪彩的由来有两种说法。

一种说法是，剪彩起源于西欧。

很久以前，西欧造船业比较发达，新船下水往往会吸引成千上万的观众。为了防止人群拥向新船而发生意外事故，主持人在新船下水前，会在离船体较远的地方，用绳索设置一道"防线"。等新船下水典礼就绪后，主持人就剪断绳索让观众参观。后来将绳索改为彩带，人们就给它起了"剪彩"的名称。

另一种说法是，剪彩起源于美国。

1912年，在美国的一个乡间小镇上，有家商店的店主独具慧眼，从一次偶然发生的事故中得到启迪，为商家创立了一种崭新的庆贺仪式——剪彩仪式。

当时，这家商店即将开业，店主为了阻止闻讯之后蜂拥而至的顾客在正式营业前耐不住性子，争先恐后地闯入店内，将用以优惠顾客的便宜货争购一空，而使守时而来的人们得不到公平的待遇，便随便找来一条布带子拴在门框上。谁曾料到这项临时性的措施竟然更加激起了挤在店门之外的人们的好奇心，促使他们更想早一点进入店内，对将出售的商品先睹为快。

事也凑巧，正当店门之外人们的好奇心上升到极点，显得有些迫不及待时，店主的小女儿牵着一条小狗突然从店里跑了出来，那条"不谙世事"的小狗若无其事地将拴在店门上的布带碰落在地。店外不明真相的人们误以为这是该店为了庆祝开张所准备的"新把戏"，于是立即一拥而入，大肆抢购。让店主转怒为喜的是，他的这家小店在开业之日的生意居然红火得令人难以设想。

向来有些迷信的他便追根溯源地对此进行了一番"反思"，最后他认定，自己的好运气全由那条被小狗碰落在地的布带带来。因此，此后在他旗下的几家"连锁店"陆续开业时，他便依旧照之前的进行。久而久之，他的小女儿和小狗无意之中的"发明创造"，经过他和后人不断地"提炼升华"，逐渐成为一整套仪式。这套仪式先是在全美，后是在全世界广为流传。在流传的过程中，这套仪式被人们赋予了一个极其响亮的名称——剪彩，沿袭下来就成了今天盛行的"剪彩"仪式。

二、剪彩仪式的程序

一般来说，剪彩仪式宜紧凑，忌拖沓，所耗的时间越短越好。仪式时长短则15分钟，长则不宜超过1小时。剪彩仪式通常应包括以下六项基本程序。

(一) 请来宾就位

在剪彩仪式开始时，应请大家在已排好顺序的座位上就座。一般情况下，剪彩者应就座于前排。若剪彩者不止一人，则应使之按照剪彩时的具体顺序就座。

(二) 宣布仪式正式开始

主持人宣布仪式开始后，乐队应演奏音乐，全体到场者应热烈鼓掌。此后，主持人应向全体到场者介绍到场的重要来宾。

(三) 奏国歌

奏国歌时应全场起立，必要时也可在奏完国歌后演奏本企业的标志性歌曲。

(四) 发言

发言者依次应为东道主企业的代表、上级主管部门的代表、地方政府的代表、合作企业的代表等。发言内容应言简意赅，每人不超过三分钟，主要内容应为介绍、道谢与致贺。

(五) 剪彩

剪彩时应全体热烈鼓掌，必要时还可奏乐。在剪彩前，应向全体到场者介绍剪彩者。图11-3所示为2016年诺丁汉孔子学院首家下属孔子课堂——爱德曼·华特孔子课堂在爱德曼华特中学大礼堂举行的剪彩仪式。

图 11-3　爱德曼·华特孔子课堂剪彩仪式

（六）参观

剪彩之后，主办方应陪同来宾参观被剪彩之物，仪式至此宣告结束。东道主企业可向来宾赠送纪念性礼品，并以自助餐款待全体来宾。

三、剪彩仪式的注意事项

1. 当主持人宣布进行剪彩之后，礼仪人员应率先登场

在上场时，礼仪人员应排成一行，从两侧同时登台或从右侧登台。登台之后，接彩者与捧花者应站成一行，拉彩者处于两端拉直红色绸带，捧花者各自双手捧一朵花团。托盘者应站立在拉彩者与捧花者身后一米左右，并自成一行。

2. 剪彩者登台时，引导者在其左前方进行引导，使之各就各位

当剪彩者均已到达既定位置后，托盘者应前行一步，到达前者的右后侧，以便为其递上剪刀、手套。

3. 剪彩者若不止一人，则其登台时亦应排成一列，并让主剪者行进在前

在主持人向全体到场者介绍剪彩者时，剪彩者应面带微笑向大家欠身或点头致意。剪彩者行至既定位置后，应向拉彩者、捧花者含笑致意。托盘者递上剪刀、手套后，亦应微笑着向对方道谢。

4. 在正式剪彩时，剪彩者应集中精力，右手持剪刀，表情庄重地将红色绸带一刀剪断

若多名剪彩者同时剪彩，其他剪彩者应注意主剪者的动作，与其主动协调一致，力争同时将红色绸带剪断。按照惯例，剪彩以后，红色花团应准确无误地落入托盘者手中的托盘，切勿使之坠地。剪彩者在剪彩成功后，可以右手举起剪刀，面向全体到场者致意，然后放剪刀、手套于托盘之内，举手鼓掌。接下来，剪彩者可依次与主人握手道喜，并在引

导者的引导下退场，退场时一般宜从右侧下台。

5. 待剪彩者退场后，其他礼仪人员方可列队由右侧退场

不管是剪彩者还是助剪者，在上场、下场时，都要井然有序、步履稳健、神态自然。在剪彩过程中，则要表现得落落大方。

第四节　新闻发布会礼仪

新闻发布会(news release conference)是政府或某个社会组织定期、不定期或临时举办的信息和新闻发布活动，以直接向新闻界发布政府政策或组织信息，解释政府或组织的重大政策和事件。新闻发布会通常有正规的形式，须符合一定的规格，根据发布会所发布的内容精心选择召开的时间和地点；一般会邀请记者、新闻界(媒体)负责人、行业部门主管、各协作单位代表及政府官员参加，实现了时间集中、人员集中、媒体集中；一般通过报刊、电视、广播、网站等大众传播手段的集中发布，迅速将信息扩散给公众。图11-4是华为手机新产品发布会现场，通过新闻发布会，华为把新产品投入市场的消息快速传递给公众，以利于新产品市场拓展。

图11-4　华为新产品发布会现场

一、新闻发布会的准备工作

筹备新闻发布会的准备工作甚多，其中最重要的是做好主题的确定、时间地点的确定、人员的安排、材料的准备四项具体工作。

(一) 主题的确定

一旦决定召开一次新闻发布会，应首先确定其主题，即确定新闻发布会的中心议题。主题确定是否得当，往往直接影响新闻发布会的预期目标能否实现。一般而言，新闻发布会的主题大致有三类：一是发布某一消息；二是说明某一活动；三是解释某一事件。

具体而言，组织开业、扩建、合并或关闭，组织创立的周年纪念日、经营方针发生改变，组织推出新举措、新产品、新技术或新服务，组织的首脑或高级管理人员发生变动，组织出现重大事故，组织遭到社会的误解或者批评等，通常都是新闻发布会的常规主题。例如，图11-4中华为公司新闻发布会的主题就是说明性主题，即说明和推介新的产品。

(二) 时间地点的确定

1. 时间的确定

通常认为，举行新闻发布会的最佳时间是周一至周四的上午九点至十一点，或周一至周四的下午三点至五点。在此时间内，绝大多数人是方便与会的。之所以将周五排除在外，主要是因为周末随之而至，此刻人心涣散，对新闻报道往往不予重视。一般来说，一次新闻发布会所使用的全部时间应控制在两个小时以内。

在选定举行新闻发布会的时间时，还应注意以下四个方面的细节问题：一是避开节假日；二是避开本地的重大社会活动；三是避开其他单位的新闻发布会；四是避免与新闻界的宣传报道重点撞车或相左。

2. 地点的确定

选择新闻发布会的举行地点时，除可以考虑本单位本部所在地、活动或事件所在地之外，还可优先考虑首都或其他影响力大的中心城市。必要时，还可在不同地点举行内容相似的新闻发布会。举行新闻发布会的现场应交通方便、条件舒适、环境幽雅、面积适中，如本单位的会议厅、酒店的多功能厅、当地最有影响的建筑物等，均可酌情予以选择。

案例链接

华为新品新闻发布会地点的选择

如今全球智能手机的竞争越发激烈，那么手机厂商们每年的新品发布会是在哪里举行呢？最具影响力的苹果，每年的新品发布会都会在美国本土举办。而中国华为每年的新品发布会却在国外举办，这是为什么呢？其实对于消费者们而言，只要手机的性能优势明显，价格合理，无论在哪里举办新品发布会都没问题。苹果手机新品发布会现场如图11-5所示。

图 11-5　苹果手机新产品发布会现场

苹果自第一代手机开始就一直未跌落"神坛",所以直到现在,苹果的每一场发布会都会聚集"果粉"们的目光。苹果产品优质的性能多年来吸引了不少忠实的"果粉",积累了庞大的消费者基础。苹果手机在本土开新品发布会这并没有什么异议,因为它本身的影响力就比较大,无论新品发布会在哪里开,都会有消费者买单。其最主要的优势还是自身的不可替代性。

而反观华为,虽已在国内市场成功地打响了知名度和品牌优势,目前在国内是一个家喻户晓的国产品牌,但是这仅限于国内,所以华为将目光转向更多可能的海外市场。要想在别人的市场拿下一定的份额,肯定还是要拿出自己的诚意,所以华为选择将新品发布会开到国外,借此打开自己的品牌知名度。

(资料来源:根据网络资料整理)

(三) 人员的安排

在准备新闻发布会时,主办方必须精心做好有关人员的安排。与其他会议不同的是,新闻发布会的主持人、发言人选择是否得当,往往直接影响新闻发布会的成败。因此,在安排新闻发布会的人员时,首先要选择好主持人与发言人。

1. 主持人

新闻发布会的主持人大都应当由主办单位的公关部部长、办公室主任或秘书长担任,其应当具备的基本条件是:熟悉本单位情况,仪表堂堂,思维敏捷,反应迅速,有较高的文化修养和专业水平,善于把握大局、引导提问,具有丰富的主持会议的经验。

2. 发言人

一般情况下，新闻发布会的发言人是会议的主角，因此通常应由本单位的主要负责人担任，有些单位往往还设有专职的新闻发言人。除在社会上口碑较好，与新闻界关系较为融洽之外，对发言人的基本要求还包括：恪尽职守，修养良好，知识渊博，思维敏捷，反应迅速，能言善辩，彬彬有礼等。

3. 邀请对象

应根据新闻发布会的主题确定邀请对象。新闻记者是新闻发布会的主宾，邀请哪些记者参加，应根据新闻发布会的性质而定。如果想扩大影响力和知名度，可以多层面邀请记者，或者根据需要来确定。此外，客户或同行也是受邀请的对象。

除要确定主持人、发言人及邀请对象之外，还需要精选一些本单位的员工负责会议现场的礼仪接待工作。依照惯例，他们最好由品行良好、相貌端正、工作负责、善于交际的年轻女性担任。

(四) 材料的准备

在准备新闻发布会时，主办方需要有专人准备好以下具体材料。

1. 发言提纲

发言提纲是发言人在新闻发布会上进行正式发言时的发言提要。对发言提纲的主要要求是：既要紧扣主题，又要全面、准确、生动、真实。

2. 问答提纲

发言人在新闻发布会前，需要对有可能被提问的主要问题进行预测，并就此预备好相应的答案，以使发言人心中有数，这样才能在正式回答提问时表现自如、不慌不忙。

3. 宣传提纲

为方便新闻界人士在进行宣传报道时抓住重点、资讯翔实，主办方可事先精心准备好一份以相关数据、图片、资料为主的宣传提纲，并打印出来，在新闻发布会上提供给每一位来宾。宣传提纲上通常应列出主办方的名称、联络电话及传真号码，以供来宾知晓。有自己网站的主办方，还可同时列出其网址。

4. 其他材料

在新闻发布会的举办现场，为强化发布会效果，还可以准备一些其他资料，如图表、照片、实物、模型、沙盘、录音、录像、影片、书刊等，以供来宾参考。在新闻发布会前后，有时亦可安排一些现场参观或展览，但安排此类活动时应注意不可弄虚作假或泄露商务秘密。

二、新闻发布会的程序

召开新闻发布会的程序一般如下。

(一) 签到

在接待处设签到处，接待时最好由组织的某位主要人物出面迎宾，以凸显组织对活动的重视，给来宾留下好印象。来宾用预先准备好的笔在签到簿上签上自己的姓名、单位、职业、联系电话等。

(二) 分发资料

事先准备好资料袋，以便分发给每位来宾。资料袋中应包括新闻发布稿、技术性说明(必要时发放)、主持人的简略材料和照片，以及会上要展示的产品或模型的照片。

(三) 宣布开始

会议开始时，主持人简要说明此次发布会的目的，以及所要发布信息或事件发生的背景和经过等。

(四) 发言人讲话

发言人讲话要措辞准确、讲清重点、吐字清晰，可以就某些内容进行重点、详细讲述。

(五) 回答记者提问

发言人要准确、流利自如地回答记者提出的各种问题，态度要诚恳，语言要精练，对于保密的内容或不便回答的问题不要避而不谈，可以用幽默的方式进行回答。不要误导记者写对组织不利的报道。另外，对于记者的提问，不要随意打断，也不能通过各种动作、表情和语言对记者表示不满。

(六) 接受重点采访

如果媒体记者有采访的要求，应尽力安排，给记者更多了解组织的机会。

(七) 宣布结束

宣布会议结束后，如有必要可以举行茶会或者酒会，增进与来宾的沟通。

三、新闻发布会的会后工作

在新闻发布会举行完毕后，主办方还应在一定时间内做好善后工作。

（一）了解新闻界的反应

新闻发布会结束后，应对照现场所使用的来宾签到簿与来宾邀请名单，核查新闻界人士的到会情况，据此可大致推断出新闻界对本单位的重视程度。此外，还应当了解与会者对此次新闻发布会的意见或建议，并尽快找出自己的缺陷与不足。最后要了解有多少新闻单位发布了此次发布会的相关新闻稿。

（二）保存发布会资料

新闻发布会后要整理有关资料，以便全面评估会议效果，也可为此后举行同类型的发布会提供借鉴。需要认真整理保存的新闻发布会有关资料包括：会议自身的图文影像资料，如在会议进行过程中所使用的一切文件、图表、录音、录像等；媒体关于会议的报道资料，如在电视、报纸、广播、杂志、网络上公开发表的涉及此次新闻发布会的消息、通信、评论、图片等，此类资料又可以细分为有利报道、不利报道和中性报道等三类。

（三）酌情补救

新闻发布会结束后，要总结会议的举办经验，收集、研究新闻界对会议的相关报道，应主动对失误、过错或误导采取一些必要的补救措施。对于在新闻发布会之后所出现的不利报道，特别要注意具体分析、具体对待。

此类不利报道，大致可以分为三类：一是事实准确的批评性报道，主办方应当闻过即改，虚心接受；二是因误解而出现的失实性报道，主办方应通过适当途径加以解释、消除误解；三是有意歪曲事实的敌视性报道，主办方应在讲究策略、方式的前提下据理力争，尽量为本单位挽回声誉。

四、新闻发布会的技巧

（一）摆放席位

发布会一般由主席台和台下的单个座位组成。要注意确定主席台人员，应在主席台摆放席卡，以方便记者记录发言人姓名。席卡的摆放原则是：职位高者靠前靠中，自己人靠边靠后。现在很多会议采用主席台只有主持人位和发言席，贵宾坐于下面第一排的方式。一些非正式、讨论性质的会议则是圆桌摆放式。

（二）安排其他道具

最主要的道具是麦克风和音响设备。一些需要电子展示的内容还包括投影仪、笔记本电脑、连线、上网连接设备、投影幕布等，相关设备在发布会前要反复调试，保证不出故障。

新闻发布会现场的背景布置和外围布置需要提前安排。一般可在大堂、电梯口、转弯处设导引指示欢迎牌，也可事先安排好礼仪小姐迎宾。

(三) 准备资料

提供给媒体的资料一般为广告手提袋或文件袋的形式，应整理妥当，按顺序摆放，在新闻发布会前发放给新闻媒体。资料的摆放顺序依次应为：会议议程、新闻通稿、演讲发言稿、发言人的背景资料介绍、公司宣传册、产品说明资料、相关图片、纪念品、企业新闻负责人名片、空白信笺、笔等。

(四) 邀请媒体记者

邀请媒体的技巧很重要，既要吸引记者参加，又不能过多透露将要发布的新闻。在媒体邀请的密度上，既不能过多，也不能过少。一般而言，企业应该邀请与自己联系比较紧密的商业领域的记者参加。邀请的时间一般以提前3到5天为宜，发布会前一天可做适当提醒。联系比较多的媒体记者可以采取直接电话邀请的方式；相对不是很熟悉的媒体或发布内容比较严肃、庄重时，可以采取书面邀请函的方式。

(五) 其他注意事项

新闻发布会开始时要介绍发布会的目的，到会的重要宾客；要详细、准确地解释所发生的事件及进展情形；态度要诚恳；向新闻界发布的消息要统一规范，多做正面介绍；重要事项应以新闻稿的形式发给记者；应控制会场秩序，有序提问；发布的消息要真实，回答要讲究策略；发布会结束应从另一出口迅速离场，避免记者在走廊上继续追逐提问；如还需召开新闻发布会，应明确告诉记者下次发布信息的时间。

▌本章小结▐

1. 开业典礼是企业为达到宣传目的，营造一个良好的开端，而精心策划、按照一定的程序专门举行的一种庆祝仪式。具体内容涉及开业典礼的准备、开业典礼的程序。

2. 签约仪式是商务活动中合作双方或多方经过谈判或协商，就彼此间的商务活动、商品交易等达成协议、订立合同后，由双方代表正式在有关协议或合同上签字的一种庄严而又隆重的仪式。签约仪式之前要做好准备工作，并按照正式的签约程序开展签约仪式。

3. 剪彩仪式是指为庆祝组织开业，宾馆、商店等机构开张，高楼大厦落地启用，道路或航线开通等活动而聘请知名人士用剪刀剪断红色绸带的庆典活动。剪彩的用具准备包括：红色绸带、新剪刀、白色薄纱手套、托盘及红色地毯等。剪彩仪式的程序有：请来宾就座；宣布仪式正式开始；奏国歌；发言；剪彩；参观等。

4. 新闻发布会是为了宣布某项重要消息，把有关新闻机构的记者召集在一起，进行信息发布的一种特殊形式的会议。组织召开新闻发布会的目的是及时、公正地把组织的重要信息传递给社会公众，让社会公众对企业有明确的认识。

知 识 判 断

1. 常见的典礼仪式有以下几种类型：开业典礼、周年纪念庆典、竣工典礼、剪彩仪式及本单位荣获某项荣誉的庆典活动。 （　　）

2. 签字仪式的座次安排，按照国际惯例，排位方式为以左为贵，主右客左。 （　　）

3. 剪彩仪式上所用的红色绸带，按照传统做法，应由一整块未曾使用过的红色绸缎，在中间结成数朵花团制成。 （　　）

4. 主办方在新闻发布会召开过程中，生怕暴露商业机密，凡涉及具体数据时总是含含糊糊，一谈到敏感话题就"顾左右而言他"，不是无可奉告就是正在调查。这种做法是正确的。 （　　）

5. 新闻发布会的主持人一般由主办单位的办公室主任或公关部长担任。 （　　）

礼 仪 训 练

1. 宝华公司和仁和公司将举行签字仪式，请按照签字仪式的礼仪要求，设计两个公司的签字仪式情景。

2. 熊猫牌电动自行车是全国知名的电动车产品，其产品质量受到业内专家和消费者的好评，公司准备召开全国客户洽谈会暨产品发布会。请拟一份与会人员名单。

案 例 评 析

2014年9月21日下午，李娜退役新闻发布会在北京国家网球中心举行，这里也是今年中国网球公开赛的举办地。不同的是今年李娜再次回到这里时已不再是参赛者，而是退役者。一身休闲打扮、画了淡妆的李娜今天很快就将时间都交给了媒体，她虽然想淡然面对，但在半个小时的发布会上，她还是难以掩饰自己的情绪，几度哽咽，数度落泪。

李娜在社交媒体发布了退役三天后召开退役新闻发布会的消息，这给了媒体足够的准备时间。发布会现场有超过50家中外媒体参加，国内方面包括新浪、搜狐及腾讯等，国外方面包括路透、法新及美联三大通信社，此外还包括报纸、杂志、电台及电视台等多家媒体。

发布会主持人的开场白和结束语简明扼要，不拖泥带水，开场直奔主题，同时也漂亮地收尾，不故意卖弄口才。其次，主持人在引导发言人和记者提问时，不含糊其辞，条理清楚，重点集中，令人一听就懂，并且有效地平衡了记者的提问机会，使记者不受所在媒体地位的影响，在场的记者均有获得提问的机会。

李娜的发言态度诚恳，立场坚定，毫不含糊，回答简洁幽默。

李娜的退役震惊了世界体坛，各大媒体纷纷报道。

(资料来源：根据网络资料整理)

问题：

1. 新闻发布会通常要做哪些准备工作？

2. 请分析李娜退役新闻发布会的成功之处。

第十二章

文书交际礼仪

导入案例

国家体育总局中国排球协会给中国女排发来贺信

北京时间2016年8月21日，里约奥运会女排赛在马拉卡纳奇诺体育馆落下帷幕，由郎平挂帅的中国女排，激战四局以3：1翻盘塞尔维亚，继1984年洛杉矶和2004年雅典折桂、1996年亚特兰大摘银之后，时隔12年第三次斩获奥运会冠军，这是郎平挂帅中国女排赢得的首枚奥运会金牌，也是中国体育代表团在里约奥运会的第26金。赛后，国家体育总局中国排球协会给中国女排发来贺信，如图12-1，全文如下。

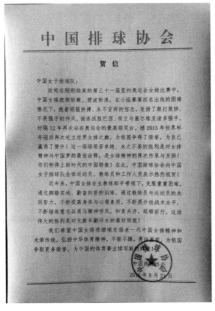

图 12-1　中国排球协会给中国女排的贺信

贺　信

中国女子排球队：

欣闻在刚刚结束的第三十一届里约奥运会女排比赛中，中国女排披荆斩棘，劈波斩浪，在小组赛第四名出线的困难情况下，抱着顽强拼搏、永不言弃的信念，发扬了敢打敢拼、不畏强手的作风，接连战胜巴西、荷兰与塞尔维亚诸多强手，时隔12年再次站在奥运会的最高领奖台，继2015年世界杯夺冠后再次屹立世界女排之巅，为祖国争得了荣誉，为自己赢得了赞许！这一场场艰苦卓绝、来之不易的胜利是对女排精神与中国梦的最佳诠释，是女排精神的再次传承和发扬！你们称得上新时代的中国骄傲！在此，中国排球协会向中国女子排球队全体运动员、教练员和工作人员表示热烈祝贺！

近年来，中国女排在主教练郎平带领下，克服重重困难，通过脚踏实地、勤奋刻苦的训练，通过教练员与运动员的共同努力，不断提高身体与心理素质，不断提升技战术水平，不断锤炼意志品质与精神作风，和衷共济，砥砺前行，这场伟大的胜利是对无数辛勤汗水的最好回报！

我们希望中国女排继续发扬老一代中国女排精神和光荣传统，弘扬中华体育精神，不骄不躁，勇往直前，为祖国争取更多荣誉，为中国的体育事业续写新的辉煌！

中国排球协会

2016年8月21日

该贺电首先介绍了本贺电的缘由，并向参加完成本次任务的中国女排祝贺、慰问；其次对圆满完成的任务的效果、意义、影响给予肯定，并表示感谢；最后对参加完成本次任务的人员给予鼓励，提出希望。

(资料来源：根据网络资料整理)

随着科技的进步，现在人与人之间的沟通和联络的方式越来越多，尽管电话、传真、电子邮件十分便捷，但书面交往仍扮演着不可替代的角色。书面交往传递的不仅仅是简单的文字，更是组织的形象，体现了作者的素质。它比电话更能传递个人情感，比网上交流更亲密、更真实。在商务交往中，书面交流的形式较多，书写时也有相应的规范需要遵守。

第一节 文书礼仪概述

一、文书与礼仪文书

(一) 文书的概念

"文书"一词在我国出现甚早。《史记·秦始皇本纪》记载道：秦始皇禁文书而酷刑法，先诈力而后仁义。《汉书·刑法志》记载道：文书盈于几阁，典者不能遍睹。

文书是指组织或个人在社会生活中进行管理、联络事项、记载情况、表达意图所形成的体式完整、内容系统的文字材料总称。

(二) 礼仪文书概念

礼仪文书是指社会交往、礼仪活动中用来调整、改善、发展人与人之间、人与组织群体之间、组织与组织之间相互关系的书面材料与文字。

礼仪文书是社会人际交往的基本方式之一。在现代社会，个人之间，机关、企事业单位及社会团体之间时常发生各种交往，有时要用书面形式进行沟通、联络，如邀请出席招待会、开业典礼、座谈会、宴会、交易会、学术研讨会的柬帖；迎来送往、欢送告别、喜庆场合的欢迎词、答谢词、欢送词、祝酒词；向有关单位和公众宣布事项的启事；还有书信、题词和婚丧寿诞方面的文书等。

二、礼仪文书的种类与写作要求

(一) 礼仪文书的分类

礼仪文书作为一种实用的文书，可以从多角度进行分类。

1. 礼仪文书的文体种类

根据文体写作的基本要求，文书大致可以分为礼仪函电类(包括一般函电和专用函电)、柬帖类、名片与贺卡类、题词与启事类、讣告与悼词类等多种类型。

2. 礼仪文书的适用种类

礼仪活动涉及广泛的社会交往，礼仪文书据此可分为日常交际应酬类(如问候、拜访、邀约、馈赠、请托、论事、介绍、推荐、建议、辞行、申请、致歉、申明等)、庆典礼仪类(如节日、事务)、人生礼仪类(如生辰、寿诞、婚嫁、丧葬、祭奠)等类别。

(二) 礼仪文书写作的基本要求

1. 表达方式灵活多样

在语言表达方式上，礼仪文书不像公文般正规，但也要注意称呼、语气、祝颂语方面的礼貌、礼节。具体写作中可用多种手法来表达，可自由发挥，叙事、明理、抒情、描写、评赞、议论任意使用，只要能准确、真诚地表达情感即可。

2. 使用语体自由多样

礼仪文书的语体不受公文语体的束缚，白话、文言、文白相间均可。礼仪文书是一种最能体现和反映作者才情与个性的文书。

3. 运用语言简洁精练

礼仪文书的用语比公文丰富，讲究语言技巧；用词简练、准确；词意通顺流畅，明快得体。无论是称谓、敬语，还是文内用语，都必须能以礼相待、文雅得当、彬彬有礼。

4. 反映情感真挚恳切

礼仪文书大多从心底深入进行交谈，用以加深情谊。一篇好的礼仪函电或致辞通常欢快时喜形于色，悲伤时催人泪下，庄重时令人肃穆。情溢文中是礼仪文书的基本要求。

案例链接

燕子道歉

日本奈良的一家旅馆，不但环境优美，服务也热情周到，很受旅客欢迎。但旅馆也有一件烦心的事：每逢春天，总有不少燕子光临此处，在旅馆的屋檐下营巢筑窝并随便排泄粪便，尤其是雏燕。粪便溅脏了房间的玻璃窗和走廊，虽然服务员经常擦洗，但前擦后拉，总有那么一点脏。

渐渐地，旅客有了意见，旅馆经理也为此苦恼。突然，他心生一计，提笔写了一封信，内容如下。

女士们、先生们：

我们是刚从南方赶到这儿过春天的小燕子，没有征得主人的同意，就在这儿安家，还要生儿育女。我们的小宝宝年幼无知，我们的习惯也不好，常常弄脏您的玻璃和走廊，致使您不愉快，我们很过意不去，请女士们、先生们多多见谅。

还有一事恳请女士们、先生们，请您不要埋怨服务员小姐，她们会经常打扫，只是她们擦不胜擦，这完全是我们的过错，请您稍等一会儿，她们马上就来。

您的朋友：小燕子

客人看了以小燕子名义写的信后，都被逗乐了，怨气也随之消散。每当客人回到自己的房间，看到窗上点点燕子粪时，就不由想起"小燕子"那亲切、有趣的话。此后客人总带着美好的回忆，依依不舍地离开这家美丽的奈良旅馆。

(资料来源：根据网络资料整理)

三、文书礼仪的概念及特点

文书礼仪是指人们在运用文书进行交往时所应遵循的礼仪规范。作为社会交往、礼仪活动的文体，礼仪文书主要体现交际双方的愿望、喜好、情感，反映的是一种"双边"关系，只不过是使用书面形式来进行相互接触、互通信息、交流情感，以便达到相互了解、增进友谊、加强合作的作用。文书礼仪的要求主要是格式及语言的运用要求，掌握其要求对于成功交往及商务合作有重要意义。

文书礼仪具有礼节性和规范性的特点。礼节性要求礼仪文书在写作中注重"以礼相待"，在对人生的各种美好祝愿上，多以全社会通行的重大礼仪方式进行，如婚嫁礼仪、寿辰礼仪、节日庆典礼仪等。对于日常交际中的小礼节，如迎来送往、宴请聚会、答谢辞行等，多通过书面的文字材料和礼仪活动来充分展示丰富的礼仪内容。规范性要求礼仪文书按照规范的格式和用语行文。如书信，不仅称谓语、开头结尾的问候祝颂语有很多讲究，还要注意行文书写的款式。

第二节 社交类礼仪文书

一、贺信、贺电

贺信、贺电是向对方表示祝贺和赞誉的礼仪文书，常用于节日、庆典、竣工、升迁和寿辰等场合，是一种最常见的祝贺方式。贺信还兼有表示慰问和赞扬的成分，如今贺信已成为表彰、赞扬和庆贺对方在某个方面所做贡献的一种常用形式。贺电是通过电报向他人表示祝贺，一般适用于向取得巨大成绩、做出卓越贡献的集体或个人表示祝贺；对结婚、大型庆典、晚会或其他庆祝活动等喜事表示祝贺；在国家选出新的领导人时友好国家发电祝贺；对重要人物寿辰的祝贺等。

（一）贺信的格式

1. 标题

(1) 祝贺单位+文种，如××省人民政府贺信。

(2) 在第一行正中写上"贺信"。

2. 称呼

在标题下面一行写上受贺单位或者个人的称谓，并加冒号。

3. 正文

贺信的正文应写祝贺的内容，对方取得的成绩及意义，或者会议召开的意义、必要性。一般来讲，贺信的正文应交代如下内容。

(1) 结合当前的形势状况，说明对方取得成绩的大背景，或者某个重要会议召开的历史条件。

(2) 概括说明对方都在哪些方面取得了成绩，分析其成功的主客观原因。

(3) 表示热烈祝贺时，应写出自己祝贺的心情，由衷地表达自己真诚的慰问和祝福。

4. 结束语

全文应以祝贺的话作为结束语，如"祝××圆满成功""祝争取更大的胜利""祝您长寿"等。

5. 落款

应在正文右下方写上祝贺单位的名称或个人的姓名，以及日期。

（二）贺电的格式

1. 标题

(1) 发电双方名称+文种。

(2) 在第一行正中间写上"贺电"。

2. 称呼

在标题下面一行顶格写上收电单位的名称或者个人的姓名，收电人如果是个人，还应在姓名后加上"同志"或职务名称等称呼，并加冒号。

3. 正文

贺电的正文要根据内容而定，若是发给单位或某一地区庆祝活动的贺电，宜在表示祝贺的同时对其做出的各种成绩、取得的巨大成就给以充分肯定，并给以鼓舞，提出希望。一般私人之间的交往，则主要写祝贺内容即可。

4. 结尾

贺电的结尾要表达热烈的祝贺和祝福之意，有时也会提出希望。

5. 落款

即在正文右下方署上发电单位的名称或个人的姓名，并写上发电日期。

二、祝酒词

祝酒词是主人在隆重的宴会、酒会开始时的致辞，通过敬酒的方式来表达情意、联络感情、活跃气氛。一般的宴请，只需要说几句简短的祝愿性话语，不需要写书面的祝酒词。

祝酒词是一种典型的礼仪文书，它不讨论一些严肃的重大问题，只涉及出席宴会、酒会各方的友谊性话题。如果在祝酒词中说严肃的话题会冲淡宴会、酒会愉快的气氛，显得不合时宜。

祝酒词的结构包括标题、称谓、正文及结尾四个部分，写法比较固定。

(一) 祝酒词的格式

1. 标题

一般写明宴会名称和致辞人，如"×××在××宴会上的祝酒词"，也可以只写"祝酒词"。

2. 称谓

一般先称呼主要宾客，再兼顾其他客人，如"尊敬的×××市长，女士们，先生们""尊敬的×××，各位来宾"。

3. 正文

正文部分一是表明自己的身份，对来宾表示问候；二是对宾客的光临表示欢迎，对以往所受到的帮助、关怀表示感谢，对以往的交往、合作表示肯定；三是对未来的合作进行展望。

4. 结尾

结尾可提议为了健康、友谊、合作等干杯。

(二) 祝酒词的写作要求

(1) 用语应体现出热情诚恳、随和轻松，若能恰当使用幽默的语言，将会使宴会的气氛更加活跃。

(2) 要根据对象、场合和双方关系的融洽程度等来考虑措辞。

(3) 应注意来宾的习俗和禁忌。

三、慰问信

慰问信是向对方表示(一般是同级，或者上级单位或个人对下级单位或个人)关怀、慰问的信函。它是有关机关或者个人以组织或个人的名义，在他人处于特殊情况(如战争、自然灾害、事故)或在节假日，向对方表示问候、关心的应用文。慰问信包括两种，一种是表示同情安慰；另一种是在节日表示问候。慰问信应写得诚恳、真切。

(一) 慰问信的格式

慰问信的格式如下。

1. 标题

一般在第一行正中写"慰问信"三个字；如果写成"致××的慰问信"，那么"慰问信"三个字可移至第二行居中。

2. 称谓

在标题下一行顶格写受慰问的单位或者个人的称呼。写单位时要写全称；写个人时要在姓名之后加上称呼，如"同志""先生""师傅"，后面用冒号。在个人姓名前，往往还要加上"敬爱的""尊敬的""亲爱的"等字样，以表示尊重。

3. 正文

应在称谓后另起一行，空两格写正文。正文的内容应先说明写慰问信的原因，如对方取得了某些成绩或遭遇了某些挫折；再叙述对方的模范事迹或遇到困难时表现出来的高尚品质，并向对方表示慰问；然后可以写一些鼓励和祝愿的话语。

4. 结尾

结尾可在正文后面或另起一行空两格写"祝""此致"，然后在下一行顶格写"节日愉快""取得更大的成绩""敬礼"等。

5. 落款

署名要写在另起一行的右半行。如果写慰问信的单位、个人不止一个，则要一一写上。日期写在署名的下一行，年、月、日都要写上。

(二) 慰问信写作注意事项

写慰问信要注意以下两点。

(1) 要根据所慰问的不同对象,确定信的内容。对于在社会物质文化建设中有贡献的集体和个人,应侧重赞颂他们的巨大成绩;对于遭到暂时困难的集体和个人,则应侧重向他们表示关怀和支持。

(2) 字里行间要洋溢同志间的深厚感情,要充分体现组织的关心和温暖,使受慰问者在精神上得到安慰和鼓励,增强克服困难的勇气和继续前进的信心。慰问信的抒情性较强,语言应亲切、生动。

四、启事、声明

(一) 启事

1. 启事的含义

"启事"中的"启"含有"陈述"之意,"事"即"事情"。启事即公开陈述事情。启事是机关、团体、企事业单位或个人向社会或一定范围内的人群公布说明或请求予以协助办理某事项而撰写的应用文章。

启事可以张贴在允许张贴的公共场所,也可刊登在报纸、杂志上,或由电台、电视台播出。

2. 启事的作用

"启事"陈述的事情无论大小轻重,告白的对象无论是个人、团体,还是社会公众,只要是采用公开陈述告白的形式,就可称作发表启事。

启事的公开告白作用体现在两个方面:一是在告白对象无法确定具体人,或已确定具体人但不知此人在何地的情况下,可以通过公开陈述告白的形式使告白对象闻讯自己出现;二是某些事情的陈述告白虽有具体对象,但也有意面向社会公众。

启事既可以向特定对象告白,也可以向社会公众陈述告白,尽管陈述告白的目的不尽相同,或求助于公众,或旨在宣传。这种通过陈述告白公众而征寻具体对象,或既向特定对象陈述告白又兼告白大众的双重功用,是启事与书信、柬帖、通知等实用文体的主要区别之一。

3. 启事的类别

能够公开陈述告白的事情大都可以采用启事的形式。根据启事的不同作用和目的,启事大体可分为以下类别。

(1) 征召类启事：如征文启事、征订启事、征婚启事、招聘启事、招生启事等。

(2) 寻领类启事：如寻人启事、寻物启事、招领启事等。

(3) 声明类启事：如开业或停业启事、结婚启事、更名启事、遗失启事、作废启事、迁移启事等。

此外还有鸣谢启事、道歉启事、丧祭启事等。

例文

寻物启事

本人不慎于××月××日中午在××学校食堂丢失黑色双肩背书包一只，内有银行卡及重要学习资料。如有知其下落者，请告知××学院18级王××，本人将当面重谢。电话：×××。

王××

××年××月××日

鸣谢启事

××月××日我单位财务处出纳不慎遗失人民币现金一万元，蒙××公司刘××先生发现，并当即按包内地址送还我单位。感激之余，谨登报申谢，以扬仁风。

××公司谨启

××年××月××日

道歉启事

有人利用本网站《共享一片蓝天》栏目在2018年3月27日发布了标题为"×××"和"×××"的两则信息，由于网站工作人员的疏忽，导致这两则不良信息出现，给信息中所提到的当事人带来了困扰和伤害。对此我们深感遗憾，特此向当事人表示道歉，并恳请当事人谅解。同时也敦促这两则消息的发布者尽早投案自首，本网站保留追究该发布者法律责任的权利。

×××信息港

××年××月××日

4. 启事的格式

1) 标题

启事的标题写法有三种形式：一是以文体名称为标题，如"启事"；二是写明事由和文体名称，如"寻人启事"；三是写明发布启事的单位、事由及所选择的文体，如"大华公司招聘启事"等。

2) 正文

启事的正文需要简明扼要地交代有关事项，提出要求。寻找类启事要写明所找的人或物的特征，寻人要写明姓名、年龄、相貌、口音、衣着、联系人及联系电话等；寻物要写清物的名称、规格、数量、样式、丢失时间、地点，以及联系人和联系电话。征召类启事要写明征召的目的、对象、条件、应召办法、优惠条件等，要写得诚恳、热情。

3) 落款

启事的落款是指在正文右下角写明发布启事的单位、部门或个人，以及撰写启事的时间。

5. 启事写作注意事项

(1) 标题简短醒目。启事的标题要力求简短、醒目，能高度概括启事内容，能够吸引公众的眼球。

(2) 内容严密、完整、明确。启事正文要求内容单一，一事一启；语言表述应严密完整、清楚明确，切忌叙事冗长、文字冗赘。

(3) 措辞郑重严谨。启事陈述的都是郑重严肃的事情，其行文应以平实严谨为宜，不能别出心裁、标新立异。涉及专业术语时，更要求绝对准确，以免产生歧义，使公众误解。

(4) 注意运用礼貌用语。由于启事没有强制性和约束力，所以要特别注意运用礼貌用语，以诚恳的态度打动公众，使公众产生信任感，从而达到预期效果。

例文

关于院学生会干部公开招聘的启事

院学生会是来源于学生、服务于学生，由全院学生组成的群众组织。多年来，在繁荣校园文化，维护同学权益，为同学创造和谐、健康的环境等方面做了大量工作。为了把工作做得更好，我们在不断努力。

一个组织的生存和发展离不开人才，我们真诚地欢迎勤奋踏实、积极热心、有工作能力的同学加盟。经院团委批准，院学生会在全院范围内公开招聘院学生会新一届领导干部。有意者请准备1000字左右的自荐信报名。

报名时间：03月01日——03月10日

报名地点：院团委或院学生会

院学生会

2021年03月01日

(二) 声明

1. 声明的概念

声明是国家、机关、单位、团体或个人,对于某些重要问题或重大事件,向公众披露或澄清事实,表明自身立场、态度和主张的文体。声明不能写成"申明",因为"申明"的意思是"郑重说明"。"声明"有两个义项,一是做动词用,意思是"公开表示态度或说明真相",这个义项与"申明"意思相近,但仍有差别,因为"声明"强调公开宣布,而"申明"则强调态度的审慎严肃;二是做名词用,意思是"声明的文告",是一个文种,而"申明"不可作为文种使用。

声明的发布者可以是企事业单位,也可以是个人。政府也经常使用这个文种来公开表达自己的态度和立场。如果声明事项涉及比较复杂的法律问题,或声明人没有足够的时间、精力亲自处理,声明人也可以委托律师发表声明。

2. 声明的种类

常见的声明有两类:一类是政治性声明,如两个及两个以上的国家、政党、团体就会谈的问题发表声明;另一类是日常社会生活相关的声明,如遗失声明等。

3. 声明的格式

声明通常由标题、正文、落款三个部分组成。

1) 标题

声明的标题通常有以下几种形式。

(1) 以文种名"声明"为题。

(2) 以"作者+声明"为题,如"商务部商业改革司声明"。

(3) 以"态度+声明"为题,如"郑重声明""严正声明"。

(4) 以"事由+文种"为题,如"知识产权声明""关于有人冒用本公司名义进行商业活动的声明"。

(5) 以"作者+事由+声明"为题,如"腾讯集团关于反商业贿赂行为的声明"。

2) 正文

声明的正文通常分为以下三个层次。

(1) 发表声明的原因,包括作者对基本事实的认定。这是发布者表达自身立场和态度的基础,要写得准确而简洁。如果是授权律师发表声明,开头必须写清是受谁的委托。

(2) 表明发布者的立场和态度,有时直接写明下一步将要采取的行动。写作此部分内容时,要视声明的重点而定。如果重在披露或澄清事实,可以采取概述的方式;如果重在说明问题,可以依照一定的顺序或以条文的方式逐一表达;如果重在主张某项权利,可以将该内容单列一段。声明需要公众协助的事项，还应在文中或正文左下方写明联系方式。

(3) 结束语。有的声明以"特此声明"作为结语，以示再次强调，但也可以不写。

3) 落款

(1) 署名。在正文后署上发布者名称，可以是单位，也可以是个人，但必须是真实的名称。如果有重名的情况，要注意区别。

(2) 日期。即发布声明的日期，一般情况下，需要精确到日。

4. 声明写作注意事项

(1) 声明的内容要真实，表述要简明扼要，措辞要得体。

(2) 声明内容不能侵犯他人权利。声明大多为了维护自身的合法权益，但在表达自身态度、立场时，要注意不能侵犯他人合法权益。

(3) 遗失声明登报时另有格式。在报纸上刊登遗失声明时，报社通常会从广告处理和版式设计的角度对其格式进行处理。

第三节 仪式类礼仪文书

一、请柬

(一) 概念

请柬又称请帖，是为邀请宾客参加某一活动所使用的书面形式的通知。一般用于联谊会、各种纪念活动、婚宴、诞辰或重要会议等，发送请柬是为了以示隆重。

在古代，柬与帖有一定的区别。请柬的"柬"字，本为"简"。造纸术发明以前，简是较普遍的写作材料，是指将竹经过加工后制成的狭长的片。简一般指竹简，木制的写作材料古人称"牍"。人们把文字刻在简上用来记事，由于书写面积有限，篆刻也有些难度，所以用简书写文字的容量较小，于是人们把简连在一起制成"册"。到了魏晋时期，"简"专门用来指一种短小的信札，这一说法沿用至今。

请柬图片如图12-2所示。

图 12-2 请柬图片

（二）请柬的种类和形式

请柬种类按内容划分，可以分为喜庆请柬和会议请柬；按形式划分，可分为横式写法请柬和竖式写法请柬。

（三）请柬的格式

请柬作为书信的一种，有其特殊的格式要求。请柬一般由标题、称呼、正文、结尾、落款五部分构成。

1. 标题

在封面上写的"请柬"(请帖)二字就是标题，一般要对其做一些艺术加工，可用美术体的文字，文字的色彩可以烫金，也可以有图案装饰等。通常请柬的标题已按照书信格式印制好，发文者只需填写正文即可。

2. 称呼

要顶格写出被邀请者(单位或个人)的名称，如"某某单位""某某先生"等，称呼后要加冒号。

3. 正文

请柬的正文要写清活动的内容，如开座谈会、联欢晚会、生日派对、国庆宴会、婚礼、寿诞等；还要写明时间、地点、方式。如果是请人看戏或其他表演，还应附上入场券。若有其他要求也须注明,如"请准备发言""请准备节目"等。

4. 结尾

请柬结尾要写上礼节性的问候语或恭候语,如"致以——敬礼""顺致——崇高的敬意""敬请光临"等,这在古代叫作"具礼"。

5. 落款

请柬的落款要署上邀请者(单位或个人)的名称和发柬日期。

(四) 请柬写作注意事项

请柬主要用于表达对被邀请者的尊敬,同时也表明邀请者对此事的郑重态度,所以邀请双方即便近在咫尺,也必须送请柬。凡是比较隆重的喜庆活动,均以请柬邀请客人,切忌随便口头招呼,顾此失彼。

请柬是邀请宾客用的,所以在款式设计上,要注意其艺术性,一帧精美的请柬会使人感到快乐和亲切。选用市场上的各种专用请柬时,要根据实际需要选购合适的类别、色彩、图案。请柬要在合适的场合发送。一般说来,举办重大的活动,对方又是作为宾客参加时,应该发送请柬;而寻常聚会,或活动性质极其严肃、郑重,对方也不作为客人参加时,不应发请柬。

请柬的措辞务必简洁明确、文雅庄重、热情得体。

案例链接

前卫和传统的较量——电子请柬受争议

随着时代的不断进步,网络技术渗透到了人们生活的各个层面,改变和重塑了人们的交往方式和生活方式。近段时间,不少即将结婚的新人们喜欢用电子请柬邀请亲朋好友,这种方式虽然赢得年轻人的赞许,但一些中老年人却无法接受。

电子请柬受青年人喜爱

"电子请柬省时省力又环保,还很有创意。"日前,刚参加同学婚礼的小张介绍道。采访中,与小张持相同观点的人很多,其中主要以年轻人为主。他们都表示,以电子请柬传递心意不但低碳环保、节省花销,而且给远在外地的朋友增加了一份亲切感。

准备明年结婚的孙先生告诉记者,他也打算用电子请柬的方式邀请亲戚朋友,不过他想自己做。他说:"我已经打听好了,可以在网上自己进行设计。我感觉自己做的送给大家会更代表心意。"

中老年人:创新不代表诚意

一些年纪稍大的人却接受不了电子请柬,他们认为亲自送到受邀人手里的纸质请柬更郑重。

今年55岁的赵师傅认为，婚礼是新人一生一次最重要的事情，要想得到亲朋好友的祝福，更应该亲自将邀请的心意传到对方手上。这种通过电子请柬群发给受邀者的方式，从心里感觉有点太随便了。虽然电子请柬是顺应时代发展出现的产物，但有些事物还是传统一点的更好。

款式新颖需区分使用

"唯美的婚纱照、浪漫的音乐、可变换的页面、场地位置等相关信息，都能出现在一个链接里。"日前，第一次收到电子请柬的王女士兴奋道。

记者在某交易网站上看到，近5000家网上店铺的商品信息是关于电子请柬的，其价格从10元到100元不等。随后，记者以买家的身份咨询了其中一位店主，据该店主介绍，电子请柬因形式新颖，所以销量非常好，从年初到现在他已经承接全国不同地方的近4000份订单。

对于电子请柬这一新生事物，有些人为其"点赞"，有些人则在质疑。那么，我们又该如何选择呢？

电子请柬以其环保、便捷、新颖等特点，有着强劲的发展势头。但它与传统的纸质请柬不是一种完全取代的关系，而是互相补充。由于电子请柬的使用受到使用者的年龄、地位和网络可及性等方面的限制，因此，在使用电子请柬时应区分邀约对象，因人而异，对于没有上网习惯的人，建议仍然递上传统的纸质请柬。另外，在使用电子请柬时，也可辅以电话或短信通知，以保证邀请信息的及时传递，表达对受邀人的重视。

(资料来源：根据网络资料整理)

二、迎送致辞

(一) 迎送词的概念

欢迎词、欢送词统称迎送词，是用以表示欢迎、欢送的文辞。它们都用于具有宾主关系的交往场合，且大多是在一定的仪式上(如宾至、宾归的迎送会、招待宴)当众演说的文稿。迎送词一般感情真挚，语言文雅大方，如是国际的迎送往来，还应使用适当的外交辞令；迎送词一般内容精要，篇幅简短，大多不涉及具体的细节问题，重在表示热情友好的交往态度。

(二) 迎送致辞的格式

欢迎词、欢送词的行文格式基本相同，一般由标题、称谓、正文、祝语四部分构成。

1. 标题

迎送词的标题一种是单独以文种命名，如"欢迎词"或"欢送词"；另一种是由活动内容和文种名共同构成，如"在欢迎×××领导宴会上的讲话"。

2. 称谓

称谓有专称和泛称两种。专称要写明宾客的姓名，并在前面加上职务、头衔，以及表示尊敬、亲切的词语。泛称有"女士们""先生们""同志们""朋友们"等，用以表示对所有到场者的尊重。

3. 正文

1) 欢迎词正文

欢迎词正文开头通常应说明现场举行的是何种仪式、发言者代表什么人、向哪些来宾表示欢迎。中间一般要阐述和回顾宾主双方在共同领域所持的共同立场、观点等内容，较具体地介绍来宾的成就及突出贡献，同时要指出来宾本次到访或光临的现实意义和历史意义。结尾应再次向来宾表示欢迎，并表达自己的良好祝愿。

例文

欢迎词

女士们、先生们，朋友们：

值此×××厂30周年厂庆之际，请允许我代表×××厂，并以我个人的名义，向远道而来的朋友们表示热烈欢迎！

朋友们不顾路途遥远，专程前来贺喜并洽谈贸易合作事宜，为我厂30周年厂庆增添了一份热烈与祥和。我由衷地感到高兴，并对朋友们为增进双方友好关系所做的努力，表示诚挚的谢意！

今天在座的各位朋友中，有许多是我们的老朋友，我们之间有着良好的合作关系。我厂建厂30年能取得今天的成绩，离不开老朋友们的真诚合作和大力支持。对此，我们表示由衷的钦佩和感谢。同时，我们也为能有幸结识来自全国各地的新朋友感到十分高兴。在此，我谨再次向新朋友们表示热烈欢迎，并希望能与大家密切协作，发展相互间的友好合作关系。

"有朋自远方来，不亦乐乎"。在此新朋老友相会之际，我提议：为今后我们之间的进一步合作，为我们之间日益增进的友谊，为朋友们的健康幸福，干杯！

评析： 这篇欢迎词开头部分对宾客的光临表示热烈欢迎；主体部分对大家的到来表示谢意，并回顾与老朋友相互交往的历程，阐明新朋友来访的意义及合作前景；结尾表示良好祝愿。全篇主旨明确，语言精要礼貌。

2) 欢送词正文

欢送词开头通常应说明此时在举行何种欢送仪式，发言人是以什么身份、代表哪些人向宾客表示欢送。中间要回顾和阐述双方在合作或访问期间，在哪些问题和项目上达成了一致的立场，取得了哪些有突破性的进展，并阐述其深远的历史意义。结尾应再次向来宾表示真挚的欢送之情，并表达期待再次合作的心愿。

4. 祝语

欢迎词一般应写上再次对客人表示欢迎的话，以及"祝×××先生一路平安"或"希望××先生再次光临"等礼节性用语。

例文

欢 送 词

尊敬的女士们、先生们：

首先，我代表×××对你们访问的圆满成功表示热烈的祝贺。

两天来，我们本着平等互利的原则，经过认真协商，签订了《××协议》，为双方今后的合作和发展打下了良好的基础。明天，你们就要离开××了，在即将分别的时刻，我们的心情依依不舍。大家相处的时间是短暂的，但我们之间的友好情谊是长久的。我们之间的合作才刚刚开始，中国有句古语："来日方长，后会有期。"希望我们加强合作，不断往来，欢迎各位女士、先生在方便的时候再次来××做客，相信我们的友好合作会结出丰硕果实！

祝大家一路顺风，万事如意！

评析：这篇欢送词先表示祝贺之意；再介绍来访取得的主要成果，说明分别时的心情，表达良好愿望；最后再表心愿。

(三) 迎送致辞写作注意事项

(1) 要热情而有礼貌，体现出真情实感。

(2) 要善于巧妙地表达自己的原则、立场。

(3) 要尊重对方的风俗习惯、宗教信仰等，不讲对方忌讳的内容。

(4) 语言要精练、明快，语气要热情、友好，篇幅要简短适当。

三、答谢词

自古以来，人们就提倡"礼尚往来""知恩报德""来而无往非礼也"，于是在人际交往中便有了"谢"的言行：或揖拳，或鞠躬，或以言辞道谢，或以纸笔作书(如写谢函、谢帖、感谢信)道谢。若是在庄重的礼仪场合，便要温文尔雅地致"答谢词"。可以说，答谢词是一种最高级的致谢形式，它有情有声、声情并茂，能够最充分、最有效地表达谢意，在外交、社交活动日趋频繁的当代社会，发挥着越来越重要的作用。

(一) 答谢词的概念

答谢词与欢迎词相对应，答谢词是由宾客发表的对主人的热情接待表示感谢的讲话稿。

(二) 答谢词的格式

答谢词由标题、称呼、开头、正文、结语五部分构成。

1. 标题

标题一般用"答谢词"作为标题。

2. 称呼

称呼与欢迎词相同。

3. 开头

开头要对主人的热情接待表示感谢。

4. 正文

正文畅叙情谊或表明自己来访的意图、诚意，申述有关的愿望。

5. 结语

结语表达祝愿或再次表示感谢。

(三) 答谢词的写作要求

1. 使用客套话

在礼仪场合，必要的客套话是不能省略的，如"感谢""致敬"之类热情洋溢、充满真情的词语。

2. 尊重对方习惯

到异地做客，要了解当地的民情、风俗，尊重对方的习惯。

3. 注意照应欢迎词

主人已经致辞在前，作为客人不能"充耳不闻"。答谢词要注意与欢迎词的某些内容照应，这是对主人的尊重。即使预先准备了答谢词，也要在现场紧急修改、补充，或因情、因境临场应变发挥。

4. 篇幅力求简短

欢迎词、答谢词都是应酬性讲话，而且往往是在公关礼仪活动刚开始时发表的，其后还有一系列的活动等着进行。因此，答谢词的篇幅要力求简短，不宜冗长拖沓，以免令人厌烦。

例文

××参观团团长张××先生的答谢词

刘部长、各位公关部的同志：

我们今天初临贵境，下飞机就得到了你们的热情接待。刚才刘部长还给我们详细介绍了情况，周到地为我们安排了参观活动，让我们感觉就像回到家里一样亲切、温暖。谨让我代表参观团的全体同志向你们，并通过你们向厂领导和全体职工致以衷心感谢！

××饮料厂因其生产的高级××牌健康饮料质量上乘，以及慷慨捐助群众性体育活动而闻名全国。我们虽然远在千里之外的大西北，但××饮料的名声却早已如雷贯耳。我们这次慕名远道而来，不仅想看看你们是怎样生产、学习和生活的，而且想要学习你们改革开放的新思想、新观念和宝贵经验。刚才刘部长介绍的三条经验已经让我们感到耳目一新，在今天的参观访问中，我们一定能够学到更多的东西。我们参观团的成员全部来自企业，虽然不都是做饮料的，还有做电器的、做机械的、做家具的，等等，但我们相信，你们的宝贵经验会对我们有极大的帮助和启发。

再次感谢东道主的盛情！

四、开幕词、闭幕词

（一）开幕词

1. 开幕词的含义和用途

开幕词是党政机关、企事业单位和群众团体的领导宣告会议开始、交代会议任务、阐述会议宗旨和介绍与会议有关事项的致辞。一般出现在表示欢迎的致辞后，旨在阐明本次会议的指导思想、宗旨、性质和重要意义等，提出本次会议的重要任务、议程和要求，在语言上简洁明快、富有激情。

2. 开幕词的特点

1) 宣告性
致开幕词之后，才陆续展开会议的各项议程。开幕词是会议的序曲、标志。

2) 导引性

开幕词的导引性体现在阐明会议的宗旨、任务、目的、意义等方面。

3) 鼓动性

鼓动性表现在期望开好会议的良好祝愿，以及介绍会议的议程和宗旨上，以激励与会者的参与意识，调动大家开会的积极性。

3. 开幕词的结构和写法

1) 标题

开幕词的标题由会议全称加开幕词构成。应把致开幕词的领导人姓名写进标题中，标题下面注明开会的时间。一般采用正副题结合的形式，正标题概括会议的宗旨，副标题注明会议名称及"开幕词"。

2) 正文

开幕词的正文包括开头和主体。

(1) 开头位于称谓后，用以宣布大会开幕，注意用语必须简短、有鼓动性。一般会介绍会议的规模、出席会议人员情况、会议的筹备情况等，对会议的召开及与会人员表示祝贺。

(2) 主体包括的内容有：说明与会议有关的形势、会议的目的或任务；阐明会议的指导思想、主要任务(议题和议程)、会议的意义，并对会议做出预示性的评价；对与会者提出希望、要求。

3) 结语

一般用祝愿会议圆满成功的话语做结语，如"预祝大会圆满成功"。

4. 注意事项

(1) 处理好与大会报告的关系。不要将开幕词写成大会报告的缩写稿。在开幕词中只用提示会议宗旨、意义、议程，不展开大会议程的有关内容。

(2) 注重营造庄重热烈的会议气氛。用语必须庄重、严肃、生动、有感情色彩。

(3) 语言明快、流畅。用字应谨慎，大方有礼，不卑不亢，尽可能口语化，与会议场景气氛和谐、融洽。

(二) 闭幕词

1. 闭幕词的含义和用途

闭幕词是在重大会议即将结束时，由有关领导向全体与会人员所做的总结性讲话。闭幕词带有一定的评估性和总结性，可指出本次会议的意义和成果，便于会后进一步贯彻会议精神。

闭幕词与开幕词的关系是：互相呼应，各有侧重，各具特色。

2. 闭幕词的特点

1) 总结性

闭幕词是在会议的闭幕式上使用的文种，要对会议内容、会议精神和进程进行简要的总结，并做出恰当评价；要肯定会议的重要成果，强调会议的主要意义和深远影响。

2) 概括性

闭幕词应对会议进展情况、完成的议题、取得的成果、提出的会议精神及会议意义等进行高度的语言概括。因此，闭幕词的篇幅一般短小精悍，语言简洁明快。

3) 号召性

为激励参加会议的全体成员实现会议提出的各项任务而奋斗，增强与会人员贯彻会议精神的决心和信心，闭幕词的行文须充满热情，语言应坚定有力，富有号召性和鼓动性。

4) 口语化

闭幕词要适合口头表达，语言要通俗易懂、生动活泼。

3. 闭幕词的结构和写法

1) 标题

闭幕词标题的写法与开幕词基本相同，但文种为"闭幕词"。

2) 正文

闭幕词正文位于称谓之后，一般应简要回顾大会的议程、有关报告人讲话的要点、肯定大会的成绩或收获。正文主体部分可以总结大会取得了什么成果、达到了什么目的，总结会议的基本精神和会议的影响等。有些闭幕词还会分析当前形势，指出今后任务等。正文主体部分可在最后号召贯彻落实大会精神的希望和要求，表示祝愿，宣布大会胜利闭幕，对保障会议顺利进行的有关单位和个人表示感谢。

3) 结尾

一般就一句话，即"现在，我宣布，××××会议闭幕"。

4. 注意事项

(1) 要注意开幕词与闭幕词的区别。

开幕词是大会序曲，重在阐明大会的任务，为会议打基础、定基调，具有指导、定向和"提神"的作用。闭幕词是会议的尾声，着重对会议的主要成果给予评价，总结大会的成绩和经验，强调大会精神对今后工作的指导作用。

(2) 闭幕词要求言简意赅，与会议的基调保持一致，富有感染力，能鼓舞人心。

本章小结

1. 礼仪文书是社会人际交往的基本方式之一，是社会交往、礼仪活动中用来调整、改善、发展人与人之间、人与组织群体之间、组织与组织之间相互关系的书面材料与文字。

2. 贺信、贺电是向对方表示祝贺和赞誉的礼仪文书，常用于节日、庆典、竣工、升迁和寿辰等场合，是一种最常见的祝贺方式。

3. 祝酒词是主人在隆重的宴会、酒会开始时的致辞，通过敬酒的方式来表达情意、联络感情、活跃气氛。

4. 慰问信是组织、部分群众及某个人向有关集体、个人表示慰劳、问候、致意的书信。

5. 启事是机关、团体、企事业单位或个人向社会或一定范围内的人群公布说明或请求予以协助办理某事项而撰写的应用文章。

6. 声明是国家、机关、单位、团体或个人，对于某些重要问题或重大事件，向公众披露或澄清事实，表明自己立场、态度和主张的文体。

7. 请柬是为邀请宾客参加某一活动所使用的一种书面形式的通知。

8. 迎送词用于具有宾主关系的交往场合，且大多是在一定仪式上进行当众演说的文稿。

9. 答谢词是由宾客发表的对主人的热情接待表示感谢的讲话稿。

10. 开幕词是党政机关、企事业单位和群众团体的领导宣告会议开始、交代会议任务、阐述会议宗旨和介绍与会议有关事项的致辞。闭幕词是在重大会议即将结束时，由有关领导向全体与会人员所做的总结性讲话。

知识判断

1. 礼仪文书可分为日常交际应酬类、庆典礼仪类、人生礼仪类等几种类别。 （   ）

2. 启事可以张贴在允许张贴的公共场所，也可刊登在报纸、杂志上，或由电台、电视台播出。 （   ）

3. 请柬的种类按内容可以分为喜庆请柬和会议请柬。 （   ）

4. 答谢词由标题、称呼、开头、正文、结语五部分构成。 （   ）

▌礼仪训练▐

1. 收集实际生活中文书交际礼仪的相关事例，并进行分析。
2. 组织学生结合生活实际，如学校活动的开幕仪式等活动，撰写相关交际礼仪文书。

▌案例评析▐

辞职信

敬爱的公司领导：

　　您好！

　　经过深刻冷静的思考后，我因诸多个人原因，郑重地向公司高层提出辞职请求。

　　在贵公司工作的这几个月，我收获良多。在领导及同事的帮助下，我掌握了很多非本专业的知识，开阔了眼界，增长了阅历。另外，公司的工作氛围很好，同事都很友善，领导也很体谅下属，这让我在公司感受到了家的温暖。

　　无奈之下提出辞职，客观原因是我家远迁至××市××区，每天的通勤时间将近1个半小时，如果遇到恶劣天气及交通堵塞，实在很难保证准时到岗。而且如果遇到需要加夜班的情况，回家路途也有诸多不便。除了客观原因外，主观原因则是我觉得自己的能力有限，对于剧本的写作掌握不够。虽然我多年从事小说、散文及报道的写作工作，但剧本写作是首次尝试，此次尝试的效果不是很好，由此给公司造成的诸多不便还请谅解。也许是天资愚钝，我很难跟上公司的工作节奏，因此，为了不再给领导添加负担与麻烦，不再拖同事们的后腿，我特此提出辞职。

　　最后，祝公司生意兴隆，发展越来越好。

您的员工：×××

××年××月××日

问题：

1. 请说明该辞职信的内容结构包括哪几部分。
2. 请对该辞职信进行评价。

第十三章

求职礼仪

面试礼仪

某公司经理对他为什么要录用一个没有任何人推荐的小伙子时说："他带来了许多介绍信。他神态清爽，服饰整洁，在门口蹭掉了脚下带的土，进门后随手轻轻地关上了门。当他看见残疾人时主动让座，进了办公室，其他的人都从我故意放在地板上的那本书上迈过去，而他却很自然地俯身捡起并放在桌上。他回答问题简洁明了，干脆果断。这些难道不是最好的介绍信吗？"

第一印象十分重要，它往往从谈话、举止、着装、个性与修养中产生。良好的礼仪和外在形象能展示应聘者美好的外表和内在，使面试官产生好感，形成良好的第一印象。

(资料来源：根据网络资料整理)

人尽其才、才尽其用、家国两利、各得其所，这是求职者和求才者双方共同追求的目标。由于供求双方信息交流的不完全和信息的不对称，以及信息交换成本的存在，茫茫人海中，常常出现千里马找不到伯乐，伯乐找不到千里马的情况，许多求职者面临找工作的困境，许多怀才不遇者感叹英雄无用武之地。

求职是进入职场的第一道关卡，不论是对于即将毕业的大学生还是正在寻找工作的社会人士来说，求职都是职业生涯中必不可少的环节。求职过程的顺利与否直接关系到个人职业生涯的发展，以及人生事业的走向。如何选择职业及如何求职应聘已经成为人们就业谋职中的重要问题，掌握规范的求职礼仪意味着成功的概率更大。

第一节 求职前期准备

一、搜集就业信息

求职是劳动者谋求职业的活动或行为，求职的目的是利用自己所学的知识和技能，通过出卖劳动力或参加劳动维持劳动者生命和发展、享受报酬。每个职业人在走向工作岗位之前，都会经历这一或顺畅或坎坷的过程，它既是对个人所学知识和技能的考查，也是用人单位对个人能否胜任目标岗位的考量。

搜集就业信息的主要渠道有以下五种。

(一) 网络求职

随着社会的发展与信息技术的不断进步，互联网承载的功能越来越多，逐渐成为人们工作、生活必不可少的帮手。近年来，互联网在招聘、求职方面以其覆盖面广、方便、快捷、时效性强的特点，成为求职者普遍使用的一种求职渠道和方式。除此之外，它还具有成本低、成功率高的特点，因此成为求职者找工作的一种重要途径。

例如，国内比较大型的招聘网站有智联招聘、猎聘网、赶集网、58同城、应届生求职网等。此外，各个地区的人才市场网站、人力资源网站，各大学校的就业信息网等也值得求职者关注。图13-1所示为智联招聘官方网站。

图 13-1　智联招聘官方网站

(二) 报纸、电视

报纸、电视作为传统媒体，受众广，是求职者的主要信息来源。但是近年来，随着新媒体的出现，传统媒体的受众逐渐减少，阵地逐渐萎缩。不过在一些地方性的报纸上还存在招聘求职专栏，供求职者搜集信息。

(三) 求职招聘会

招聘会一般由政府所辖人才机构及高校就业中心举办，主要服务于待就业群体及用人单位，便于双方进行双向选择和交流。按举办方式划分，招聘会一般分为现场招聘会和网络招聘会两种，日常中所提到的招聘会通常指现场招聘会。招聘会有行业专场招聘会和综合招聘会两种，参加招聘会前应先了解招聘会的行业和性质，以免和自己要找的岗位不符，浪费时间。图13-2所示为某高校2020届毕业生秋季招聘会现场。

图 13-2　某高校 2020 届毕业生秋季招聘会现场

(四) 熟人介绍

这是最传统的一种招聘方式，也是最有效的途径。它通过求职者的关系网寻找举荐人，由举荐人将求职者介绍给招聘方，双方通过交谈、了解，达成雇佣关系。这种方式的优点是省去了很多中间环节，成功率比较高。

(五) 职业经纪人

职业经纪人的工作是接受人才的委托，根据人才的学历背景、工作经历等情况，结合求职人员的求职意向，定向帮其推荐工作。通过职业经纪人找工作具有省时、省力、快捷、人职匹配度高等特点。

二、心理准备

大学毕业生初次面对求职时，要抱有豁达乐观的择业态度。一方面，要克服恐惧、自卑和怯懦的心理；另一方面，不要对职场抱有不切实际的幻想，不要指望一步到位，而是要坚信"天生我材必有用"，树立多次择业、逐步到位的观念。应通过反复对比与自身的不懈努力，在实践中寻找最适合自己的工作岗位，并在工作中勤奋努力，积极上进，勇于创新，正确处理人际关系，正确对待事业挫折，在曲折的工作经历和多次的工作更替中，实现自己的人生抱负。

三、求职书面材料

求职书面材料包括求职信、本人所受教育学历证书、技术证书及曾经获得的荣誉和奖励成果等。准备求职资料要充分翔实，但编写简历要简洁、易懂，并能符合应聘职位的要求。个人简历是求职者给招聘单位发的包含自己基本信息的一份简要介绍，求职者撰写个人简历的目的在于引起用人单位的注意，以赢得面试机会，进而充分展示个人的能力和才华，达到被录用的目的。个人简历的内容包含求职者的姓名、性别、年龄、民族、籍贯、政治面貌、学历、联系方式，以及自我评价、学习经历、工作经历、荣誉与成就、求职愿望、对这份工作的简要理解等。一份优秀的个人简历对于获得面试机会起着至关重要的作用。

求职简历的内容应包括：个人情况，个人情况中最重要的是个人能力、曾经做过什么工作，其结果怎样，可将学位证书、培训经历和其他证书都列在简历里；胜任工作的条件及原因，曾经做过哪些方面的工作，有什么样的经验；还应精心选择自己满意的照片附上。

求职简历撰写及相关材料准备的注意事项如下：

(1) 全面、真实地介绍情况；

(2) 斟酌字句，不要写错别字；

(3) 简明扼要，突出重点；

(4) 不要过分强调学习成绩，应多强调自己完成工作的能力；

(5) 介绍特长时应真实、具体，不要泛泛而谈；

(6) 书写纸张应用质地好的信纸，用钢笔书写或用电脑打印均可；

(7) 书写篇幅在两页以内，太长了对方没时间看，太短了介绍不详细；

(8) 打印时应用漂亮的字体，且格式规范；

(9) 附上有关证件的复印件。

案例链接

雇主看简历的时间

职场网站凯业必达对超过2000位全职招聘专员和人力资源经理进行的调查表明，有七成的雇主查看一份简历的时间不到5分钟。这听起来很草率吗？其中还有一半的人只花不到2分钟的时间呢！但即使是在这么短的时间里，人力经理都能看出简历中的错误、不准确和频繁的造假问题——有56%的人力经理曾遇见过纯粹瞎编简历内容的情况。正如我们之前所报道的，在简历上最常见的造假方式就是夸大技能和职责，更有甚者，竟然连工作职位、任职日期及就职单位都是捏造的。

(资料来源：何奇彦. 商务礼仪[M]. 北京：北京理工大学出版社，2017.)

四、掌握面试礼仪

对于即将走上工作岗位的毕业生来说，面试是通向职场的一道必经门槛。某些情况下，在拥有同等学力条件的前提下，能否在面试中脱颖而出成为是否被聘用的决定条件。因此，面试中的出色表现是非常重要的，而面试中的礼仪则是面试官考察应聘者的主要细节之一。

礼仪故事

第37位应聘者

某广告公司进行招聘，参加面试的人排起了长队，有位年轻人排在第37位，面对众多竞争者，他在考虑对策。过了一会儿，他拿出一张纸，认认真真地写了一行字，并找到秘书小姐，恭敬地对她说："小姐，我有一条好建议，请马上把它交给您的老板，这非常重要。"秘书小姐尽职地交给了老板。老板展开纸条看后微笑了一下，在他与老板面试交谈后，他得到了这份工作。他的纸条上写着："先生，我排在第37位。在您看到我之前，请不要做决定。"

他成功地展现了自己的独创性，从而赢得了老板的青睐。

第二节　面试礼仪

当用人单位通过查看简历初步筛选出一批应聘者后，接下来就是面试环节。面试是用人单位精心策划的一种通过书面或面谈的形式来考察求职者是否具有工作能力的招聘活动，对于用人单位来说，通过面试可以初步判断应聘者是否可以融入自己的团队。面试一般以考官对应聘者的面对面交谈与观察为主要手段，由表及里地测评考生的知识、能力、经验等有关素质。在面试过程中，求职者的面试礼仪是考官考察的重要细节之一，也在很大程度上影响着考官的最终意见。

一、衣饰得体

"漂亮是推荐自我的资本"，在国外，大约有15%的招聘者把应聘者的外表看成录取的重要因素。外貌是应聘的敲门砖。虽然应聘者的五官相貌很难改变，但是穿着打扮、风度气质、言谈举止是可以通过训练改变的，从而可以给人留下深刻印象。

服装及饰品是应聘者留给面试考官的第一印象，得体的穿着打扮能为应聘者加分，也能使应聘者增加自信，在面试中发挥得更好。应聘者前去求职面试时，必须精心选择自己的服饰。一个重要原则就是要与自己的身材、身份相符，表现出朴实、大方、明快、稳健的风格。在面试时，着装应该符合时代、季节、场所和收入，并且要与自己应聘的职位相协调，能体现自己的个性和职业特点。

(一) 女士仪表仪容

女士的着装要大方得体，应注意服饰整体的搭配，以简单朴素为主，一般不穿超短裙，也不要穿极薄或紧绷的衣服，T恤衫、迷你裙、牛仔裤、紧身裤、宽松衣裤及拖鞋也不适宜出现在面试场合，以免给面试官留下很随便的印象。可穿西装套裙，西装应稍短，以充分体现身材曲线；裙子不宜太长，以免因紧张而不慎绊倒，但也不要太短；如果要配裤子，上装稍长为宜，可以将衬衫的下摆扎进裤子里；皮鞋要擦亮，鞋带要系紧。昂贵的珠宝及饰品绝不适合佩戴，饰品数量也不宜过多。若要用香水，则宜用香味清新的，不要用香气过于浓烈或奇特的。

女士可以适当化淡妆，但切勿浓妆艳抹。发型不论长短，一定要洗干净，梳理整齐。饰品要少而精，以免给面试官留下不成熟、浮夸的印象。

(二) 男士仪表仪容

男士面试时，宜留短发，保持清洁，不宜太新潮；要保持面部干净、刮胡须，留短指甲。服饰最好选择西装，打领带，领带的长短以刚刚超过腰际的皮带为宜；裤子与西装的颜色应一致，不要太短，要有一定的宽松度，长度可以盖住皮鞋的鞋面为好，牛仔裤、运动裤不适宜穿着进行面试；皮带以黑色为宜，皮带头不宜过大、过亮，也不要有很多花纹图案；袜子深色为好，不要穿白袜子；皮鞋的颜色要选黑色，因为黑色是最稳重、保险的色调，皮鞋鞋面要清洁光亮。

求职面试时，无论男士还是女士，无论怎样穿着打扮，都应该本着整洁、大方、自然、和谐的原则，不要选择样式过于新奇或邋遢的服饰，最好选择符合职位性质，体现自身气质的服饰。可根据自己的身高、体型、气质等特点进行形象设计，使得面试官眼前一亮。

二、准时赴约

守时是现代交际的一种重要原则，是作为一个社会人要遵守的最起码的礼仪。守时也是职业道德的一个基本要求，提前10～15分钟到达面试地点效果最佳，到了之后可以熟悉环境，稳定心神。提前半小时以上到达会被视为没有时间观念，但在面试时迟到或是匆匆忙忙赶到是万万不可的。如果你面试迟到，那么不管你有什么理由，也会被视为缺乏自我管理和约束能力，即缺乏职业能力，会给面试官留下非常不好的印象。任何理由导致的迟到都会影响自身形象，这是一个对他人、对自己是否尊重的问题。而且大公司的面试往往会一次安排很多人，迟到了几分钟，就很可能永远与这家公司失之交臂了。

如果路程较远，宁可早到。但早到后不宜提早进入办公室，最好不要提前10分钟以上出现在面谈地点，否则面试考官很可能因为手头的事情没处理完而觉得很不方便。对于面试地点较远、环境较复杂的情况，可以提前去一趟，熟悉环境。

礼仪故事

迟到的面试（一）

某高校即将毕业的学生李霞，想要应聘当一名市场营销员。学校通知第二天有企业要来招聘，但是前一天李霞的同学要来找她玩。李霞觉得这个工作的应聘应该没什么难度，于是也没有做相应的准备，与同学玩到深夜12点。因为太过疲劳，第二天李霞睡过了头。面试时间是9点，可她9点才醒，慌忙赶到企业的招聘地点时，招聘已接近尾声。李霞赶快在大厅里化了个妆，来到招聘的办公室直接推门而入。

思考：你认为李霞的行为是否恰当？

(资料来源：温亦文. 商务礼仪[M]. 北京：北京理工大学出版社，2017.)

三、见面与介绍

（一）放松心情

求职者应提前10分钟到达面试地点，以表诚意，给对方以信任感，同时也可调整自己的心态。许多求职者一到面试点就会产生一种恐惧心理，容易思维紊乱，词不达意，出现差错，以致痛失良机。求职者往往会因紧张而出现心跳加快、面红耳赤等情况，此时应尽力调节以达到最佳面试状态。

(二) 对接待人员以礼相待

求职者在等候面试时，不要旁若无人、随心所欲，对接待人员熟视无睹，自己想干什么就干什么，给人留下不好的印象。对接待人员要礼貌有加，可以做简单的自我介绍，然后前往面试会场等候，切忌到处东张西望。

(三) 礼貌敲门进入

求职者进入面试室时，应先敲门。正确的是敲门方式是用右手的手指关节轻轻地敲三下，并问一声"我可以进来吗"。待听到允许后，再轻轻地推门进入。入室应整个身体一同进入，要背对招聘者将门轻轻关上，回过身来将上半身前倾30度左右，向面试官鞠躬行礼，面带微笑称呼一声"您好"。应表现得彬彬有礼、大方得体，但不要过分殷勤、拘谨或过分谦让。

(四) 莫先伸手，请才入座

求职者进入面试室后，行握手礼时，应是面试官先伸手，然后求职者单手相应，即用右手热情相握。求职者不要自己坐下，要等面试官请你就座时再入座，并表示感谢，坐在面试官指定的椅子上。入座时要轻，要坐满椅子的2/3，后背不要靠椅背，身体可以稍向前倾，以示尊重和谦虚。

(五) 微笑示人

面试时，求职者应该轻松自信，面带微笑，向面试官点头致意。如图13-5所示。

图 13-5 面试中微笑示人

在面试"一对一"的情况下，求职者的目光既不要死盯对方的眼睛，也不要东张西望、左顾右盼，应取得对方的信任。在"一对多"的情况下，求职者的目光不能只注视其中一位面试官，而要兼顾在场的所有面试官。真诚、自然的微笑能够向面试官传达真诚、友好、自信的信息，有助于求职者面试成功。

（六）自我介绍流利

当主考官要求求职人员自我介绍时，不要像背书似的把简历上的内容再说一遍，那样只会令面试官觉得乏味。要简洁、清晰、充满自信，态度要自然、亲切、随和，语速要不快不慢，目光要正视对方。应将简历的重点内容稍加说明，重点介绍自己的成绩、能力，并且用具体事例、具体成绩来说明。讲优点和成绩时要实事求是，集中讲述与应聘工作有关的能力，做到简单明晰，一般不超过5分钟。

四、应答礼仪

（一）仪态大方

求职时面试资料应当保证不用翻找就能迅速取出，并且应用双手递送资料。面试过程中应避免小动作，站、坐、蹲、走等要举止大方，认真聆听，在适当时间点头或回答问题。

（二）谈吐从容清晰

求职者在讲话时要充满自信，语气要从容；用词要得当，通俗易懂，措辞精练；发音要清晰，语调得体，声音自然，音量适中；回答问题要用普通话，忌说话时俚语、俗话不断，口头禅满篇和出现病句。

（三）回答注意技巧

求职者在面试前可以充分准备一些常见问题的答案，如自我介绍、工作经历、应聘该职位的最大优势等。在回答面试官的问题时，要做到不怯场，与众不同，有条理、有重点。

求职者要牢记三个法则：①黄金法则，"80/20"，即你要承担起80%的谈话，面试官只会说20%；②白金法则，你必须试着控制面试的节奏和话题；③钻石法则，对于没有把握的问题，抛回给面试官。

五、面试结束礼仪

（一）及时告辞

当面试官说"感谢你来面试""谢谢你对我们工作的支持"或者面试官起身，则表示面谈结束，对此应聘者应及时会意并起身告辞。

(二) 有风度地离开

面试结束后应把刚才坐的椅子扶正，徐徐站立，站在椅子旁边，眼神正视对方，与人事主管道别。可以边点头边说"谢谢，请多关照"或"谢谢您给我一个面试的机会，如果能有幸进入贵单位，我必定全力以赴"，然后拿好随身携带的物品，离开办公室。离开办公室后，在走廊内不要和别人讲述面试过程，也不要马上打电话，或者兴高采烈地大声高叫。如果被当场告知求职失败，也应当保持风度地离开。

(三) 做好善后工作

许多求职者只留意应聘面试时的礼仪，而忽略了应聘的善后工作。其实善后工作亦能加深别人对你的印象，主要包括通过电话或者邮件向面试官表示感谢。面试后的两天内，求职者最好向面试单位打电话表示谢意。打电话感谢应当简短，最好不超过5分钟；电话里不要询问面试结果，因为这个电话仅仅是为了表现你的礼貌和让对方加深对你的印象。

礼仪故事

迟到的面试(二)

面试已迟到的李霞来到招聘办公室直接推门而入，在面试官们诧异的眼光下自己坐在了椅子上，并说："我是来应聘营销员的，你们开始提问吧！"面试官说："给我们一份你的个人简历。"李霞从随身带的包里一阵乱翻，拿简历时不小心把包里的化妆品和钥匙带出来撒在地上，她赶紧一边把简历递给面试官，一边捡东西。面试官拿着她那单薄的一张纸的简历问："你认为你最大的优势是什么，或者说说你认为你可以让我们录取的原因。"李霞边晃着她的腿边回答："我在学校是文艺委员，自小就爱好唱歌跳舞，而且唱得跳得都还不错。"面试官说："好了，今天就到这里，你回去等候通知吧。"李霞说："那把你的手机号码留给我吧。"遭到拒绝后，李曼不爽地摔门而去。

思考：李霞面试时有哪些行为不恰当？

(资料来源：温亦文. 商务礼仪[M]. 北京：北京理工大学出版社，2017.)

第三节 求职电话、求职电子邮件礼仪

在生活工作节奏加快、讲求效率的今天，电话和邮件已经成为人们日常生活中进行快捷交流和沟通的工具。通过电话和邮件自荐被越来越多的求职者所采用。

一、求职电话礼仪

(一) 做好充分准备

打电话之前一定要做好充分的准备工作。在内容准备方面，首先，要尽量收集、了解用人单位的有关情况，包括单位的全称、性质、隶属关系、主要业务范围、用人计划、人才需求方向等，这样才能对如何包装自己做到心中有数。其次，要对自己有一个客观、公正的认识，包括自己的专业特长、性格爱好等方面。最后，要根据用人单位的需求情况，结合自己的特点，对自己的谈话内容有一个全面的考虑。最好在打电话之前列出一份简单的提纲，然后按照拟定的提纲全面、有条理、重点突出地介绍自己的有关情况，力争给受话者留下深刻的印象。

在心理准备方面，电话自荐过程中需要克服紧张、不安、焦躁等问题。要善于推销自己，努力控制自己的一些不良情绪，保持良好的心理状态，让受话者能在与你交谈的过程中感受到你的朝气和锐气，以及积极向上、有礼有节的良好品质。

(二) 使用尊称和礼貌用语

尊称和礼貌用语的使用要贯穿通话过程的始终。即使短短几分钟的通话，也能够体现出一个人的修养和人际交往水平。一个彬彬有礼的人，最容易取得别人的好感。

(三) 选择合适的自荐时机和打电话时间

一般来说，电话自荐应在对用人单位较为了解的情况下使用，如自己曾经实习过的单位、曾经寄过求职信的单位或曾经有过联系的单位。打电话的时间一般应选在上午9点至10点，最好不要刚到上班时间就打电话，要给对方一个安排工作的时间。一般情况下，下午4点以后也不宜再打电话。

(四) 控制语速和时间

通常说来，打电话的音量要比平时略高，以保证对方能够听得清楚。另外，语速也应稍快于平常讲话，但应保持平稳，通话时间不宜过长。随着时代的发展，人们的时间显得越来越宝贵。为了取得较高的工作效率，人们都希望能够用最短的时间做最多的事情。因此，电话自荐要注意控制通话时间，尤其要控制自我介绍的时间，力争在不超过两分钟的时间里把自己的情况介绍清楚，并且能够引起对方的注意。

二、求职电子邮件礼仪

(一) 慎重选择发信对象

传送电子邮件之前，应确认收件对象是否正确，以免造成不必要的困扰。切记收件对象是一个人，而不是一台机器。

(二) 关于主题

主题要提纲挈领。添加邮件主题是电子邮件和信笺的主要不同之处，在主题栏里用短短的几个字概括出整个邮件的内容，便于收件人权衡邮件的轻重缓急，分别处理。一定不要使用空白标题，这是最失礼的，要注意标题简短，不宜冗长。

(三) 关于称呼

应聘邮件要恰当地称呼收件者。邮件的开头要称呼收件人，这样既显得礼貌，也可以明确提醒某收件人，此邮件是面向他的，希望其给出必要的回应。如果对方有职务，应按职务尊称对方，如"×经理"；如果不清楚职务，则应按通常的"×先生""×小姐"称呼，但要把性别弄清楚。不熟悉的人不宜直接称呼英文名，对级别高于自己的人也不宜称呼英文名。称呼全名也是不礼貌的，不要和谁都用"Dear ×××"，显得很熟络。称呼的格式是第一行顶格写。

(四) 关于问候语

电子邮件开头和结尾最好要有问候语。最简单的开头可以写"Hi"或者"您好"；结尾常写"Best Regards""祝您顺利"等用语，若对方是尊长应使用"此致敬礼"。注意，在非常正式的场合应完全使用信件标准格式，"祝"和"此致"为紧接上一行结尾或换行开头空两格，而"顺利"和"敬礼"为再换行顶格写。

(五) 关于正文

求职电子邮件正文要简明扼要，行文通顺。若对方不认识你，首先应当说明自己的身份、姓名。电子邮件正文应简明扼要地说清楚求职的相关情况。如果具体内容确实很多，正文应只做摘要介绍，添加附件进行详细描述。正文行文应通顺，多用简单词汇和短句，进行准确清晰的表达。最好不要让对方拉滚动条才能看完邮件。

(六) 关于附件

如果邮件带有附件，应在正文里提醒收件人查看附件。附件文件应按有意义的名字命名，最好能够概括附件的内容，方便收件人下载后管理。正文中应对附件内容做简要说明，特别是带有多个附件时，附件数目不宜超过4个，数目较多时应打包压缩成一个文件。如果附件是特殊格式文件，应在正文中说明打开方式，以免影响使用；如果附件过大，应分割成几个小文件分别发送。

例文

尊敬的领导：

您好！

我是××大学××专业的研究生，××年××月毕业。在××网上看到贵公司正招聘实习生，并一直期望有机会加盟贵公司。

一年前我毕业于××，本科期间我认真地学习了许多专业知识，也注重培养自己的组织能力和领导能力，曾多次获得奖学金和"优秀学生干部"的荣誉称号。

目前，我担任本科生助教。通过这一年的学习，我能熟练运用C++编程，利用Matlab仿真模拟，并研究了《Visual C++环境下图像中车牌的定位和字符分割处理的实现及算法优化》和《基于Matlab的蚁群算法原理分析研究及其TSP运用》等课题。

我性格开朗，具备IT人士所必需的适应高强度工作压力的能力。附件是我的简历，希望您能考虑我的应聘要求。

最后，不管您是否选择我，都请您接受我最诚挚的谢意！

谨祝：

贵公司扬独家之优势，汇天下之精华！

自荐人：×××

××年××月××日

本章小结

1. 求职是劳动者谋求职业的活动或行为，它既是对个人所学知识和技能的考察，也是用人单位对个人能否胜任目标岗位的考量。

2. 求职前期应当通过多种渠道搜集就业信息，做好相应的心理准备、书面材料准备和面试礼仪准备。

3. 面试要掌握相关礼仪，包括衣饰得体、准时赴约，以及正确的见面、介绍、应答和面试结束礼仪。

4. 在快节奏的现代生活中，电话和邮件求职已经成为求职者常用的方式，因此求职者需要掌握正确的电话求职礼仪和邮件求职礼仪。

▌ 知 识 判 断 ▌

1. 网络求职是求职者搜集就业信息的主要渠道。   （ ）
2. 李霞在求职面试时重点介绍了自己的文艺特长，但这和应聘的工作相关性不大，可她认为这样能加深应聘方对自己的印象。这种做法是对的。   （ ）
3. 李霞在面试时化了很浓的烟熏妆，这种做法是对的。   （ ）
4. 面试过程中应避免小动作，站、坐、蹲、走等要举止大方。   （ ）
5. 求职电子邮件主题应该提纲挈领。   （ ）

▌ 礼 仪 训 练 ▌

1. 请各位同学做一个求职自我介绍。
2. 请同学们分组模拟面试过程。
3. 根据各组同学模拟面试过程的表现，进行同学互评和老师点评。

▌ 案 例 评 析 ▌

某公司招聘文秘人员，由于待遇优厚，应聘者很多。中文系毕业的小张前去面试，她的背景材料可能是最棒的：大学四年，在各类刊物上发表了3万字的作品，内容有小说、诗歌、散文、评论、政论等；为六家公司策划过周年庆典；英语表达极为流利，书法也堪称佳作。小张五官端正，身材高挑、匀称。面试时，招聘者拿着她的材料等她进来。小张穿着迷你裙，露出藕段似的大腿，上身是露脐装，涂着鲜红的唇膏，轻盈地走到一位考官面前，不请自坐，随后跷起了二郎腿，笑眯眯地等着问话。孰料，三位招聘者互相交换了一下眼色，主考官说："张小姐，请回去等通知吧。"她喜形于色："好！"于是挎起小包飞跑出门。

(资料来源：根据网络资料整理)

问题：

1. 小张能等到录用通知书吗？为什么？
2. 假如你是小张，你打算怎样准备这次面试？

参考文献

[1] 王玉强. 智慧背囊[M]. 海口：南方出版社，2005.

[2] [美]亚历山大·德拉，迈克尔·奥康纳. 白金法则——新世纪人际关系指南[M]. 北京：经济日报出版社，1998.

[3] 刘晖. 实用礼仪训练教程[M]. 北京：电子工业出版社，2008.

[4] 徐克茹. 商务礼仪标准培训[M]. 北京：中国纺织出版社，2015.

[5] 王玉苓. 商务礼仪案例与实践[M]. 北京：人民邮电出版社，2020.

[6] 李嘉珊，周丽新. 国际金融礼仪教程[M]. 北京：中国人民大学出版社，2019.

[7] 康开洁，柳娜. 商务礼仪实务[M]. 北京：清华大学出版社，2015.

[8] 覃常员. 商务礼仪[M]. 广州：暨南大学出版社，2010.

[9] 严军. 商务礼仪与职业形象[M]. 北京：对外经济贸易大学出版社，2009.

[10] 孙玲. 商务礼仪实务与操作[M]. 北京：对外经济贸易大学出版社，2010.

[11] 王玉苓，徐春晖. 商务礼仪[M]. 北京：人民邮电出版社，2014.

[12] 扬眉. 现代商务礼仪[M]. 大连：东北财经大学出版社，2000.

[13] 白虹. 演讲与口才[M]. 吉林：吉林文史出版社，2019.

[14] 李丰艳. 心理学与沟通技巧[M]. 四川：天地出版社，2018.

[15] 李月华，周一萍. 商务礼仪[M]. 武汉：华中科技大学出版社，2014.

[16] 黄文英. 商务礼仪[M]. 北京：北京理工大学出版社，2017.

[17] 何奇彦. 商务礼仪[M]. 北京：北京理工大学出版社，2017.

[18] 温亦文. 商务礼仪[M]. 北京：北京理工大学出版社，2017.

[19] 黄文英. 商务礼仪[M]. 北京：北京理工大学出版社，2017.

[20] 金正昆. 商务礼仪教程[M]. 北京：中国人民大学出版社，2019.